ZUR BENUTZUNG DER LEHR- UND ARBEITSBÜCHER

Unsere Oberstufenreihe **Kolleg Politik und Wirtschaft** mit Grundlagenbänden zu den wichtigsten Lehrplanthemen aus Politik, Wirtschaft und Gesellschaft geht in die nächste Generation. In den neu bearbeiteten Titeln tragen wir verstärkt der sich durchsetzenden **Kompetenzorientierung** Rechnung. Ziel der Bände bleibt es, den Schülerinnen und Schülern Anregungen zur selbstständigen Arbeit zu geben und den Unterrichtenden Hilfen für einen methoden- und handlungsorientierten Unterricht anzubieten.

Zum Aufbau der Kapitel

Der Kapitelaufbau folgt dem Doppelseiten- bzw. 4-Seiten-Prinzip. Dieser Aufbau erleichtert die Strukturierung der Unterrichtsstunden.

Einführung	Jedes Kapitel beginnt mit einem Problemaufriss, einer Lernstandserhebung und der Formulierung der im Kapitelverlauf zu erwerbenden Kompetenzen.
Materialien	Die Materialienseiten sind multiperspektivisch angelegt und vertiefen zentrale Themenaspekte. Sie ermöglichen einen vielseitigen und kompetenzorientierten Unterricht. In Infokästen und in der Randspalte werden zentrale Begriffe und wichtige Zusatzinformationen knapp erklärt, um eine genaue fachwissenschaftliche Verwendung zu erleichtern. Die Darstellung aktueller Kontroversen fördert die Urteilskompetenz der Schüler.
Aufgaben	Jede Themeneinheit schließt mit Aufgaben ab, die nicht nur die Inhalte der vorangegangenen Texte abfragen, sondern gezielt auf die Probleme und Zusammenhänge vorangegangener Lernsequenzen eingehen.
Methoden	Methodenseiten nehmen für das jeweilige Thema zentrale Fachmethoden und Arbeitsweisen auf und stärken so die Methodenkompetenz.
Zusammenfassungen	Orientierungswissen am Ende der Unterka[...]t das erworbene Grundwissen und ermöglicht eine W[...]erprüfung zentraler Inhalte.
Kompetenzen anwenden	Kompetenzseiten ru[...]n Kapitelbeginn formulierten Ko[...]abenstellungen an.

Das **Register** ist ein wic[...]ittel für die Arbeit mit dem Buch. Es dient dem Auffinden zent[...] **Begriffe** und ermöglicht **Querverbindungen** innerhalb der einzelnen Themengebiete. Zentrale Fundstellen (Basisartikel, Infokästen) der Begriffe sind daher fett gedruckt.
Aufgrund der besseren Lesbarkeit wird im Folgenden darauf verzichtet, immer beide Geschlechter anzusprechen („Bürgerinnen und Bürger"...), auch wenn selbstverständlich beide gemeint sind.

INHALT

Heute verlassener Grenzposten zwischen Deutschland und Tschechien bei Petrovice

Istanbul war 2010 Kulturhauptstadt Europas

Karl der Große

Wir in Europa ...

1

Anders als die Gründerväter und -mütter der europäischen Integration gehören Sie einer Generation an, für die ein friedliches Zusammenleben in Europa selbstverständlich ist. Sie bezahlen mit dem Euro, haben möglicherweise einen EU-Führerschein, freuen sich über eine Fahrt über die Grenze, ohne kontrolliert zu werden, planen womöglich ein Auslandsstudium. Macht Sie das aber schon zu einer überzeugten Europäerin, einem überzeugten Europäer?

In diesem Kapitel reflektieren Sie, auf welche Weise Sie Errungenschaften der europäischen Integration nutzen. Darüber hinaus erfahren Sie, inwieweit die Europäische Union mit ihren harmonisierten Rechtsvorschriften bereits in unseren Alltag regulierend eingreift. Die Einführung solcher Rechtsvorschriften verursacht häufig Konflikte zwischen Nationalstaaten, die ihre Souveränitätsrechte erhalten wollen, und EU-Organen, die auf gesamteuropäische Regelungen drängen. Dieser Strukturkonflikt verweist auf die Eigentümlichkeiten der EU als „Mehrebenensystem" mit einem spezifischen Zusammenspiel von kommunaler bzw. regionaler, nationaler und supranationaler Entscheidungsebene.

Und die Bürger – sind diese nicht mehr als pragmatische Nutzer der europäischen Errungenschaften, ohne aber ein europäisches Bewusstsein ausgebildet zu haben? Oder lässt sich doch der/die EU-Bürger/in entdecken?

Was wissen Sie schon?

1. a) Wählen Sie jeweils das Bild aus, das für Sie am stärksten bzw. am wenigsten Europa bzw. die EU symbolisiert.
   b) Diskutieren Sie Ihre Auswahl im Kurs und einigen Sie sich auf Ihr gemeinsames „Ranking" der (drei) wichtigsten Europa-Bilder.
2. Positionieren Sie sich im Klassenraum (Vier-Ecken-Spiel) als „pragmatischer", „überzeugter", „ablehnender" oder „gleichgültiger" EU-Bürger und diskutieren Sie Ihre mit der Positionierung verbundenen (Vor-)Einstellungen.

KOMPETENZEN

Am Ende dieses Kapitels sollten Sie Folgendes wissen und können:

... Ihre Rechte als EU-Bürger kennen, die sich aus der Unionsbürgerschaft ergeben.

... (geplante) gesamteuropäische Regelungen im Spannungsverhältnis zwischen Subsidiarität und Supranationalität verorten und Zuständigkeiten im europäischen Mehrebenensystem begründen.

... Aspekte der europäischen Integration im Spannungsfeld von „bottom-up"- (Europa der Bürger) und „top-down"-Prozessen (Europa als Elitenprozess) kritisch bewerten.

... die Einflüsse der EU-Politik in Ihrem Alltag beobachten und Ihre Haltung gegenüber der europäischen Integration reflektieren.

1.1 Alles selbstverständlich? Europa von unten

M 1 Pragmatisch oder überzeugt? Europa-Erfahrungen im Schüleraustausch

Der 16-jährige Jonas berichtet in einem Interview über seine Erfahrungen als Austauschschüler in den Niederlanden:

Als Austauschschüler bist du für einen längeren Zeitraum von Deutschland in die Niederlande umgezogen. Welche Vorteile hatte es dabei für dich, dass du innerhalb der Europäischen Union umgezogen bist?

Jonas (rechts) gemeinsam mit seinem Gastbruder Jeroen.

Es war sehr praktisch, dass ich in der EU geblieben bin, so musste ich mir vorher kein Visum ausstellen lassen, denn ein einfacher Reisepass oder sogar ein Personalausweis reichen aus. So war die Anmeldung in der Gemeinde kein Problem. Außerdem gibt es innerhalb der EU weniger Probleme mit dem Bezahlen, da die meisten Länder den Euro haben, so auch die Niederlande.

Gab es auch Hindernisse, mit denen du im vereinten Europa nicht gerechnet hättest?

Am Anfang ist die Sprache natürlich ein kleines Problem, aber damit hatte ich gerechnet und war deshalb auch darauf vorbereitet. Außerdem können die meisten, gerade jüngeren Menschen in Europa gut Englisch sprechen.

Größere Schwierigkeiten gab es aber trotz Euro mit dem Geld. Da ich noch nicht volljährig bin, durfte ich kein eigenes Konto eröffnen und muss immer meine deutsche EC-Karte einsetzen, was aber nicht in allen Geschäften geht.

Mit deiner Gastfamilie lebst du in der deutsch-niederländischen „Euregio Rhein-Waal", deren Aufgabe es ist, die grenzübergreifende Zusammenarbeit in allen Lebensbereichen zu fördern. Auf welche Weise wird bei euch die Nähe zu Deutschland bzw. Belgien genutzt?

In meiner Gastfamilie wird vor allem die Chance genutzt, deutsches Fernsehen zu gucken. Gerade mein Gastbruder, aber auch mein Gastvater können sehr gut Deutsch sprechen und viele Schüler meiner Schule lernen Deutsch. In diesem Fach wurde auch gerade ein „E-Mail-Kontaktaustausch" mit einer Schule aus Kleve [ebenfalls Euregio Rhein-Waal] organsiert, da dort Niederländisch gelernt wird. Für den weiteren Verlauf dieses Schuljahres ist geplant, dass sich die Schulen gegenseitig besuchen und sehen, wie die Schule in den unterschiedlichen Ländern aufgebaut ist und geführt wird.

Natürlich nutzen auch viele die Nähe zu großen deutschen Städten wie zum Beispiel Köln und Düsseldorf, aber auch die kleineren Städte wie Goch und Kleve für Tagesausflüge oder selbst nur für ein Abendessen im Restaurant. Diese Nähe wird aber auch genutzt, um deutsche „Kultur" zu erleben, wie zum Beispiel den Weihnachtsmarkt, welchen die Niederländer nicht haben, oder auch den Karneval in Köln.

Vor Ort hast du viele Kontakte in der Gastfamilie, der Schule und dem Sportverein. Fühlst du dich dabei als Deutscher, Niederländer „auf Zeit" oder als Europäer? Wie sehen dich dabei deine Gastgeber?

Eigentlich fühle ich mich ein bisschen als alles. Für mich selbst bin ich ein Niederländer auf Zeit, da ich hier lebe, fast nur Niederländisch spreche und mich echt gut in die niederländische Kultur eingelebt habe. In den Momenten, in denen ich durch Facebook oder Skype Kontakt nach Deutschland habe, fühle ich mich auch deutsch.

In der Schule ist es fast genauso. Da ich dem gleichen Unterricht folge wie die Niederländer und auch keine Vorteile bei Arbeiten habe, fühle ich mich da auch sehr niederländisch. Allerdings werde ich oft mit deutschen Vorurteilen konfrontiert, aber auch mit der deutschen Geschichte. In diesen Situationen fühle ich mich schon sehr deutsch, aber gerade wenn es um die deutsche Geschichte geht, auch nicht sehr wohl!

Und wie siehst du dich, wenn du von den Niederlanden aus Belgien oder Deutschland besuchst?

Als ich einen Tag mit meinem Gastbruder und seinen Cousins und Cousinen in Belgien war, habe ich mich sehr europäisch gefühlt. Ein Deutscher, der einen Austausch in die Niederlande macht und dann nach Belgien fährt, das ist doch sehr europäisch. Als ich einen Abend mit meiner Gastfamilie in Deutschland essen war, habe ich mich eher deutsch gefühlt. Allerdings wurden wir in dem Restaurant auf Niederländisch bedient und das war ein sehr komisches Gefühl, weil ich persönlich auf Deutsch eingestellt war.

Was heißt es für dich konkret, wenn du dich „europäisch" fühlst? Was macht für dich „Europa" aus?

Europäisch sein heißt für mich, dass ich fühle, dass ich überall in Europa willkommen bin und dass man auch sieht, wie Europa zusammenwächst. Das macht Europa für mich auch aus: offene Grenzen, ein bisschen Gastfreundschaft und einfach der Zusammenhalt, der zwischen vielen Ländern herrscht, aber auch noch vergrößert und ausgeweitet werden kann. Europäisch leben heißt, dass man sich nicht nur in seinem eigenen Land zu Hause fühlt, sondern überall in Europa, und dass es nicht nur um das Wohl des eigenen Landes geht, sondern um das Wohl in ganz Europa. Dazu gehört auch, dass man lernt, wie das Leben in anderen europäischen Ländern ist und wie man die Zusammenarbeit zwischen den Ländern verbessern kann.

Interview des Verfassers

M 2 ● Wie die EU meinen Lebensalltag beeinflusst

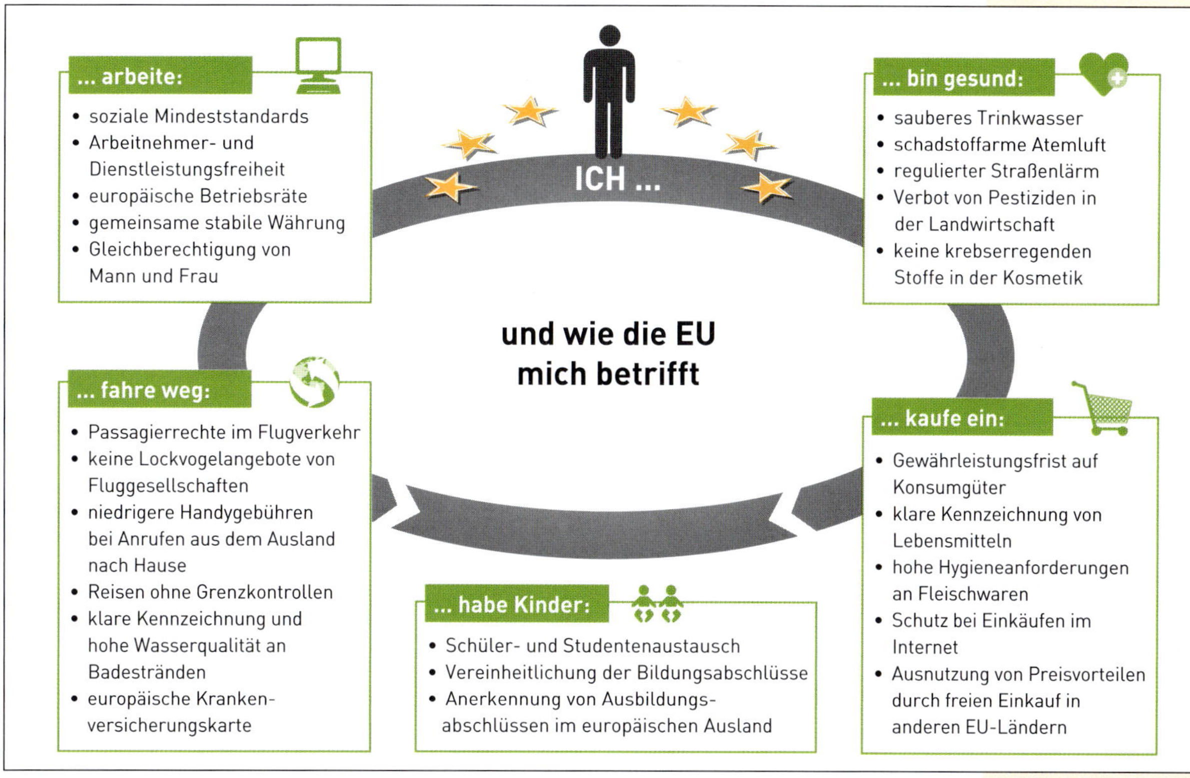

Bundeszentrale für politische Bildung, Stand: 30.1.2012

Vier Freiheiten des Binnenmarktes

Mit dem Vertrag von Maastricht wurde zum 1. Januar 1993 der Europäische Binnenmarkt vollendet, der vor allem durch seine Vier Freiheiten konstituiert wird:

- Freiheit des Warenverkehrs
- Personenfreizügigkeit
- Dienstleistungsfreiheit
- Freier Kapital- und Zahlungsverkehr

(Vgl. hierzu auch Kapitel 4.1)

M 3 ● Die Unionsbürgerschaft – eine europäische Staatsbürgerschaft?

Jeder Angehörige eines Mitgliedstaates ist automatisch auch Unionsbürger. Die Unionsbürgerschaft ergänzt die nationale Staatsangehörigkeit, ersetzt sie aber nicht. Damit wurde das schon zuvor vom Europäischen Gerichtshof bestätigte Recht jedes Unionsbürgers festgeschrieben, sich in der EU frei bewegen und aufhalten zu können, ohne sich dabei auf eine Erwerbstätigkeit berufen zu müssen.

Der Maastrichter Vertrag begründete auch das aktive und passive Wahlrecht bei Europa- und Kommunalwahlen. Schließlich wurde mit der Unionsbürgerschaft ebenfalls der diplomatische und konsularische Schutz verbessert, indem Unionsbürger das Recht erhielten, alle Mitgliedstaaten, die in einem Drittland vertreten sind, um Hilfe zu bitten, wenn ihr eigener Mitgliedstaat dort nicht vertreten ist. Der Vertrag von Amsterdam schließlich erweiterte die Rechte der Unionsbürger durch die Aufnahme eines Verbots von Diskriminierung aufgrund des Geschlechts, der Rasse, der ethnischen Herkunft, der Religion oder der Weltanschauung, einer Behinderung, des Alters oder der sexuellen Ausrichtung. [...]

Trotz der Institution der Unionsbürgerschaft besitzt die EU keinerlei Kompetenzen, welche die nationalen Staatsbürgerschaftsregeln antasten könnten.

Sandra Lavenex, Unionsbürgerschaft, auf: www.bpb.de, 1.3.2009 (Stand: 26.2.2012)

Info

Staatsbürgerschaft

Die Staatsbürgerschaft bezeichnet ein Rechts- und Schutzverhältnis zwischen einer natürlichen Person und einem Staat, aus dem sich für den Inhaber der Staatsbürgerschaft bestimmte Rechte (Partizipationsrechte, z. B. Wahlrecht; Schutzrechte, z. B. soziale Sicherung) sowie bestimmte Pflichten (z. B. Steuerpflicht, Wehrpflicht) ergeben. Der Erwerb der Staatsbürgerschaft wird von Staaten unterschiedlich geregelt. Prinzipiell lassen sich das Abstammungsrecht (ius sanguinis = lat. Recht des Blutes) und das Territorialprinzip (ius soli = lat. Recht des Bodens) unterscheiden.

nach: Klaus Schubert, Martina Klein, Das Politiklexikon, Bonn (bpb) 2011, S. 283

Aufgaben

1. Nennen Sie die Errungenschaften der EU (M 2/M 3), die der Austauschschüler und seine Gastgeber (M 1) nutzen. Unterscheiden Sie dabei zwischen den Dimensionen „Bürgerrechte", „Wirtschaft" und „Kultur".
2. a) Arbeiten Sie die Vorstellungen eines „gemeinsamen Europas" heraus, die im Erfahrungsbericht des Austauschschülers (M 1) angesprochen werden.
   b) Setzen Sie diese Vorstellungen zu den alltäglichen Vorteilen (M 2, M 3) der europäischen Integration in Beziehung.
3. „Das vereinte Europa ist heute eine ((zu) wenig gewürdigte) alltägliche Selbstverständlichkeit!" Diskutieren Sie diese These auf der Basis Ihrer bisherigen Ergebnisse.

1.2 Zwischen nationalstaatlicher Souveränität und Supranationalität: Was darf, was muss die EU regeln?

M 1 ● Elektroschrott recyceln – eine Aufgabe der EU?

Sammelstelle für Elektroschrott in Kent, Großbritannien

„Recycling ist die wichtigste heimische Rohstoffquelle“, sagt [der ehemalige] Wirtschaftsminister Brüderle. Computer, Handys und Autos sind die Minen der Wegwerfgesellschaft. [...] Je mehr Hybrid- und Elektrofahrzeuge hergestellt werden, desto stärker werden auch Kobalt, seltene Erden und Platin nachgefragt. Kobalt und Platin stammen aber zum größten Teil aus wenigen Ländern in Afrika, seltene Erden aus China. [...] Während in einer Tonne Erz etwa 5 Gramm Gold stecken, lassen sich aus einer Tonne alter Mobiltelefone 200 Gramm des Edelmetalls gewinnen. Doch gebrauchte Handys landen immer noch eher auf dem Müll als in der Wiederverwertung. 20 Tonnen Gold werden so jedes Jahr weggeworfen. [...]

Mehr als die Hälfte aller alten Elektrogeräte in Europa werden nicht ordnungsgemäß recycelt, schätzen Fachleute. [Seit 2006 galt die EU-Richtlinie, dass pro Person pauschal vier Kilogramm Elektroschrott pro Jahr recycelt werden müssen.] Ein Großteil des [übrigen] Elektroschrotts landet – als Reparaturware deklariert, weil die Ausfuhr des Schrotts verboten ist – in Afrika und Asien. Dort werden die Geräte von Amateuren in Hinterhöfen auseinandergebaut, oft genug aber auch einfach abgefackelt. Das hat nicht nur verheerende Folgen für die Umwelt [und – vor allem durch die Schwermetallbelastung – auch für die Menschen]. Für die rohstoffarmen Länder Europas gehen damit auch wichtige Ressourcen verloren.

Judith Lembke, Die Minen der Wegwerfgesellschaft, in: Frankfurter Allgemeine Zeitung, 1.5.2011

M 2 ● Elektroschrott: Sammelmengen und Quoten in EU-Staaten

Staat	Sammelmenge pro Jahr in kg/Einwohner (2008)	Sammelquote in % (2010)
Schweden	14,8	ca. 65
Dänemark	13,9	ca. 65
Österreich	8,8	ca. 35
Deutschland	8,6 (2006)	ca. 40
Mindestsammelmenge pro Einwohner nach EU-Richtlinie (WEEE) von 2006	4,0	
ø EU 27		ca. 30
Italien	2,6	k. A.
Polen	1,0	k. A.
Rumänien	0,8	k. A.

Sammelmengen nach: Claudia Glechner, Was tun mit dem E-Müll, auf: www.ORF.at, 9.5.2011

M 3 Salz im Gebäck – europäische Regelungen für alle Lebensbereiche?

Weich oder knusprig, mit viel Salz oder wenig – über die richtige Beschaffenheit der Brezn gehen die Meinungen seit jeher auseinander. Jetzt beschäftigt sich auch die EU mit dem Gebäck.
Matthias Wiemers, Geschäftsführer des Zentralverbands des Deutschen Bäckerhandwerks [erklärt]: „Die Europäische Union will Nährwertprofile für verschiedene Lebensmittelgruppen erstellen. Dazu gehört, dass der Salzgehalt im Gebäck auf zehn Gramm pro Kilo Brot beschränkt werden soll. Wenn mehr drin oder drauf ist, würde das Produkt nicht mehr als gesund eingestuft. Das deutsche Brot und die Brezn wären davon auf jeden Fall betroffen: Sie enthalten im Schnitt etwa 15 Gramm Salz pro Kilo.
Für die Bäcker würde das einen erheblichen Imageverlust bedeuten. Bestimmt würden einige über eine Änderung ihrer traditionellen Rezepturen nachdenken. Weniger Salz bedeutet aber einen erheblichen Geschmacksverlust, den man nur mit Zusatzstoffen wie Geschmacksverstärkern ausgleichen könnte – und das wäre bestimmt nicht im Interesse der Konsumenten.“

Süddeutsche Zeitung, 12.2.2009, Internet: http://www.sueddeutsche.de/leben/ein-fall-fuer-die-eu-salz-auf-unserer-brezn-1.467765 (letzter Abruf: 11.2.2012)

M 4 Das Subsidiaritätsprinzip – klare Regeln für die Kompetenzverteilung?

a)

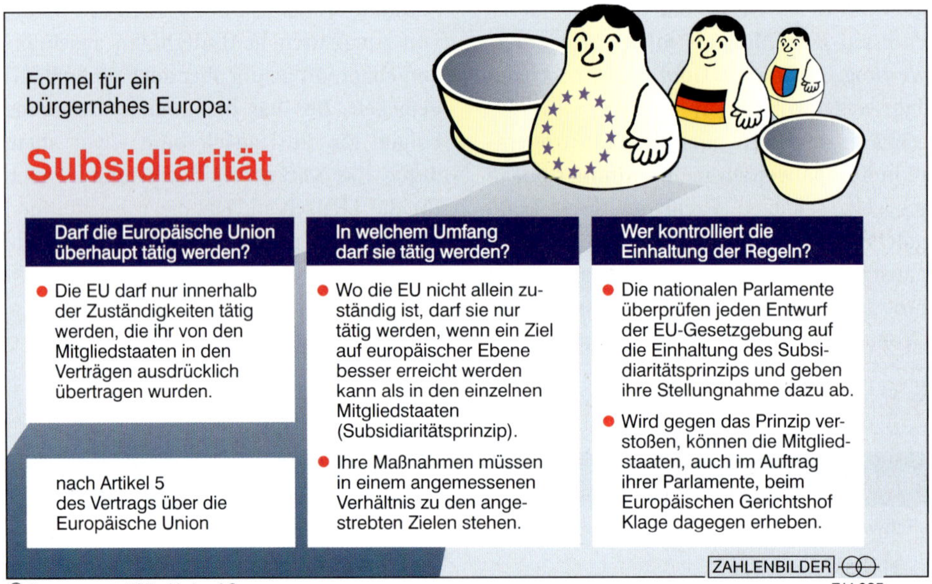

© Bergmoser + Höller Verlag AG

b) Für die Kompetenzverteilung zwischen Mitgliedstaaten und Föderation ist das Subsidiaritätsprinzip sicherlich das richtige Leitbild. Nur solche Aufgaben, die wirklich eine Lösung auf der Ebene der Föderation [der EU] erfordern, sollten ihrer Kompetenz [Zuständigkeit] unterstehen. Die Zuweisung von Kompetenzen an die europäische Ebene sollte primär dann erfolgen, wenn die zu lösenden Probleme globalen, europaweiten oder grenzüberschreitenden Charakter haben, wie häufig in der Handels- und Umweltpolitik, oder dann, wenn eine gemeinsame Politik erhebliche politische Vorteile nach innen und außen bringt, wie etwa bei der Gemeinsamen Außen- und Sicherheits-

politik. Die Herstellung einheitlicher Lebensbedingungen sollte in einem so heterogenen [vielfältigen] Gebilde [wie der EU] dagegen nicht zur Begründung von Politik auf der übergeordneten Ebene dienen.
Die Betonung des Subsidiaritätsprinzips darf jedoch nicht zu Illusionen verleiten: Im Zeitalter globaler Märkte, globaler Transport- und Kommunikationssysteme [...] [und] globaler Umweltprobleme [...] ist damit zu rechnen, dass der größte Teil aller notwendigen politischen und rechtlichen Maßnahmen den genannten Bedingungen genügt und deshalb [vermeintlich] auf der europäischen Ebene angesiedelt werden muss.

Katharina Holzinger, Christoph Knill, Eine Verfassung für die Europäische Föderation, in: Frankfurter Allgemeine Zeitung, 29.11.2000

M 5 ● Supranationalität

Europäisches Tauziehen

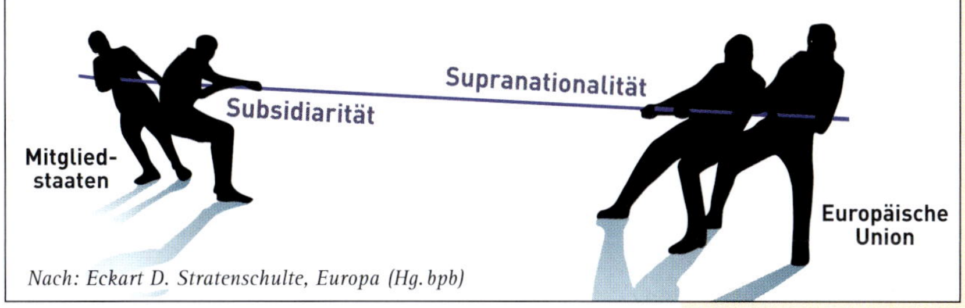

Nach: Eckart D. Stratenschulte, Europa (Hg. bpb)

[Das Grundprinzip der Supranationalität] unterscheidet die EU von anderen [zwischenstaatlichen] Zusammenschlüssen. Supranationalität bedeutet, dass die Staaten nationale Souveränität abgeben und auf europäischer Ebene gemeinsam ausüben. Damit limitiert sich für jeden Mitgliedstaat die Möglichkeit, Angelegenheiten alleine zu entscheiden. Aber es erhöht sich die Möglichkeit, auf andere Einfluss zu nehmen und zu gemeinsamen Entscheidungen zu kommen, die dann auch für alle verbindlich sind. Die Europäische Union kann unmittelbar Gesetze (sogenannte Verordnungen) erlassen oder Vorgaben („Richtlinien") machen, die die Staaten dann in nationales Recht umsetzen müssen. Nur so ist es möglich, Europa zu einem gemeinsamen Lebens- und Handlungsraum zu entwickeln. Beispiele für die Supranationalität sind der Binnenmarkt einschließlich Verbraucherschutz, die Währungspolitik (Euro), der Umweltschutz oder auch die Regelungen des Schengener Übereinkommens [Gemeinsame Grenzsicherungspolitik].

Eckart D. Stratenschulte, Prinzipien des EU-Aufbaus, auf: www.bpb.de, 20.10.2010 (Stand: 11.2.2012)

Aufgaben

1. Arbeiten Sie (mögliche) Vor- und Nachteile einer EU-weiten Regelung für (a) die Wiederverwertung von Elektroschrott (M 1, M 2) und (b) zulässige Salzmengen in Gebäck (M 3) heraus. Unterscheiden Sie dabei zwischen Konsumenten, Produzenten sowie dem Gemeinwohl von EU-Mitgliedstaaten bzw. anderer Staaten.
2. a) Diskutieren Sie, welche der folgenden Politikfelder Ihrer Meinung nach EU-weit geregelt werden sollten: Drogenbekämpfung, Regelungen zum politischen Asyl, Energieversorgung, Verkehr und Mobilität, Verbraucherschutz (z. B. Zulassung gentechnisch veränderter Lebensmittel), Schulpolitik, Verteidigungspolitik, Strafgesetzbuch.
   b) Erläutern Sie anhand selbst gewählter Beispiele (vgl. M 1 - M 3, Aufg. 2a) das Spannungsverhältnis, das sich aus den Konstruktionsprinzipien der EU – Subsidiarität und Supranationalität (M 4, M 5) – ergibt.
3. Beurteilen Sie, inwieweit das Subsidiaritätsprinzip gemäß Vertrag von Lissabon (M 4) eine eindeutige Kompetenzverteilung zwischen Mitgliedstaaten und supranationaler Ebene sicherstellt.

1.3 Politisches Projekt ohne Basis? Die EU und ihre Bürger

Eurobarometer
Das Eurobarometer ist eine von der Europäischen Kommission in Auftrag gegebene, regelmäßige Meinungsumfrage, in der repräsentativ ausgewählte Bürgerinnen und Bürger in allen Mitgliedstaaten zu Fragen der europäischen Integration befragt werden. Die in jeder Befragung eingesetzten Standardfragen zur Mitgliedschaft und dem damit verbundenen Nutzen (vgl. M 1) erlaubt einen langfristigen Vergleich der politischen Unterstützung der EU seitens ihrer Bürger. Im Internet können Sie frühere und aktuelle Befragungen aufrufen und untersuchen: http://ec.europa.eu/public_opinion/index_en.htm

M 1 ● Volle Zustimmung der Bürger? Europäische Integration und öffentliche Meinung I

a) EU-Mitgliedschaft – eine gute Sache?

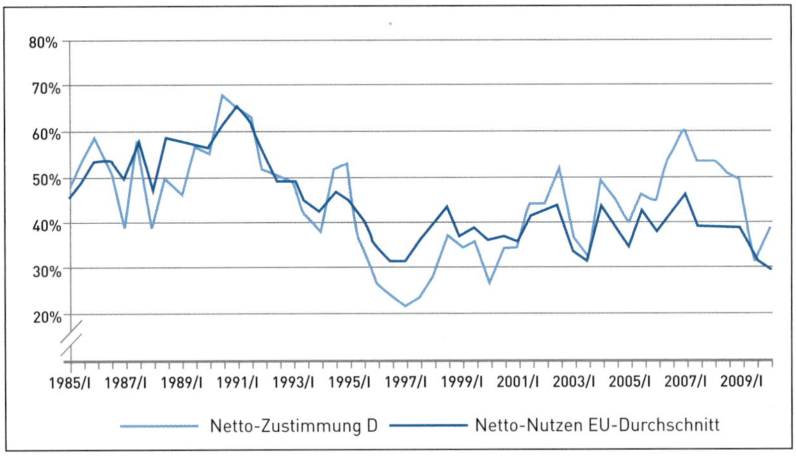

Antworten auf die Frage: „Ist die Mitgliedschaft Ihres Landes in der EU Ihrer Meinung nach eine gute Sache?", ausgewiesen als Netto-Zustimmung (Anteil „gute Sache" minus Anteil „schlechte Sache")

b) EU-Mitgliedschaft – Vorteile oder Nachteile

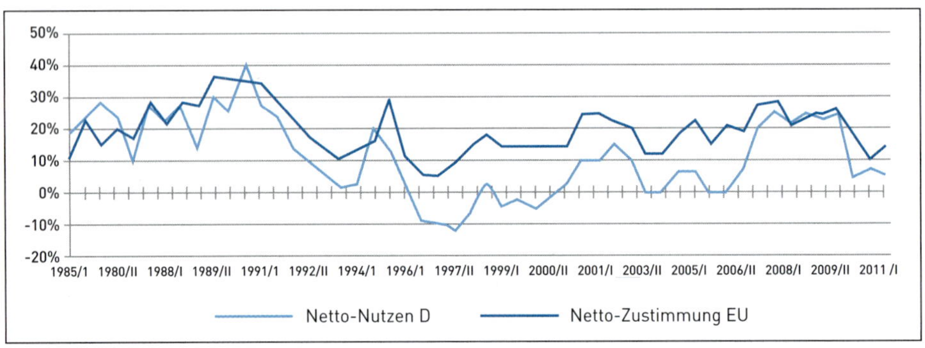

Antworten auf die Frage: „Hat Ihrer Meinung nach Ihr Land insgesamt gesehen durch die Mitgliedschaft Vorteile, oder ist das nicht der Fall?", ausgewiesen als Netto-Nutzen (Anteil „Vorteile" minus Anteil „keine Vorteile")

Während sich [in der jüngsten Umfrage] im EU-Durchschnitt ein Netto-Nutzen von 15 Prozent ergibt, bleibt für Deutschland lediglich ein Nettowert von 6 Prozent. Niedrigere Nettowerte finden sich lediglich in Italien (2), Zypern (2), Lettland (0), Österreich (-2), Griechenland (-3), Ungarn (-9) und Großbritannien (-19). Besondere Nettowerte zum Nutzen der Mitgliedschaft finden sich in Irland (66), Luxemburg (53), Niederlande (51), Polen (55) und der Slowakei (50).

Zahlen: Eurobarometer Interactive Search System; in: Wilhelm Knelangen, Euroskepsis? Die EU und der Vertrauensverlust der Bürgerinnen und Bürger, in: APuZ 4/2012, S. 35, 37

M 2 Sind wir Bürger Europas? Europäische Integration und öffentliche Meinung II

a) In einem internationalen Forschungsprojekt wurden Jugendliche und junge Erwachsene (18 bis 25 Jahre) zu ihrem Selbstverständnis als Bürger der EU bzw. ihres Heimatlandes befragt. Die Statistik fasst die Daten der Befragung zusammen, die anhand der folgenden Aspekte operationalisiert wurde:

- Verbundenheit mit Europa bzw. dem eigenen Land auf einer Skala von „überhaupt nicht" bis „sehr stark"
- Wie stark fühlst du dich als Europäer bzw. als Deutscher, Spanier, Brite etc.?
- Wie wichtig ist es für dich, im Sinne von wer du bist und wie du über dich selbst als Person denkst, ein (zukünftiger) Bürger der Europäischen Union zu sein bzw. aus Deutschland (Spanien, Großbritannien etc.) zu kommen?

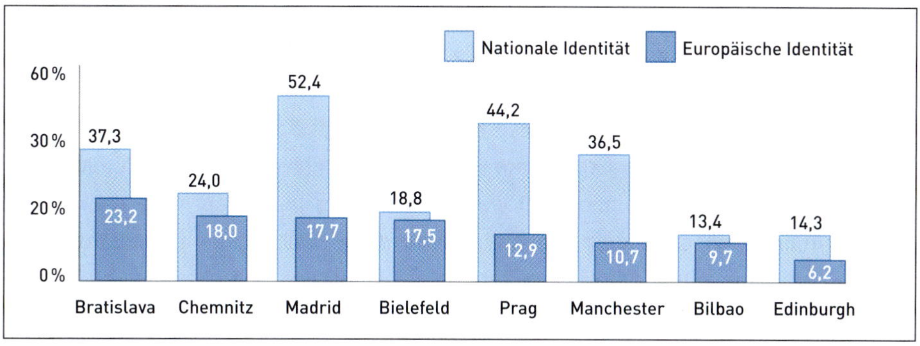

b) Die Befragten sollten in einem weiteren Schritt angeben, für wie wichtig sie die angegebenen Aspekte für die Definition Europas halten.

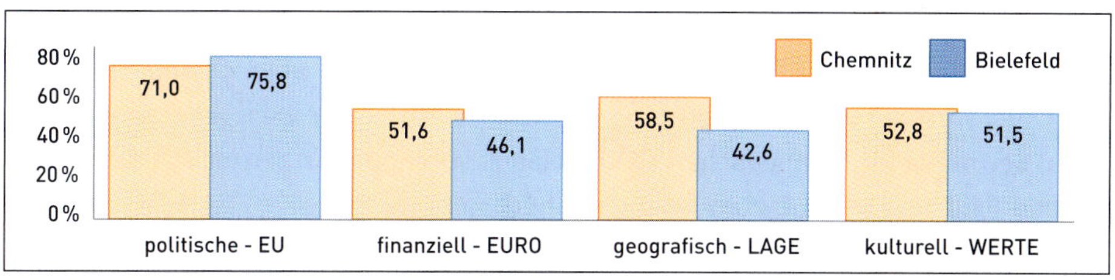

Daniel Fuß, Jugend und europäische Identität, Bonn 2006, S. 5, 11

Aufgaben

1. Analysieren Sie die Statistiken M 1 und M 2 hinsichtlich der Haltung der EU-Bürgerinnen und -Bürger zum europäischen Integrationsprojekt.
2. a) Erschließen Sie unter Berücksichtigung Ihrer persönlichen Europa-Erfahrungen mögliche Gründe der dargestellten politischen Einstellungen.
   b) Problematisieren Sie unter Bezugnahme auf das Konzept des „permissiven Konsenses" (Randspalte) das Verhältnis zwischen der EU und ihren – heutigen und zukünftigen – Bürgern. Berücksichtigen Sie dabei auch Ihre Ergebnisse aus dem Kapiteleinstieg sowie aus Kapitel 1.1.
3. Überprüfen Sie, ob bzw. inwieweit die Bewohner der EU als „überzeugte Unionsbürgerinnen und -bürger" bezeichnet werden können.

Permissiver Konsens

Die europäische Integration galt lange als ein beinahe entpolitisiertes Thema. Ein „permissiver Konsens", so fanden [die Politikwissenschaftler] Leon N. Lindberg und Stuart A. Scheingold (1970), sorgte dafür, dass technokratische und politische Eliten stets weitere Integrationsschritte planen und umsetzen konnten. [...] In der öffentlichen Meinung [dagegen] wurde die Integrationsorientierung ihrer jeweiligen politischen Eliten entweder weitgehend unterstützt, oder weitere Integrationsschritte [...] wurden mindestens stillschweigend hingenommen. Demnach besteht der permissive [willenlose] Konsens aus zwei Diagnosen: Die Bürger der Mitgliedstaaten sind erstens über die europäische Integration [und] über die Struktur [...] kaum oder gar nicht informiert. Sie dulden zweitens passiv weitere Integrationsschritte, die von technokratischen, bürokratischen und politischen Eliten betrieben [...] werden.

Guido Tiemann u. a., Die EU und ihre Bürger, Wien 2011, S. 17

ORIENTIERUNGSWISSEN

Europa im Alltag
Kap. 1.1
M 2, M 3

Das Zusammenwachsen Europas ist insbesondere für die jüngere Generation eine Selbstverständlichkeit geworden, die sich in vielen Vorteilen im alltäglichen Leben zum Beispiel in innereuropäischen Grenzregionen zeigt.

Die mit der Vollendung des Europäischen Binnenmarktes (vgl. Kap. 4.1) verbundenen Vier Freiheiten des Personen-, Waren-, Dienstleistungs- und Kapitalverkehrs ermöglichen unkomplizierte private, aber vor allem auch geschäftliche Beziehungen zwischen Bürgern und Unternehmen aus unterschiedlichen Mitgliedstaaten. Dies wird unterstützt durch die Unionsbürgerschaft, die es uns erlaubt, uns an jedem Ort der EU niederzulassen und dort zumindest auf kommunaler sowie auf EU-Ebene politische Beteiligungsrechte wahrzunehmen.

EU zwischen Subsidiarität und Supranationalität
Kap. 1.2
M 4, M 5

Immer mehr politische Probleme werden durch EU-weite Regelungen bearbeitet. Diese Tendenz zu supranationalen Regelungen ist die Folge der fortschreitenden Binnenmarktintegration, die vor allem für wirtschaftliche Fragen kaum mehr nationalstaatliche Lösungen sinnvoll erscheinen lässt.

Zugleich sehen viele Menschen diese Entwicklung mit Sorge, befürchten sie doch, dass regionale bzw. nationalstaatliche Besonderheiten (zum Beispiel im Lebensmittelsektor) durch die EU eingeebnet werden. Das Subsidiaritätsprinzip, das der EU nur dann politisches Handeln zugesteht, wenn das Problem auf nationalstaatlicher Ebene nicht sinnvoll gelöst werden kann, stellt somit ein Gegengewicht zur Supranationalität dar. Politische Konflikte um die Frage der Zuständigkeit sind eine Konstante in der Politik der EU.

Europäische Integration und öffentliche Meinung
Kap. 1.3
M 1

Gingen die Meinungsforscher bislang davon aus, dass die EU-Bürger den europäischen Integrationsprozess gleichgültig akzeptieren (permissiver Konsens), so wandelt sich dieses Bild in den letzten Jahren. Insbesondere in Deutschland hat die EU an Unterstützung in der Bevölkerung verloren; vor allem der wahrgenommene Nutzen, der mit einer Mitgliedschaft Deutschlands verbunden ist, erreicht – der alltäglichen „Nutzung" der EU zum Trotz – nur noch geringe Werte.

Gleichzeitig zeigen jedoch Befragungen insbesondere von Jugendlichen, dass die eigene Positionierung – bei insgesamt niedrigen Zustimmungsquoten – als „Europäer" eine dem Selbstverständnis als „Deutscher" vergleichbare Rolle spielt. Möglicherweise entwickelt sich eine – auch regionale Bezüge einbeziehende – Verbindung unterschiedlicher Identitäten.

Die EU – ein Elitenprojekt ohne Bürger?

Der Freitag: Herr Anheier, wo liegt Europas Problem?

Helmut Anheier: Wir haben es nicht geschafft, ein pan-europäisches Bewusstsein zu schaffen. Europas Eliten sind zusammengekommen, auch die der Zivilgesellschaft. [...] Doch was fehlt, ist eine wirkliche Vernetzung von unten.

Sollen nicht Programme wie Erasmus für Studierende oder Städtepartnerschaften gerade das schaffen?

Ja, aber was diese Programme eint, ist ihre Ausrichtung auf die Mittelklasse. Städtepartnerschaften zum Beispiel: Viele davon wurden Anfang der 1970er gegründet. Bis heute treffen sich dort immer wieder dieselben Personen und Zirkel. Man wird gemeinsam alt, vielleicht kennen sich die Kinder noch. Die Frage ist: Wie kann man da neues Leben reinbringen? [...]

Von der EU finanziert und gesteuert wird das Erasmus-Programm, mit dem Studierende einige Semester im europäischen Ausland verbringen können.

Ja, da gilt dasselbe. [...] Für Erasmus bewerben sich vor allem Vertreter der oberen Mittelschicht. Da setzt sich die Zugangshürde fort, denn wenn jemand aus einem sozial schwächeren Hintergrund an die Universität kommt, dann braucht der viel mehr Studienberatungsangebote und Begleitung. Erasmus gilt zwar als ein Instrument, die Jugend Europas zusammenzubringen. De facto erreicht es aber nur einen bestimmten Teil dieser Jugend.

Europas Jugend kommt aber trotzdem zusammen. Aktuelles Beispiel: Die Occupy-Bewegung, da campieren und demonstrieren junge Spanier, Franzosen und Belgier zusammen [...].

[...] Bisher äußert sich das nicht in einer Botschaft, was die Bewegung will. Trotzdem sehe ich da den Beginn einer neuen Diskussion über Gerechtigkeit, die Grenzen überschreitet. [...]

Vom kommenden Jahr an können die Europäer immerhin staatenübergreifende Bürgerinitiativen starten.

Sicher erleichtert so etwas zivilgesellschaftlichen Gruppen, sich über Grenzen hinweg zu organisieren, zu finanzieren, aktiv zu werden. Doch wirklich auf Europa ausrichten werden sich die Bürger nur, wenn die europäischen Institutionen, insbesondere das Parlament, wichtiger werden.

Aber schon jetzt gibt es doch Themen mit klarer europäischer Dimension [...]. Haben Sie einen Vorschlag?

Den Umgang mit dem demografischen Wandel mit einer richtigen Beschäftigungspolitik zu verbinden, das wäre was: Beides ist inhaltlich eng miteinander verknüpft, und man kann gute Vorschläge machen, wenn man Europa insgesamt ins Blickfeld nimmt. Fachkräftemangel am einen, Überalterung am anderen Ort und gleichzeitig hohe Arbeitslosigkeit wie etwa in Spanien. Oder Umwelt- und Energiepolitik, da können wir den zivilgesellschaftlichen Aktionsgeist auf europäischer Ebene mit den infrastrukturellen Aufgaben verknüpfen, um etwas Positives zu schaffen.

Das Interview führte Sebastian Puschner, in: Der Freitag, 8.12.2011

Helmut K. Anheier ist Soziologe und Dekan der Hertie School of Governance in Berlin.

Aufgaben

1. Geben Sie Anheiers Position zum Verhältnis zwischen der EU und ihren Bürgern wieder.
2. Setzen Sie Anheiers Argumentation zum Hineinwirken des europäischen Integrationsprozesses in unseren Lebensalltag in Beziehung.
3. Entwickeln Sie eine begründete Gegenposition zu Anheiers Einschätzung, die Sie in Form eines Leserbriefes an den „Freitag" präsentieren.

Karikatur: Thomas Plaßmann/Baaske Cartoons, 2005

„Manches, das uns heute als Bürokratie erscheint, hat früher auf die Schlachtfelder Europas geführt.“

Joschka Fischer, Bündnis 90 / Die Grünen, 1998-2005 Bundesaußenminister

Karikatur: Horst Haitzinger, 2005

Die europäische Integration – eine Erfolgsgeschichte?

2

Aus zwei Weltkriegen geht Europa geteilt und zerstört hervor: Die Hauptgegner der Vergangenheit, Deutschland und Frankreich, liegen in Schutt und Asche oder haben ihre globale Bedeutung verloren. Frieden in Sicherheit und Freiheit wird zur neuen Grundidee der beiden ehemaligen Feindstaaten. Ab 1951 entstehen in Westeuropa zunächst ein ökonomischer (EGKS und EWG) und dann ein politischer Zusammenschluss (EG), die beide diese Grundideen maßgeblich fördern sollen. Ein europäisches Parlament, eine europäische Währung, der Euro, und eine europäische Außen- und Sicherheitspolitik kommen dazu.
Ab 1990 wird die Teilung Europas überwunden, ab 2004 treten mittel- und osteuropäische Staaten der EU bei. Dieses Projekt hatte und hat aber immer auch seine Schattenseiten, seine ungeklärten Probleme: Wo liegen seine geografischen Grenzen? Gibt es eine europäische Kultur- und Wertegemeinschaft? Welches sind die Grundzüge und Leitbilder der EU? Wie viele Kompetenzen sind von den Nationalstaaten an die EU übertragen worden? Hatte der europäische Integrationsprozess ein klares Ziel oder handelte es sich organisationstheoretisch eher um ein „Muddling Through" (dt. sich Durchwursteln)? Ist die EU-Geschichte eine Erfolgsgeschichte?
Diesen Fragen gehen Sie in diesem Kapitel nach.

Was wissen Sie schon?

1. a) Analysieren Sie die beiden Karikaturen.
   b) Formulieren Sie Problemstellungen und offene Fragen, die sich aus den Karikaturen und dem Zitat ergeben.
2. Die europäische Integration – eine Erfolgsgeschichte? Positionieren Sie sich auf einer Meinungslinie zwischen Pro und Kontra und begründen Sie Ihre Haltung.

KOMPETENZEN

Am Ende dieses Kapitels sollten Sie Foldendes wissen und können:

... die Etappen und Probleme der europäischen Integration beschreiben und erläutern.

... bei aktuellen Themen und Kontroversen in der EU die historische Dimension, Interessenlagen und Standortbezogenheiten der Akteure systematisch und sachgerecht begründen und beurteilen.

... politische Sachverhalte – hier die Etappen der Europäischen Integration – multiperspektivisch und bezogen auf verschiedene Betrachtungsebenen kategorien- und kriterienorientiert bewerten.

... reflektiert und kriterienorientiert eine Pro-Kontra-Debatte am Beispiel des europäischen Integrationsprozesses führen.

2.1 Aspekte europäischer Identität

2.1.1 Gründungsinteressen

M 1 ● 1945: Europa nach dem Zweiten Weltkrieg

Berlin in Schutt und Asche: Das Bild wurde unmittelbar nach Beendigung der Kämpfe um den Reichstag am 2. Mai 1945 aufgenommen.

Winston Churchill (1874-1965) war 1940-1945 und 1951-1955 Premierminister Großbritanniens.

M 2 ● Visionen für ein neues Europa

Spätestens nach der Potsdamer Konferenz (August 1945) war die Anti-Hitler-Koalition der Alliierten beendet. Das Zeitalter der bipolaren Welt entstand, in dem sich die beiden Großmächte USA und UdSSR als Gegner gegenüberstanden und um Einfluss konkurrierten, auch in Europa. Am 19. September 1946 hielt Winston Churchill, zuvor britischer Premierminister, vor der akademischen Jugend in Zürich eine zukunftsweisende Rede.

In ausgedehnten Gebieten Europas starrt eine Menge gequälter, hungriger, sorgenerfüllter und verwirrter Menschen die Ruinen ihrer Städte an [...]. Unter den Siegern herrscht eine babylonische Verwirrung misstönender Stimmen, unter den Besiegten aber das trotzige Schweigen der Verzweiflung. [...] Trotzdem gibt es ein Heilmittel, das allgemein und spontan angewendet, die ganze Szene wie durch ein Wunder verwandeln und innerhalb weniger Jahre ganz Europa, oder doch dessen größten Teil, so frei und glücklich machen könnte, wie es heute die Schweiz ist. Dieses Mittel besteht in der Erneuerung der europäischen Völkerfamilie oder doch einer so großen Zahl ihrer Mitglieder, als es im Rahmen des Möglichen liegt, und ihrem Neuaufbau unter einer Ordnung, unter der sie in Freiheit, Sicherheit und Frieden leben kann. Wir müssen eine Art Vereinigte Staaten von Europa errichten. [...] Ich war glücklich zu erfahren, dass mein Freund, [der US-amerikanische] Präsident Truman, sein Interesse und seine Sympathie für den Plan der Vereinigten Staaten von Europa

ausgedrückt hat. [...] Wir alle müssen dem Schrecken der Vergangenheit den Rücken kehren und uns der Zukunft zuwenden. Wir können es uns einfach nicht leisten, durch all die kommenden Jahre den Hass und die Rache mit uns fortzuschleppen, die den Ungerechtigkeiten der Vergangenheit entsprossen sind. [...]
Der erste Schritt bei der Neubildung der europäischen Familie muss ein Zusammengehen zwischen Frankreich und Deutschland sein. Nur so kann Frankreich die Führung in Europa wiedererlangen. Es gibt kein Wiedererstehen Europas ohne ein geistig großes Frankreich und ein geistig großes Deutschland. Die Struktur der Vereinigten Staaten von Europa wird, wenn sie richtig und dauerhaft errichtet werden soll, so geartet sein müssen, dass die materielle Stärke einzelner Staaten an Bedeutung einbüßt. Kleine Nationen werden so viel wie große gelten und sich durch ihren Beitrag für die gemeinsame Sache Ruhm erringen können. [...] Der erste Schritt hierzu wäre es, einen Europäischen Rat ins Leben zu rufen. Wenn alle Staaten Europas dieser Union fürs erste nicht beitreten wollen oder können, so müssen wir doch alle jene sammeln, die willens und imstande sind, es zu tun. [...] Bei diesem so dringend notwendigen Werk müssen Frankreich und Deutschland zusammen die Führung übernehmen. [...]

Zitiert nach: Curt Gasteyger, Europa von der Spaltung zur Einigung, Bonn 2001, S. 43 f.

M 3 ● Deutschland und Frankreich – Keimzelle eines geeinten Europa

Jean Monnet war 1946-1950 erster Generalsekretär des französischen Planungsamtes; er entwickelte Modernisierungsprogramme für die französische Wirtschaft – Teile davon flossen in den späteren Schuman-Plan ein, der zur Gründung der EGKS (Montanunion) führte. Rückblickend schildert er seine Einschätzung der Nachkriegslage:

In Europa hieß die Gefahr noch immer Deutschland, doch diesmal nicht durch sein eigenes Zutun, sondern durch die Schuld der anderen, der Mächte, die es wie ein Spieleinsatz behandelten. Die Amerikaner [...] versuchten, die neue Bundesrepublik in ein westliches [...] System zu integrieren, und die Russen würden sich dem mit allen Mitteln widersetzen. Frankreichs Komplexe würden noch wachsen. [...] Jede Lösung verlangte zuvor, dass man die Bedingungen änderte: etwa für die Deutschen die Demütigung durch unsere Kontrollen, für die kein Ende abzusehen war, und für die Franzosen die Angst vor dem letztlich unkontrollierten Deutschland. Diese beiden Elemente [...] reichten aus, um eine konstruktive Entwicklung in Europa zu blockieren. [...] In Frankreich kehrte das Gefühl der Unterlegenheit wieder [...]. Die Basis für die [deutsche] Überlegenheit [...] war seine Stahlproduktion zu einem Preis, mit dem Frankreich nicht konkurrieren konnte. [...]
Wenn man bei uns die Furcht vor einer deutschen industriellen Vorherrschaft beseitigen könnte, wäre das größte Hindernis für die Einigung Europas weggeräumt. Eine Lösung, die der französischen Industrie die gleiche Ausgangsbasis wie der deutschen einräumte, während man diese von den aus der Niederlage entstandenen Diskriminierungen befreite, würde die ökonomischen und politischen Bedingungen für eine Entente [= Bündnis] schaffen, die für Europa unerlässlich war. Darüber hinaus könnte sie sogar das Ferment [= Nährboden, Keimzelle] zu einer europäischen Einheit werden.

Jean Monnet, Erinnerungen eines Europäers, München 1980, S. 370-373

Jean Monnet (1888-1979) war von 1952 bis 1954 Präsident der Hohen Behörde der Montanunion.

Der Schuman-Plan

Der Schuman-Plan sah vor, die gesamte Kohle- und Stahlproduktion von Deutschland und Frankreich in einer Gemeinschaft vereint zu verwalten. Er basierte auf den Plänen des französischen Außenministers Robert Schuman und seines Landsmannes Jean Monnet von 1950. Ein Ziel ihrer Bemühungen war die Aussöhnung zwischen Frankreich und Deutschland.

Konrad Adenauer (1876-1967), CDU, war 1949-1963 der erste deutsche Bundeskanzler.

M 4 ● 1956: Die EWG – ein Projekt im deutschen Interesse?

Geheime Anweisung von Bundeskanzler Adenauer an alle Bundesminister vom 19.1.1956

Die gegenwärtige außenpolitische Lage enthält außerordentliche Gefahren. Um sie abzuwenden und eine günstige Entwicklung einzuleiten, bedarf es entschlossener Maßnahmen. Dazu gehört vor allem eine klare, positive deutsche Haltung zur europäischen Integration. In dieser europäischen Integration sehen die entscheidenden Staatsmänner des Westens den Angelpunkt der Entwicklung [...]. Diese Auffassung ist zweifellos richtig. Wenn die

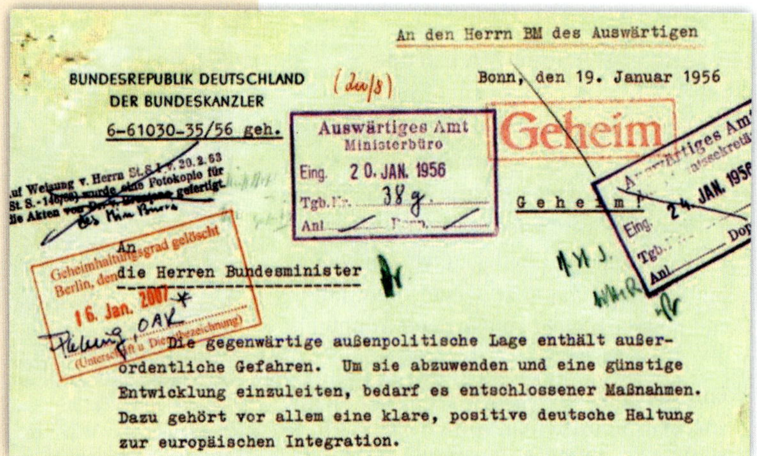

An den Herrn BM des Auswärtigen

BUNDESREPUBLIK DEUTSCHLAND
DER BUNDESKANZLER
6-61030-35/56 geh.

Bonn, den 19. Januar 1956

Geheim

Auswärtiges Amt
Ministerbüro
Eing. 20. JAN. 1956

An die Herren Bundesminister

Die gegenwärtige außenpolitische Lage enthält außerordentliche Gefahren. Um sie abzuwenden und eine günstige Entwicklung einzuleiten, bedarf es entschlossener Maßnahmen. Dazu gehört vor allem eine klare, positive deutsche Haltung zur europäischen Integration.

Integration gelingt, können wir bei den Verhandlungen sowohl über die Sicherheit wie über die Wiedervereinigung als wesentliches neues Moment das Gewicht eines einigen Europas in die Waagschale werfen. Umgekehrt sind ernsthafte Konzessionen der Sowjetunion nicht zu erwarten, solange die Uneinigkeit Europas ihr Hoffnung gibt, diesen oder jenen Staat zu sich herüberzuziehen, dadurch den Zusammenhalt des Westens zu sprengen und die schrittweise Angliederung Europas an das Satellitensystem einzuleiten. Hinzu kommt, dass die dauerhafte Ordnung unseres Verhältnisses zu Frankreich nur auf dem Wege der europäischen Integration möglich ist. Sollte die Integration durch unser Widerstreben oder unser Zögern scheitern, so wären die Folgen unabsehbar.

Daraus ergibt sich als Richtlinie unserer Politik, dass wir den Beschluss von Messina entschlossen und unverfälscht durchführen müssen. Noch stärker als bisher muss der politische Charakter dieses Beschlusses beachtet werden, der nicht allein eine technische Kooperation aus fachlichen Erwägungen, sondern eine Gemeinschaft herbeiführen soll, die (auch im Interesse der Wiedervereinigung) die gleiche Richtung des politischen Willens und Handelns sichert. [...]

Andererseits lässt sich nach Auffassung der Weltöffentlichkeit die friedliche Nutzung der Atomenergie von der Möglichkeit der Herstellung von Atombomben praktisch nicht trennen. Der deutsche Versuch einer rein nationalen Atomregelung würde daher vom Ausland mit größtem Misstrauen aufgenommen werden.

Nach: Konrad Adenauer und die Europäische Integration, Ausstellung des Archivs für Christlich-Demokratische Politik der Konrad-Adenauer-Stiftung, Sankt Augustin 2010, S. 15

Beschluss von Messina

Die Europäische Wirtschaftsgemeinschaft (EWG) wurde am 25. März 1957 von sechs Staaten gegründet. Die Konferenz von Messina im Juni 1955 bereitete diesen Gründungsakt vor.

Aufgaben

1. a) Arbeiten Sie die zentralen Ideen aus M 2 - M 4 heraus.
   b) Entwerfen Sie daraus ein Bild Europas. Wählen Sie dazu eine Form der Visualisierung, bspw. Collage oder Karikatur. Erläutern Sie Ihr Produkt.
2. a) Analysieren Sie die Interessen der drei Politiker im Zeitkontext (M 2 - M 4).
   b) Erstellen Sie für einen Radio- oder Fernsehsender eine Kurzreportage für eine Jugendsendung zu den Gründungsinteressen der EU 1945-1950 (M 1 - M 4).

2.1.2 Gibt es eine europäische Identität?

M 5 ● Was verbindet Europa, was grenzt es ab?

„Das Europa des Mittelalters war ein Europa der Kultur, Ideologie, der Sitten, der Werte. Und das wünsche ich mir: ein Europa der Werte. Deshalb bin ich entschieden dagegen, aus Europa eine bloße Freihandelszone zu machen. Man muss die Wirtschaft in den Dienst der Werte stellen und nicht umgekehrt. Wenn es dem vereinten Europa nicht gelingt, sich durch die verschiedenen europäischen Kulturen zu schaffen, würde ich es als gescheitert ansehen. Europa wird entweder kulturell bestehen oder gar nicht …“ *Jacques le Goff, in: Die Welt, 11.8.1997*

„Wie ein Blick auf den Globus zeigt, steht der Name Europa für keine fixe geografische Einheit. […] Jede Begrenzung eines Raums namens Europa hat mit der Bestimmung eines ‚gesellschaftlichen Zusammenhanges' von Europäerinnen und Europäern zu tun. Europa ist, mit anderen Worten, eine Konstruktion, räumlich und sozial, oder besser gesagt: eine Reihe von Konstruktionen, die ungefähr vor drei Jahrtausenden begonnen hat.“
Gerhard Wagner, Projekt Europa: Die Konstruktion europäischer Identität zwischen Nationalismus und Weltgesellschaft, Berlin 2005, S. 93

„Die bloße Vergegenwärtigung der kulturellen und religiösen Herkunftseinheit Europas blieb bisher ohne Einheit stiftende Kraft in politischer Hinsicht und wird es wohl auch bleiben …“ *Stephan Sattler, Das „Europa der Kulturen“, in: Europa am Scheideweg, München 1998, S. 82*

M 6 ● Europas äußere Grenzen

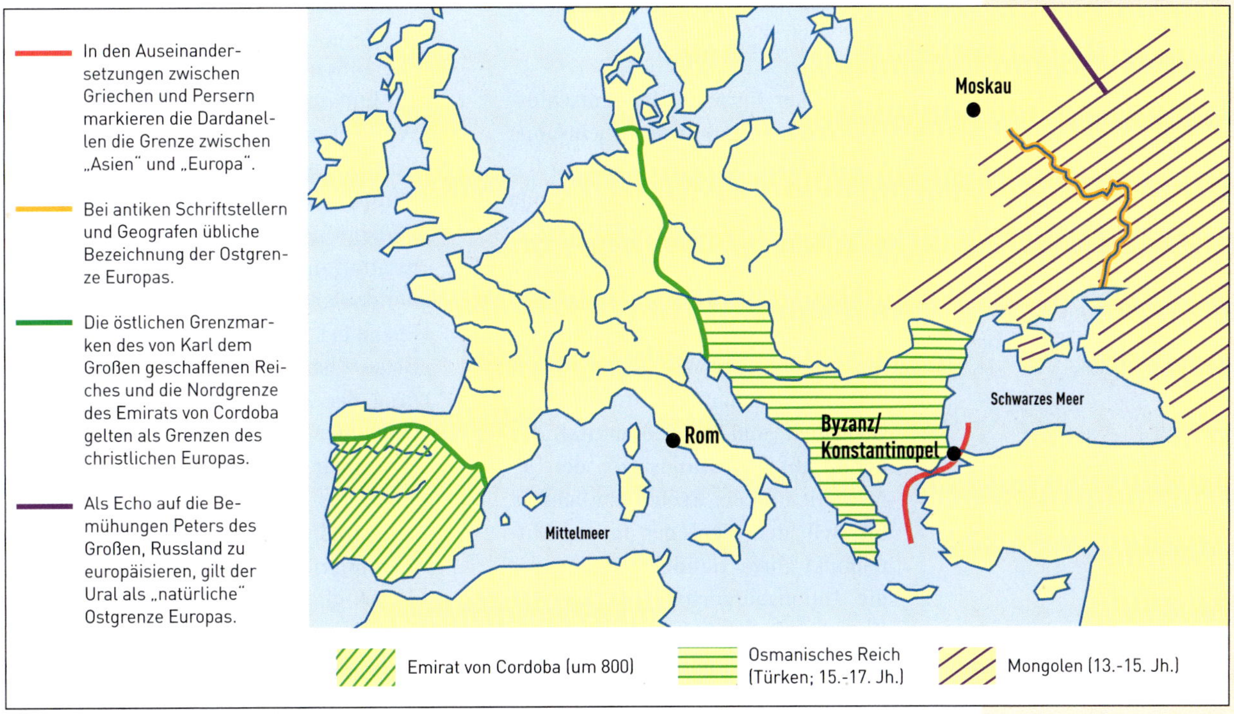

M 7 ● Ideale für das politische Handeln in Europa?

Die Geschichte Europas ist auch die Geschichte von Unterdrückung, Gewissenszwang und blutiger Diktatur; die kalte Effektivität der fürchterlichsten Massenvernichtung der Geschichte, des nationalsozialistischen Holocaust, war in ihrer Rationalität spezifisch europäisch. Die Geschichte Europas ist nicht zuletzt die Geschichte des Imperialismus; der Unterwerfung und Unterdrückung der übrigen Welt, ihrer Ausbeutung und ihres Ausblutens im Dienste des Wohlstands unseres eigenen Erdteils. [...] Die Idee der Demokratie und ihre Wirklichkeit sind nicht dasselbe, und Ähnliches gilt für die Ideen der Freiheit und Menschenwürde [...]. Und die Erfahrungen der Geschichte Europas, von der Jakobinerherrschaft bis zur Revolution der Bolschewiki, lehren überdies, dass alle Versuche, die Freiheit in ihrer vollkommenen Form zu verwirklichen, in schrankenlosesten Despotismus führen. [...] Gerade deshalb ist es wichtig, in den Ideen der Demokratie, der Freiheit, der Menschenwürde, der Vernunft, der Pluralität, in allen diesen Anschauungen, die ganz und gar der Geschichte Europas entspringen, die legitimierenden Leitideen unseres Kontinents zu sehen; denn wenn wir auch wissen, dass sie nie ganz verwirklicht werden können, [...] wissen wir doch auch – und sind seit Beginn der osteuropäischen Revolutionen dessen gewisser als zuvor –, dass es ohne sie für Europa keine Zukunft gibt. Sie sind regulative Ideen im Sinne Immanuel Kants: unverrückbare Ideale, die dem politischen Handeln Maß und Ziel verleihen.

Hagen Schulze, Die Wiederkehr Europas, Berlin 1990, S. 52-55

Die Charta der Grundrechte

In der Charta sind die EU-Grundrechte erstmals umfassend schriftlich festgehalten. Ursprünglich sollte der Text Teil des Europäischen Verfassungsvertrags werden. Nach dessen Scheitern erlangte die Charta 2009 mit dem Lissabonner Vertrag bindende Rechtskraft. Einige Länder haben sich von dieser Bindung ausgenommen.

M 8 ● Die EU – eine Grundrechtsgemeinschaft?

Charta der Grundrechte der Europäischen Union

Präambel

Die Völker Europas sind entschlossen, auf der Grundlage gemeinsamer Werte eine friedliche Zukunft zu teilen, indem sie sich zu einer immer engeren Union verbinden.

In dem Bewusstsein ihres geistig-religiösen und sittlichen Erbes gründet sich die Union auf die unteilbaren und universellen Werte der Würde des Menschen, der Freiheit, der Gleichheit und der Solidarität. Sie beruht auf den Grundsätzen der Demokratie und der Rechtsstaatlichkeit. Sie stellt den Menschen in den Mittelpunkt ihres Handelns, indem sie die Unionsbürgerschaft und einen Raum der Freiheit, der Sicherheit und des Rechts begründet.

Die Union trägt zur Erhaltung und zur Entwicklung dieser gemeinsamen Werte unter Achtung der Vielfalt der Kulturen und Traditionen der Völker Europas sowie der nationalen Identität der Mitgliedstaaten und der Organisation ihrer staatlichen Gewalt auf nationaler, regionaler und lokaler Ebene bei. [...]

Diese Charta bekräftigt unter Achtung der Zuständigkeiten und Aufgaben der Union und des Subsidiaritätsprinzips die Rechte, die sich vor allem aus den gemeinsamen Verfassungstraditionen und den gemeinsamen internationalen Verpflichtungen der Mitgliedstaaten [...] ergeben. [...]

Aktion Europa (Hrsg.), Vertrag von Lissabon, Berlin 2010, S. 192

M 9 Was macht Europa aus? Definitionsversuche

Europäische Selbstbeschreibungen	externe Andere	interne Andere
1. Kontinent Europa als geografische und kulturelle Einheit europäische Kultur, gemeinsame Geschichte	„der Osten", Asien, Türkei Russland	Balkan, Osteuropa
2. Zivilisation und technischer Fortschritt Ackerbau, Technik, Navigation, Wissenschaft, Handel und Gewerbe	„der Rest"	Osteuropa (Byzanz)
3. Christliches Abendland, römisch-katholische Kirche, Europa Karls des Großen, Protestantismus, Säkularisierung	Islam, USA, Türkei	Judentum, orthodoxe Kirchen (Byzanz), Islam, Osteuropa, Balkan
4. Ästhetische Einheit Kunstgeschichte in parallelen Epochen: Romanik, Gotik, Renaissance, Barock, Moderne, Postmoderne	USA, „der Rest"	Osteuropa
5. Reflexive Wissenschaft Umsetzung von Konflikt in Innovation, Wettbewerb und Kritik, öffentliche Diskursräume, freie Städte, Universitäten	Diktaturen, autoritäre Regime, Despotismus (Asien, Orient)	Osteuropa (Byzanz)
6. Europa der Nationen Gemeinschaft europäischer Völker und Nationen	Nicht-EU-Staaten	Beitrittskandidaten
7. Klassen, Schichten, Milieus, Mittelstand, Bürgertum, Kleinbürgertum, Arbeiterklasse	Zweiklassengesellschaften, USA, sozialistische Staaten	Osteuropa
8. Arbeitsethik und Wohlfahrtsstaat Arbeiterbewegung, Solidarität, Sozialausgaben, soziale Marktwirtschaft	USA	(Osteuropa)
9. Europäische Wertegemeinschaft Menschenrechte, Demokratie, Freiheit, Toleranz, Rationalität, Individualität, Aufklärung, Religionsfreiheit, Säkularisierung	fundamentalistischer Islam, Türkei	Osteuropa
10. Europäische Kommunikationsgemeinschaft Europa als Rechtsgemeinschaft, Entnationalisierung von Kultur und Identität, Überkreuzung individueller Lebensstile, transnationale Netzwerke, Europäisierung und Individualisierung	Nicht-EU-Staaten	bildungsferne Schichten
11. Negative Erinnerungsgemeinschaft Schuldbekenntnisse zu Weltkriegen und Holocaust, „Tätergemeinschaft", Verbot der Todesstrafe	Japan, Türkei, USA, Irak	Balkan

Gudrun Quenzel, Konstruktionen von Europa, Bielefeld 2005, S. 14

Aufgaben

1. Verständigen Sie sich im Kurs auf drei zentrale Werte, für die die EU Ihrer Meinung nach steht.
2. Vergleichen Sie die von Ihnen formulierten Werte mit denen in der Charta (M 8) formulierten Werten und erklären Sie Gemeinsamkeiten und Unterschiede.
3. Analysieren Sie in Gruppenarbeit die zentralen Ideen der Materialien M 5 - M 9. Gestalten Sie daraus ein Werte-Bild Europas. Wählen Sie dazu eine Form der Visualisierung, bspw. Collage oder Karikatur.
4. Beurteilen und bewerten Sie die zentralen Thesen aus M 5.
5. Erörtern Sie in einer Pro-Kontra-Debatte die Frage: „Die EU – eine Kultur- und Wertegemeinschaft?" (M 5 - M9).

2.2 Etappen und Herausforderungen der europäischen Integration

2.2.1 Stationen des Einigungsprozesses

1951: Sechs westeuropäische Staaten (Belgien, Deutschland, Frankreich, Italien, Luxemburg und die Niederlande) gründen in Paris die EGKS (Europäische Gemeinschaft für Kohle und Stahl). Ziel ist es, eine vertiefte Gemeinschaft zwischen lange durch blutige Auseinandersetzungen entzweite Völker aufzubauen.

1954: Die EVG (Europäische Verteidigungsgemeinschaft), ein Versuch zur militärischen Integration, scheitert an der Ablehnung durch die französische Nationalversammlung.

1957: Die sechs EGKS-Staaten gründen in Rom die EWG (Europäische Wirtschaftsgemeinschaft) mit gemeinsamer Zollunion und Agrarpolitik und die EURATOM (Europäische Atomgemeinschaft). Ziel ist ein gemeinsamer Binnenmarkt.

1965: Fusion der drei Gemeinschaften (EGKS, EWG und EURATOM) zur EG (Europäische Gemeinschaft).

1966: Der Luxemburger Kompromiss stellt das Ende einer langen Krisenzeit dar. Neben der Einstimmigkeit wird nun auch das Mehrheitsprinzip bei Abstimmungen möglich.

1. Gründungs- und Aufbauphase

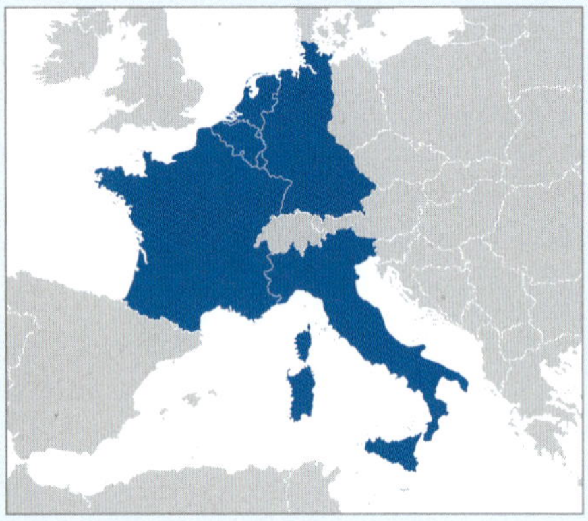

M 1 ● Besser als Sicherheitsnadeln?

„Hoffentlich entwickelt sich das Ding besser als die Sicherheitsnadeln!"

Karikatur: Klaus Pielert

M 2 ● Die Politik des leeren Stuhls

Der vom Kommissionspräsidenten Walter Hallstein im Jahr 1965 erarbeitete Vorschlag zur Finanzierung der Gemeinsamen Agrarpolitik ist der Auslöser der Krise um die sogenannte „Politik des leeren Stuhls". Der Vorschlag der Kommission zielt auf die Erhöhung der Eigenmittel der Gemeinschaften – unabhängig von den nationalen Beiträgen – ab und sieht zusätzliche Haushaltsbefugnisse für das Europäische Parlament und eine stärkere Rolle der Kommission vor. Zudem soll [...] zum 1. Januar 1966 die Regel des Mehrheitsbeschlusses im Ministerrat zur Anwendung kommen. Frankreich kann einer solchen Entwicklung nicht zustimmen, die es als einen inakzeptablen Souveränitätsverzicht betrachtet. Darüber hinaus wirft Charles de Gaulle Walter Hallstein vor, seinen Vorschlag ohne Konsultation der Regierungen der Mitgliedstaaten vorbereitet zu haben. [...] Am 1. Juli beruft die französische Regierung ihren ständigen Vertreter in Brüssel ab und verkündet die Absicht Frankreichs, nicht mehr an den Sitzungen des Ministerrates teilzunehmen, bis sie Recht bekommt. Dies ist der Beginn der „Politik des leeren Stuhls" und einer schweren Krise. Zum ersten Mal seit Inkrafttreten der Römischen Verträge im Jahr 1958 blockiert ein Mitgliedstaat die Funktionsweise der EWG. [...] Sechs Monate lang bleibt Frankreich Brüssel fern und boykottiert die Gemeinschaft. [...] Im Januar 1966 schlägt der luxemburgische Ministerpräsident eine Kompromisslösung vor, die besagt, dass wenn ein Land der Ansicht ist, es stehen wesentliche Interessen auf dem Spiel, die Verhandlungen so lange fortgesetzt werden müssen, bis ein für alle Partner annehmbarer Kompromiss gefunden wird.

Nach: Centre Virtuel de la Connaissance sur l'Europe (CVCE), 11.8.2011

1971: Beschluss des Ministerrats zur Errichtung einer Wirtschafts- und Währungsunion.

1973: Norderweiterung (Großbritannien, Irland und Dänemark treten bei, Norwegen lehnt den Beitritt per Volksabstimmung ab).

1979: Europäisches Währungssystem (EWS) als Wechselkursverbund tritt in Kraft; erste Direktwahl des Europäischen Parlaments (EP).

1981/1986: Zwei Süderweiterungen; Griechenland (1981) sowie Portugal und Spanien (1986) treten der EG bei.

2. Nord- und Süderweiterung

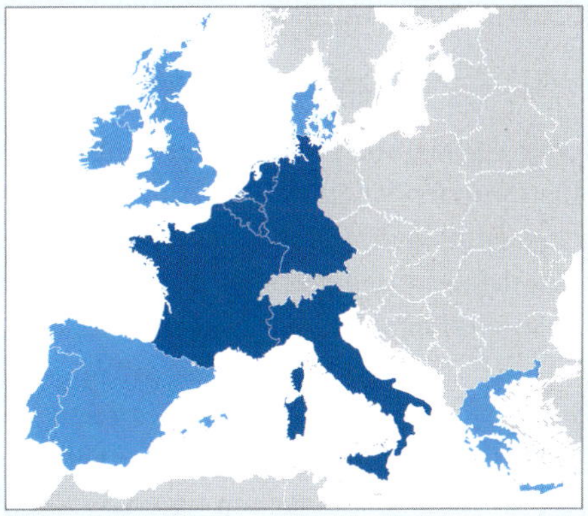

M 3 „Ab in den Süden"

Karikatur: Horst Haitzinger

M 4 Süderweiterung – Abwägungen und Motive

Der Beitrittswunsch der südeuropäischen Staaten Griechenland, Spanien und Portugal stellte die EG vor neue Herausforderungen: Die autoritär-totalitären Regime in den drei Staaten waren gerade erst durch demokratische abgelöst worden. Die lange unterdrückten Bevölkerungen hatten politisch-moralische Erwartungen an die Einbeziehung in das europäische Projekt.
Griechenland hatte seine Mitgliedschaft bereits 1975 beantragt, die Beitrittsverhandlungen mit Spanien und Portugal zogen sich wegen wirtschaftlicher und finanzieller Bedenken der EG-Altmitglieder sowie Forderungen nach Sonderregelungen und Vergünstigungen deutlich länger hin.
Die rückständige industrielle Produktion der Neuen konnte sich dem Wettbewerb der Gemeinschaft kaum stellen, dem volkswirtschaftlich bedeutsamen Agrarsektor dieser Kandidaten drohte – etwa bei Wein und Südfrüchten – eine starke Konkurrenz. Die Altmitglieder hatten Sorge vor möglichen Preisgarantien oder Stützungskäufen, die den EG-Gemeinschaftshaushalt erheblich belasten würden.
Letztlich spielte die Unterstützung der noch jungen Demokratien eine große Rolle zugunsten der Aufnahme der drei Kandidaten in die EG, um sie nachhaltig zu stützen.

Autorentext

1986: Die Gründungsverträge werden zur Einheitlichen Europäischen Akte (EEA) fusioniert, 1992 soll der Binnenmarkt vollendet sein.

1989/1990: Der Ostblock zerfällt, viele mittel-osteuropäischen Staaten wollen der Gemeinschaft beitreten.

1992: Gründung der Europäischen Union durch den Vertrag von Maastricht, Beginn der Gemeinsamen Außen- und Sicherheitspolitik (GASP) und der polizeilichen und justiziellen Zusammenarbeit.

1995: Abkommen von Schengen (gemeinsame Binnengrenzen); Finnland, Schweden und Österreich treten der EU bei.

1997: In Amsterdam wird der Stabilitäts- und Wachstumspakt verabschiedet.

3. Politische und ökonomische Vertiefung

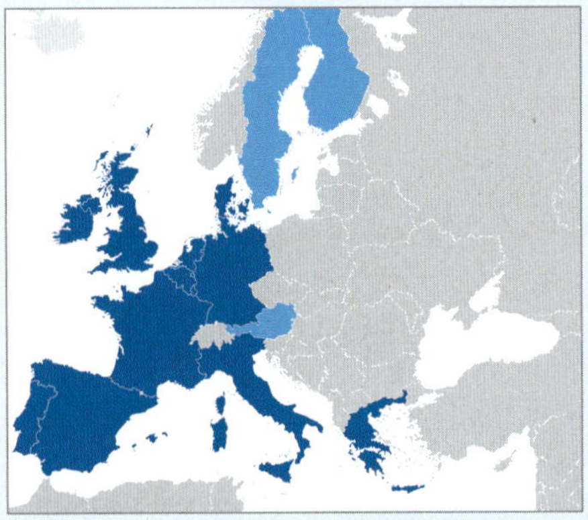

M 5 ● Maastricht 1992: die Säulen der EU

Europäische Union

Gemeinsame Außen- und Sicherheitspolitik (GASP)	Europäische Gemeinschaften (EG, EURATOM)		Polizeiliche und justizielle Zusammenarbeit
• Außenpolitik: Koordination der nationalen Politiken, Erhaltung des Friedens, Förderung von Demokratie und Menschenrechten • Sicherheitspolitik: schrittweise Festlegung einer gemeinsamen Verteidigungspolitik, rüstungspolitische Zusammenarbeit, Krisenbewältigung	• Zollunion und Binnenmarkt • Wettbewerbspolitik • Visa-, Asyl- und Einwanderungspolitik • justizielle Zusammenarbeit in Zivilsachen • Wirtschafts- und Währungsunion • Agrarpolitik	• Handelspolitik • Sozial- und Beschäftigungspolitik • Bildung und Kultur • Gesundheitswesen • Verbraucherschutz • Regionalpolitik, wirtschaftlicher und sozialer Zusammenhalt • Forschung • Umwelt	• justizielle Zusammenarbeit in Strafsachen (Eurojust) • polizeiliche Zusammenarbeit (Europol)
Regierungszusammenarbeit (intergouvernemental)	Gemeinschaftspolitik (supranational) Gemeinschaftsverträge: EGV, EuratomV		Regierungszusammenarbeit (intergouvernemental)
Vertrag über die Europäische Union EUV			

nach: Dietmar Herz, Die Europäische Union, München 2002, S. 70, in: Europäische Union, Informationen zur politischen Bildung Nr. 279/2003, S. 17

M 6 ● Supranationalität und Intergouvernementalität

Die handelnden Politikerinnen und Politiker nahmen beim Aufbau Europas – aufgrund ihrer jeweiligen nationalstaatlichen und kulturellen Hintergründe – immer wieder auf zwei europapolitische Leitbilder Bezug: auf das „föderalistische" Leitbild mit der Finalität Bundesstaat und auf das „intergouvernementalistische" Leitbild mit dem Konkurrenzmodell Staatenbund.

SUPRANATIONALITÄT ⟷ INTERGOUVERNEMENTALITÄT

Daraus folgt u. a. für den Vertrag von Maastricht und bis heute noch, dass die EU-Institutionen entweder als supranational oder als intergouvernemental definiert wurden: Der Begriff Supranationalität kennzeichnet die politische Ebene, die über die nationalstaatliche Souveränität hinausgeht, und definiert als Völkerrechtsbegriff u. a. die internationalen Beziehungen von Staaten: D. h., rechtliche Zuständigkeiten werden von der nationalstaatlichen auf eine überstaatliche Organisation, bspw. die EU, transferiert. Auch wenn nicht alle Mitglieder zustimmen, können auf dieser Ebene verbindliche Beschlüsse durch Mehrheitsbeschluss gefasst werden. Die Alternative zur supranationalen Organisationsform ist das intergouvernementale Zusammenwirken: Die Regierungen kooperieren nur zwischenstaatlich, ohne eine inhaltliche, räumliche und institutionelle Vertiefungsperspektive.

Autorentext

1998: Beitrittverhandlungen mit mittelosteuropäischen Staaten und Zypern werden nach den Stabilitätskriterien der Wirtschafts- und Währungsunion (EWWU) aufgenommen.

1999: Ab 1.1. Euro als einheitliche Währung.

2000: Der Vertrag von Nizza regelt die institutionelle Neuordnung der EU nach der Osterweiterung, proklamiert eine Grundrechts-Charta und initiiert einen Europäischen Konvent zur Ausarbeitung einer EU-Verfassung.

2002: Einführung des neuen Euro-Bargeldes.
2004: Osterweiterung der EU um Estland, Lettland, Litauen, Malta, Polen, Slowakei, Slowenien, Tschechische Republik, Ungarn und Zypern (EU 25).

2005: Ablehnung der Europäischen Verfassung durch Volksabstimmungen in Frankreich und den Niederlanden.

2007: Beitritt von Rumänien und Bulgarien (EU 27).

2009: Inkrafttreten des Reformvertrages von Lissabon.

ab 2010: Finanz-, Staatsschulden- und Euro-Krise.

2013: 1.7. Beitritt Kroatiens geplant.

4. Osterweiterung, Verfassungskrise und Neuorientierung

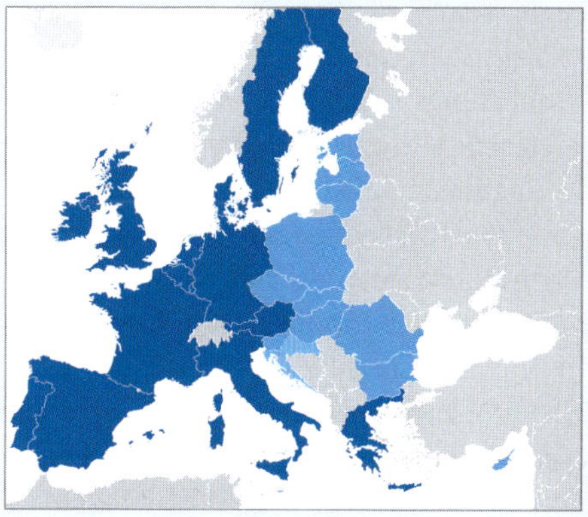

Aufgaben

1. a) Beschreiben Sie die Erweiterungsschritte der EU.
   b) Erläutern Sie anhand der Zeitleiste und M 1 - M 7 die Grade der Vertiefung bei der europäischen Integration. Erläutern Sie Ihre Kriterien für die Kategorie „Vertiefung".
2. Erstellen Sie für einen Radio- oder Fernsehsender eine Kurzreportage für eine Jugendsendung zur Entwicklung der EU von 1951 bis heute (M 1 - M 7).
3. Erörtern Sie in einer Pro-Kontra-Debatte die Frage, ob die EU-Integration von 1951 bis heute eine Erfolgsgeschichte darstellt (M 1 - M 7).

M 7 ● Die EU nach dem Vertrag von Lissabon (2009)

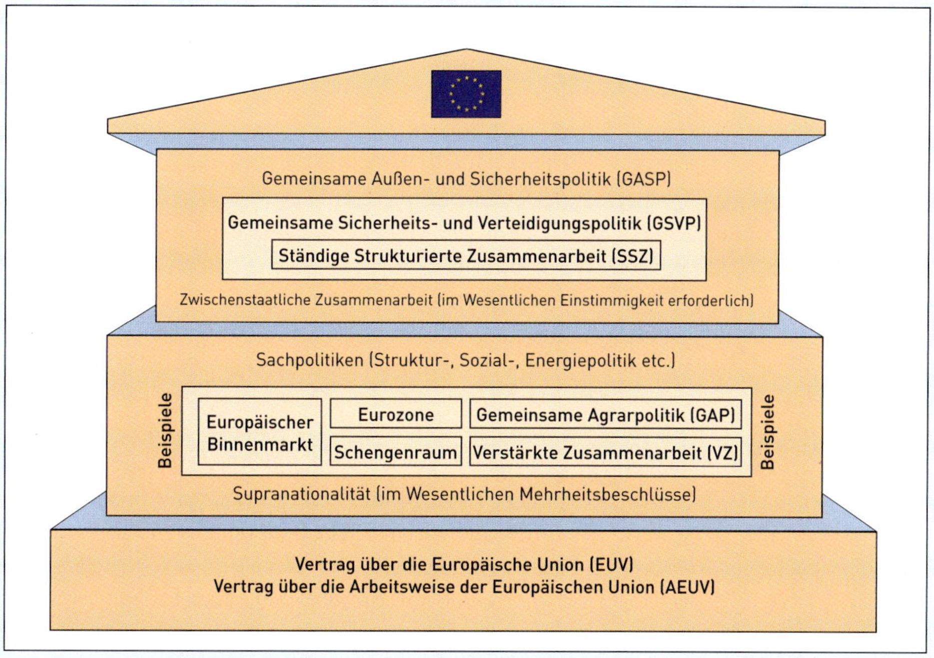

CRP-Infotec, 1.10.2011

METHODE

Urteilsbildung – kategorial, wertgebunden, mehrperspektivisch

Woraus ein politisches Urteil besteht

Das politische Urteil ist im Gegensatz zur schnell geäußerten Meinung oder gar zur Stammtischparole begründbar sowie begründet und die ihm zugrunde liegenden Annahmen werden offen genannt (Rationalität des Urteils).

Bei politischen Urteilen wird zwischen Sach- und Werturteilen unterschieden. Ein Sachurteil besteht dabei aus Erwägungen zur Effizienz, ggf. aber auch eindeutig überprüfbaren Legitimitätsaussagen (z.B. Wahrung der Rechtsgleichheit). Im Werturteil finden sich Legitimitätsargumente und Überlegungen zu Grundwerten. Das Urteil kann unter anderem daran gemessen werden, inwieweit es die **Kategorien Effizienz und Legitimität sowie die Grundwerte** berücksichtigt.

Zur Untersuchung der **EFFIZIENZ** eines Vorschlags, einer politischen Handlung oder Maßnahme kann man folgende Dimensionen berücksichtigen.

(1) Die Frage, ob eine unter vielen denkbaren Lösungen effizient ist, lässt sich mit den ökonomischen Denkfiguren des Minimal- bzw. des Maximalprinzips angehen. Demnach liegt Effizienz dann vor, wenn mit möglichst geringem (finanziellen, personellen, materiellen) Aufwand das angepeilte Ergebnis erzielt wird (Minimalprinzip), oder wenn mit einer gegebenen Menge von (finanziellen, personellen, materiellen) Ressourcen ein maximales Ergebnis im Sinne der Problemlösung erreicht wird/werden kann (Maximalprinzip). So wird sich das weltweite Hungerproblem nicht effizient lösen lassen, indem man die Bevölkerung von Entwicklungsländern ausschließlich mit Nahrung versorgt – selbst wenn jene für den Moment ausreichen sollte. Denn es wären immer weitere Nahrungs- oder Geldtransfers vonnöten, um die Not zu bekämpfen.

(2) Effizienz meint auch, die Mittel zur Lösung politischer und ökonomischer Probleme so zu wählen, dass sie schnell und genau gegen das Problem wirken und dass unerwünschte Nebenfolgen ausbleiben. Versorgt man Menschen in Entwicklungsländern ausschließlich mit Nahrung, so wird dort wohl eher Eigeninitiative einschlafen und damit Entwicklung eher erschwert. Viel effizienter könnte eine Technologie- und Wissensweitergabe (Selbstversorgung fördern) und ein Fallenlassen von EU-Agrarsubventionen sein (Weltmarktchancen der örtlichen Landwirte erhöhen).

(3) Eine weitere Dimension von Effizienz ist die politische Durchsetzbarkeit einer Lösungsstrategie, die noch nicht beschlossen worden ist. Hier sind formelle (z.B. Parlamentsmehrheiten) und informelle (z.B. der Einfluss von wirtschaftlichen oder gesellschaftlichen Vetospielern) Machtverhältnisse zu berücksichtigen.

Beim Werturteil lassen sich zwei Größen unterscheiden: die der **LEGITIMITÄT** (Möglichkeit der Rechtfertigung) und die der **GRUNDWERTE**. Beide hängen gleichwohl sehr eng zusammen:

(1) Im Rahmen der sogenannten politischen Gerechtigkeit (auch Verfahrensgerechtigkeit) fragt man sich, ob politische Entscheidungsverfahren gerechtfertigt sind. So unterscheiden sich Vorstellungen darüber, wie stark politische Beteiligungsmöglichkeiten (*Partizipation*) ausgebaut sein müssen: Reicht zum Beispiel die Macht des Europäischen Parlaments als Volksvertretung gegenüber der des Rats der Europäischen Union aus? Auch muss in einer Demokratie der Entstehungsprozess zu Entscheidungen durchsichtig und überprüfbar sein (Dimension der *Transparenz*); in vielen politischen Systemen (darunter die EU) gelten Entscheidungen als legitim, die auf der den Bürgern nächsten Ebene getroffen werden. Zudem stellt sich immer wieder die Frage der *Repräsentativität* – also etwa der nachvollziehbaren Abbildung von tatsächlichen Wahlergebnissen in Parlamentssitzen (so auch beim EU-Parlament oder der Kommission).

(2) Bei Bewertung der Legitimität von politischen Überlegungen spielt nicht nur die *Legalität* (Regel- und Verfassungsmäßigkeit) eine herausgehobene Rolle, sondern die Orientierung an den Menschenrechten. Solche Überlegungen zielen auf den Bereich der *Grundwerte*: Insb. sozial- und wirtschaftspolitische Auseinandersetzungen (z.B. Transferzahlungen innerhalb der EU) erhalten ihr Konfliktpotenzial aus unterschiedlichen Vorstellungen „(sozialer) *Gerechtigkeit*" (zwischen den Polen Leistungs- und Gleichheitsprinzip).

Daneben sollten die Werte *Frieden* und *Freiheit*, *Solidarität* (gesellschaftlicher, supranationaler und globaler Zusammenhalt) und *Sicherheit* sowie *nachhaltige Entwicklung* und Umweltschutz berücksichtigt werden. Alle Überlegungen sollten dabei vom Grundsatz der *Verhältnismäßigkeit der Mittel* geleitet sein.

Die Bedeutung der Betrachtungsebenen und der Perspektive

Hilfreich kann es sein, unterschiedliche *Betrachtungsebenen* im Urteil zu unterscheiden. Zu denken ist hier vor allem an die politische (im engeren Sinne), die soziale, die wirtschaftliche und die rechtliche. So könnte z.B. die Aufstockung von Sozialleistungen gesellschaftlich geboten oder die Senkung derselben von Wirtschaftsseite gefordert sein, politisch opportun oder durchsetzbar müssen aber weder die eine noch die andere Forderung sein.

Im eigenen Urteil sollten demgemäß vor allem stets mehrere *Perspektiven* berücksichtigt werden (Multiperspektivität), denn von der jeweiligen Entscheidung werden Bürger, Unternehmen, Verbände und Nichtregierungsorganisationen, einzelne Staaten und das politische System als Ganzes in unterschiedlicher Weise berührt. So könnte eine EU-Richtlinie zur drastischen CO_2-Einsparung bei PKW von den deutschen Luxusautobauern (und ggf. der deutschen Regierung) viel stärker abgelehnt werden als von den französischen Kraftfahrzeugfirmen. Während die EU-weite Angleichung der Mutterschutzfristen die werdenden Eltern freut, sind die dortigen Arbeitgeber wohl eher Gegner einer solchen Maßnahme.

Autorentext

Kategorien und Kriterien mehrperspektivischen politischen Urteilens

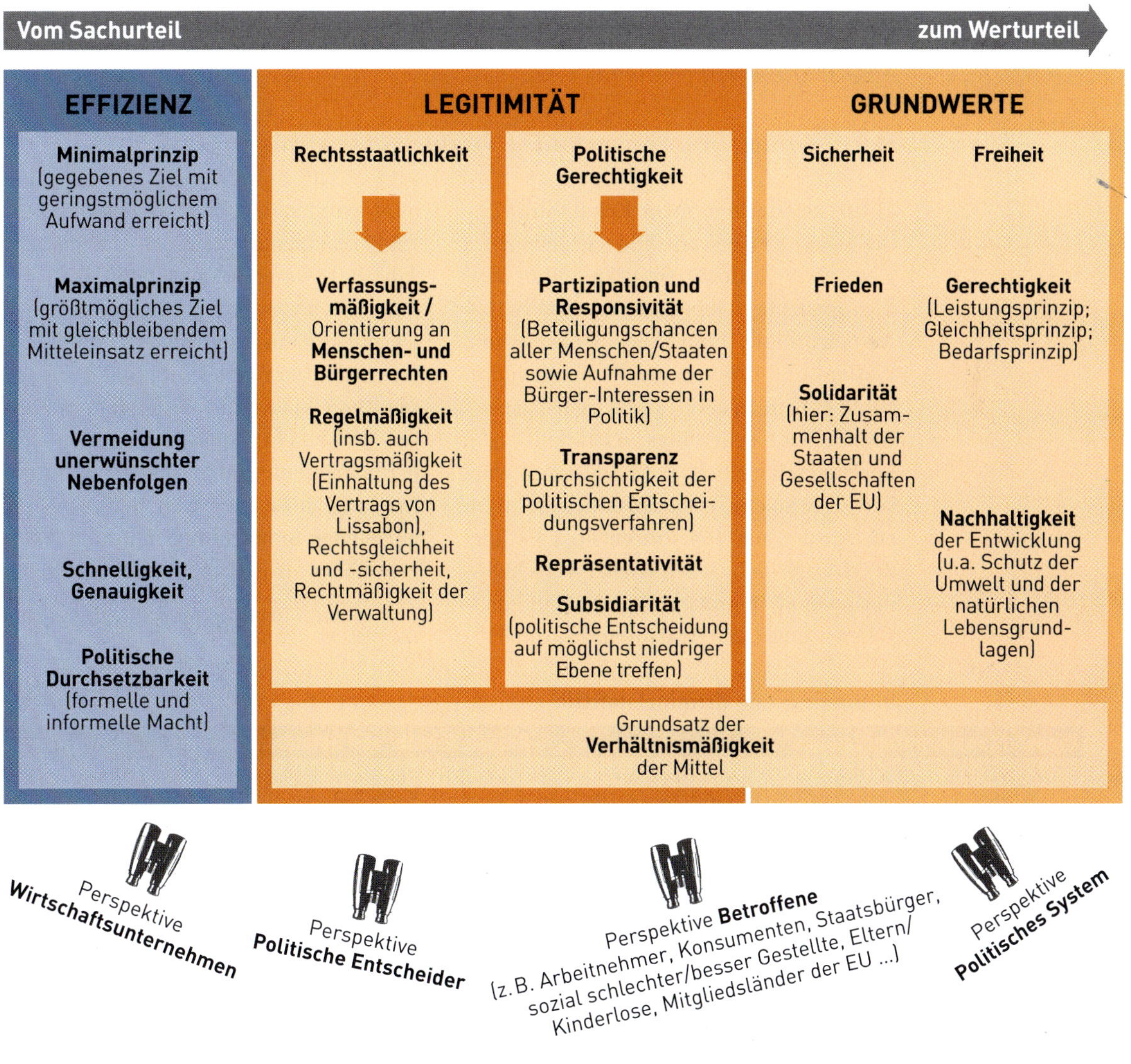

2.2.2 Herausforderungen durch die EU-Osterweiterung

M 8 Bedenken im grenznahen Oberfranken 2004

Anlässlich der Europawahl 2004 führte die Survey Research Unit des Bamberger Centrums für Europäische Studien (SRU-BACES) eine Studie in Oberfranken zum Thema Osterweiterung der Europäischen Union durch. Im Rahmen dieser Studie wurden insgesamt 504 volljährige Personen zu europapolitischen Themen befragt.

„Osterweiterung führt zu einem Anstieg der Kriminalität"	Stimmt voll und ganz zu	... eher zu	... eher nicht zu	... überhaupt nicht zu	keine Angaben
Bamberg	37	22	24	13	4
Hof / Wunsiedel	33	31	21	11	4
„Osterweiterung gefährdet die Sicherheit der Arbeitsplätze"					
Bamberg	32	29	23	14	2
Hof / Wunsiedel	40	21	24	11	4

Zoltan Juhasz, Hans Rattinger, Oberfranken und die EU-Osterweiterung: Zwischen Aufbruch und Skepsis, BACES Discussion Paper Nr. 6 (2004), S. 32

M 9 Offene Grenzen in der EU – differenzierte Bilanz

a) Offene Grenzen, mehr Kriminalität?

Die Bilanz der Polizei fällt nach mehr als vier Jahren [offener Grenzen] bitter aus. Die „grenzüberschreitende Kriminalität" – Autodiebstähle, Einbrüche, Schleusertum, Waffen- und Drogenhandel – nahm enorm zu. Vor allem an der deutsch-tschechischen Grenze wird neuerdings verstärkt Crystal Speed geschmuggelt. [...] Bundesweit wurden 2.112 solche Drogenvorfälle registriert, ein Anstieg um 164 Prozent. [...] Entlang der deutsch-polnischen Grenze verschwinden [zudem] in großem Stil Autos, Baumaschinen und sogar Traktoren. In Brandenburg wurden bis Ende November [2011] 3.547 Fahrzeuge gestohlen, im gesamten Jahr 2007 waren es noch 2.469. [...]
Polen ist häufig nur noch Transitland für die gut organisierten Banden, die von Litauen, der Ukraine oder Russland aus agieren. Diese klauen auf Bestellung und orten bei der Flucht Funkstreifenwagen sogar per Satellitentechnik. Allgemein liegt die Kriminalitätsbelastung in den 24 Grenzgemeinden Brandenburgs um rund 20 Prozent höher als im Landesdurchschnitt.

Martin Lutz, Offene Grenzen, mehr Kriminalität, in: Die Welt, 13.2.2012, S. 5

b) Bundesweite Kriminalstatistik

	Diebstahl von Kraftfahrzeugen			Illegale Einfuhr von Betäubungsmitteln		
Jahr	erfasste Fälle	Aufklärungsquote (in %)	nichtdeutsche Tatverdächtige (in %)	erfasste Fälle	Aufklärungsquote (in %)	nichtdeutsche Tatverdächtige (in %)
1998	112.717	26,4	22,0	5.598	97,7	30,2
2000	83.063	26,2	22,5	6.338	97,2	28,5
2002	70.617	26,8	22,9	6.573	97,4	32,5
2004	58.937	27,0	22,6	4.586	96,5	41,8
2006	42.320	29,2	22,6	3.951	96,3	41,5
2008	37.184	28,0	22,9	3.038	96,8	37,8
2010	42.002	24,8	28,5	2.588	96,3	44,4

Bundeskriminalamt (Hrsg.), Polizeiliche Kriminalstatistik, Wiesbaden 2011, S. 79; 197

M 10 Zwischenbilanz 2005: Gelassenheit auf dem Arbeitsmarkt

Die EU-Osterweiterung hat deutsche Betriebe in Grenznähe nicht in Schwierigkeiten gebracht. „Besser gelaufen, als erwartet", heißt es bei der Industrie- und Handelskammer Dresden. Einer Umfrage zufolge sind besonders jene Firmen zufrieden, die vor dem 1. Mai 2004 Kontakt nach Polen oder Tschechien hatten. 21 Prozent der befragten 1.500 sächsischen Firmen spüren nur positive Effekte, [...] 64 Prozent verspüren gar keine Wirkungen. [...]

Jeden Morgen um sieben kommen ein paar Kinder aus Polen über die Brücke, die im Görlitzer St. Annen-Gymnasium zur Schule gehen. Ein paar Ärzte, die in Görlitzer Krankenhäusern arbeiten und etliche Frauen, die putzen gehen. Für zwei bis drei Euro pro Stunde. Im ostsächsischen Grenzgebiet haben sich die Osteuropa-Ängste nicht bewahrheitet. In Chemnitz verloren zwar 60 Deutsche im Schlachthof ihren Job, aber das, sagen Gewerkschafter und Arbeitgeber in Sachsen, sei eine krasse Ausnahme gewesen. In Löbau gebe es sogar einen Fleischverarbeiter, der in Sachsen produziere und in Polen Verkaufsstellen eingerichtet habe.

Ginge es nach sächsischen Unternehmern, die Zusammenarbeit im Grenzgebiet mit Tschechien und Polen müsste noch verstärkt, Straßen und Grenzübergänge müssten schleunigst ausgebaut werden. Nur gemeinsam ist man stark und in der Lage, sich auf Märkte der Zukunft wie die Ukraine zu wagen. Werner Siche ist so einer. 48 Jahre alt, Inhaber dreier kleiner Firmen an der tschechischen Grenze bei Neugersdorf, die Federn für die Automobilindustrie in Deutschland, Tschechien und der Slowakei bauen. Nächstes Jahr will er eine Halle direkt hinter der Grenze bauen. Für die Massenfertigung. Fünf, sechs neue Stellen, zu Hause wird keiner entlassen. „Nicht Entlassung, Ausbauen und Arbeitsteilung sind das Thema", sagt Siche. „Bei uns haben wir gar keinen Platz mehr für eine Halle."

Und die Löhne? Lohndumping? In der Autozuliefererbranche kein Thema. Facharbeiter und Spezialisten sind Mangelware, hüben wie drüben. „Ein guter Dreher oder Fräser verdient in Böhmen mittlerweile mehr als in Sachsen. Der Markt ist abgegrast." [...]

Ansonsten? Es gibt einen ausgeprägten Tanktourismus an der Grenze. Benzin ist gut 20 Cent billiger in Polen. Manche deutschen Spediteure lassen ihre Laster an Wochenenden jenseits der Grenze auftanken, man kauft Zigaretten. Die billigen Schwarzarbeiterkolonnen aus dem Osten finden sich in Westdeutschlands Schlachthöfen oder Baustellen. Das ostdeutsche Grenzgebiet ist uninteressant. [...]

Bernhard Honnigfort, Gelassenheit an der Neiße, in: Frankfurter Rundschau, 30.4.2005

Europol

Das Europäische Polizeiamt (Europol) mit Sitz in Den Haag ist seit 1992 die Institution der europäischen Polizeizusammenarbeit. Es ist für schwerwiegende Formen internationaler Kriminalität zuständig (Drogenhandel, Nuklearschmuggel, Terrorismus, Schleuserkriminalität, Menschenhandel und Kfz-Kriminalität).

Autorentext

Aufgaben

1. a) Arbeiten Sie aus den Umfrageergebnissen (M 8) heraus, wie die deutsche Bevölkerung in Grenznähe der Osterweiterung entgegenblickte.
   b) Stellen Sie Hypothesen auf zur Fragestellung „Die EU-Osterweiterung – eine Gefahr für innere Sicherheit und für Arbeitsplätze?".
2. Überprüfen Sie Ihre Hypothesen zur Kriminalitäts- und Arbeitsmarktentwicklung nach der EU-Osterweiterung (M 9, M 10).
3. Erörtern Sie in einer Pro-Kontra-Debatte das Thema „Die Osterweiterung der Europäischen Union – gemeisterte innereuropäische Herausforderungen?".

ORIENTIERUNGSWISSEN

Motive und Grundlagen für eine Gemeinschaft
Kap. 2.1
M 2, M 7, M 9

Nach 1945 wuchs in Europa die Überzeugung, dass eine europäische Zusammenarbeit v. a. der zwei großen Rivalen, Deutschland und Frankreich, in den Bereichen Kohle und Stahl die Grundlage für Frieden und Sicherheit auf dem Kontinent bilden könnte. Die grundlegenden gemeinsamen Werte – Menschenwürde, Freiheit, Gleichheit, Solidarität, Demokratie, Rechtsstaatlichkeit – werden jedoch erst in der EU-Grundrechtecharta ausformuliert, die 2009 rechtskräftig wird. In der Diskussion um die Außengrenzen und die Erweiterungsfähigkeit setzt sich die Debatte um eine europäische Identität fort.

Die Etappen der europäischen Integration
Kap. 2.2
M 4, M 6

Der Schuman-Plan mündete 1951 in die Europäische Gemeinschaft für Kohle und Stahl (EGKS, mit Frankreich, Deutschland, Italien, Belgien, Niederlande, Luxemburg). In den Römischen Verträgen von 1957 wurden die Europäische Wirtschaftsgemeinschaft und die Europäische Atomgemeinschaft gegründet, alle drei fusionierten 1965 zur Europäischen Gemeinschaft (EG). 1971 kam das Ziel der Errichtung einer Wirtschafts- und Währungsunion hinzu. Trotz zahlreicher Beitritte in den 1970er und 1980er Jahren und der ersten Wahlen zum Europäischen Parlament (EP) 1979, kam der Integrations- und Vertiefungsprozess ins Stocken: Erst 1986 wurde die Schaffung eines gemeinsamen Binnenmarktes bis 1992 konkret geplant. Der Mauerfall und der Zusammenbruch des Ostblocks beschleunigten diese Entwicklung, der Vertrag von Maastricht (1992) stellte das EG-Projekt auf drei neue EU-Säulen. Viele mittel- und osteuropäische Staaten strebten eine Mitgliedschaft in dieser neuen EU an. Mit dem Abkommen von Schengen (gemeinsame Binnengrenzen, 1995) entstand ein gemeinsamer Zoll- und Grenzraum, in Amsterdam wurde 1997 der Stabilitäts- und Wachstumspakt verabschiedet und in Nizza (2000) die Osterweiterung der EU vorbereitet. Die Wirtschafts- und Währungsunion (EWWU) wurde 2002 mit der Einführung des Euro-Bargeldes verwirklicht. 2004 und 2007 traten insgesamt zwölf vorwiegend osteuropäische Länder der EU bei.

Die politische Union konnte nicht in gleichem Maße Fortschritte erzielen: 2003 sollte der Verfassungsentwurf des Europäischen Konvents diese vorantreiben, 2005 lehnten aber mehrere Mitgliedstaaten die Europäische Verfassung ab. Einige Reformen und Grundideen fanden Einzug in den 2009 ratifizierten Reformvertrag von Lissabon.

Problemfelder des EU-Integrationsprozesses

Bedenken der Bevölkerung, die bei der Osterweiterung gehegt wurden, haben sich zwar nicht bewahrheitet, aber der Ziel- und Wertekonflikt der Union bleibt virulent: Der Vertrag von Lissabon verhinderte eine völlige Stagnation des Integrationsprozesses, die Diskussion über die politische, ökonomische und fiskalische Finalität der EU muss aber weitergeführt werden. In erster Linie stellt seit 2010 die Euro-Krise die Solidarität in der Union auf die Probe, ein Rückfall in eine politische Zollunion kann zurzeit nicht ausgeschlossen werden.

Offen ist, ob die Staaten in dieser Situation gewillt sind, mehr Souveränitätsrechte an Brüssel abzugeben und den Weg zu einem Bundesstaat einzuschlagen.

Europäische Anti-Föderalisten

Nach konventioneller Darstellung liest sich die Genese der europäischen Einigung seit dem Zweiten Weltkrieg wie ein unaufhörlich fortschreitender Prozess der „Schaffung einer immer engeren Union der Völker Europas", wie es in der Präambel des Maastrichter EU-Vertrages heißt. [...] Die Erfolgsgeschichte der Europäischen Union hat allerdings auch eine weniger geläufige Kehrseite [...]. So wich die Euphorie des Aufbruchs mit der Montanunion schon 1954 in Ernüchterung über das Scheitern der Europäischen Verteidigungsgemeinschaft (EVG). Auf den hoffnungsvollen Durchbruch zur Europäischen Wirtschaftsgemeinschaft folgte ab Mitte der sechziger Jahre eine zwei Jahrzehnte anhaltende Phase der Stagnation und „Eurosklerose". [...] Und die größer gewordene EU läuft möglicherweise Gefahr, im Streit um ihre Verfassung erneut an „Eurosklerose" zu erkranken.

Auch die Erweiterungsbilanz der europäischen Integration ist keineswegs ohne Makel. Die Schweiz lehnte 1992 den Europäischen Wirtschaftsraum ab und damit zugleich die Option auf eine spätere EU-Mitgliedschaft. Norwegen hat schon wiederholt einen Beitritt zur EG (1972) und zur EU (1994) verworfen. [...]

Das Phänomen Euroskepsis besitzt folglich durchaus historische Kontinuität, letztlich ist es ebenso alt wie der europäische Integrationsprozess selbst. Euroskeptischer oder anti-integratorischer Widerstand hat den europäischen Integrationsprozess gebremst oder blockiert. Wirklich zurückgeworfen aber hat er ihn bisher nicht. [...]

Der Luxemburger Kompromiss von 1966, der als Ausgangspunkt für die Ära der „Eurosklerose" gilt, brachte zwar den weiteren Ausbau supranationaler Institutionen zum Stillstand, führte aber nicht wie befürchtet zur Renationalisierung der europäischen Zusammenarbeit. Vielmehr wurden in der Folge nicht nur bereits eingeleitete Integrationsprojekte wie der Gemeinsame Markt vollendet, sondern auch neue begonnen, und zwar sowohl im Bereich der wirtschaftlichen Integration (Beispiel Währungszusammenarbeit) als auch im politischen Bereich (Direktwahlen zum Europäischen Parlament). [...]

Anti-integratorischer Widerstand erscheint daher als ein historisch bedeutsamer, aber integraler Faktor des europäischen Integrationsprozesses. Seine Relevanz besteht nicht in erster Linie im Sinne einer existenziellen Bedrohung, sondern eher in der Funktion eines oppositionellen Einflussfaktors im europäischen Integrationsprozess. [...] Den Euroskeptikern gelang es nicht, den Maastricht-Vertrag vollständig zu Fall zu bringen, wohl aber, ihn qualitativ zu verändern. Ihre Opposition führte zur Vertagung einer Reihe umstrittener Fragen wie der nach einer explizit föderalistischen Zielstellung der EU, zur Einführung neuer Vertragsgrundsätze wie dem Subsidiaritätsprinzip und nicht zuletzt zur Durchsetzung von Ausnahmebestimmungen. Infolge dieser Modifikationen hat die EU insgesamt eine flexiblere Architektur entwickelt. Sie ist dadurch gekennzeichnet, dass nicht länger alle Mitgliedstaaten gleichermaßen in allen Integrationsbereichen kooperieren, sondern – wie bei der WWU – partiell abweichen.

Carsten Schymik, Europäische Anti-Föderalisten, Berlin 2006, S. 12-14

Aufgaben

1. Analysieren und erläutern Sie die zentralen Aussagen des Textes.
2. Erörtern Sie kriterienorientiert und nach verschiedenen Betrachtungsebenen, ob der europäische Integrationsprozess eine Erfolgsgeschichte darstellt.

„Autoindustrie verfehlt Klimaschutzziele“
(Financial Times Deutschland vom 27.2.2007)

„CO_2-Regelung: Keine Einigung [im Ministerrat] in Sicht“
(auto, motor und sport)

„Strafen für Spritfresser – Berlin sorgt sich um Autohersteller“
(Frankfurter Rundschau)

„EU-Umweltkommissar will mehr Umweltschutz von Autobauern“
(Kleine Zeitung)

„Europas Autoindustrie im Klimaschock – EU-Parlamentarier wollen den Kohlendioxid-Ausstoß stark verringern.“
(Süddeutsche Zeitung)

„Gipfel beendet Autostreit – Im Streit über CO_2-Grenzwerte für Autos haben sich Deutschland und Frankreich überraschend geeinigt.“
(Focus)

„Lobbyarbeit der Autoindustrie trägt Früchte – Im Streit um striktere Klimaschutzauflagen für Autos will die EU-Kommission offenbar abgeschwächte Vorschläge präsentieren.“
(Süddeutsche Zeitung)

„Deutschland setzt sich im CO_2-Streit durch.“
(Die Welt vom 22.11.2008)

Gesetzgebung in der EU – am Beispiel der CO_2-Neuwagenverordnung

3

Wie kommt in der Europäschen Union ein „Gesetz“ im Spannungsfeld zwischen den Interessen der Gemeinschaft und denen der einzelnen Mitgliedstaaten zustande? Welche Rolle spielen also die Europäische Kommission als Initiator von verbindlichen Gemeinschaftsregeln, der Rat der Europäischen Union (Ministerrat als Gremium der Nationalstaaten) und das direkt von der Bevölkerung gewählte Europäische Parlament? Und wie versuchen Vertreter von Einzelinteressen (Lobbygruppen) auf die Verhandlungsergebnisse Einfluss zu nehmen?
Diese Fragen können Sie sich zunächst exemplarisch anhand des politischen Aushandlungsprozesses um eine verbindliche Festlegung von CO_2-Grenzwerten für Neuwagen erschließen (Kap. 3.1). Dabei handelt es sich um einen typischen Fall von formeller und informeller Politikgestaltung in der Europäischen Union.
Ihre erworbenen Kenntnisse können Sie anschließend festigen und demokratietheoretisch sowie um Wissen zu Struktur und Funktion des Europäischen Gerichtshofs erweitern (Kap. 3.2). Dabei wird auch immer ein kritischer Blick auf die Institutionenstruktur der EU und die Beteiligungsmöglichkeiten der Bürger nach Maastricht bzw. nach Lissabon geworfen.

Kleine Zeitung: 22.1.2007; SZ zu Lobby: 6.2.2007; FR: 15.12.2007; SZ zu CO_2-Ausstoß 21.5.2008; auto, motor, sport: 16.5.2008; Focus: 9.6.2008

Aufgabe

Bringen Sie die Zeitungsüberschriften in eine plausible Reihenfolge und begründen Sie Ihre Anordnung.

KOMPETENZEN

Am Ende dieses Kapitels sollten Sie Folgendes wissen und können:

... die Organe der Europäischen Union einschließlich ihres Aufbaus, ihrer Befugnisse und Machtbeschränkungen im politischen Prozess beschreiben.

... einen „Gesetzgebungsprozess“ in der Europäischen Union analysieren (politische Gestaltungsaufgabe, beteiligte Akteure, deren Interessen und die ihnen zur Verfügung stehenden Machtmittel, Politikergebnis).

... Bürgerbeteiligungsformen nach dem Vertrag von Lissabon nutzen, um Ihre Interessen auf EU-Ebene zur Geltung zu bringen.

... das Institutionengefüge der Europäischen Union – auch am Beispiel eines Gesetzgebungsprozesses – im Spannungsfeld von demokratischem und effizientem Regieren analysieren und beurteilen.

3.1 Konflikt um CO_2-Verordnung für Neuwagen

3.1.1 Der supranationale Regelungsbedarf

Anteile der Verkehrsträger an Treibhausgasemissionen in der EU in %, 2005

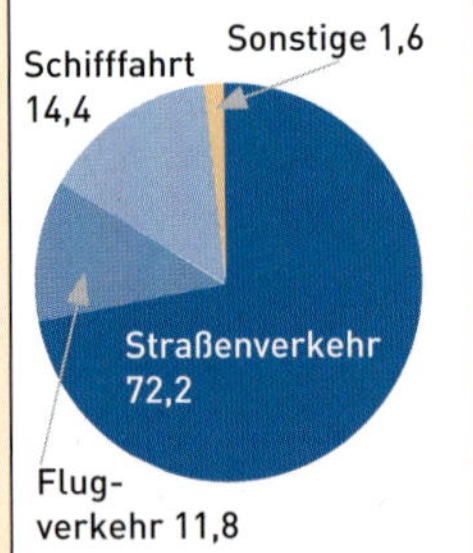

Zahlen: Eurostat

Der PKW-Verkehr hat einen Anteil von ca. 12 % am gesamten CO_2-Ausstoß der Europäischen Union.

M 1 ● CO_2-Ausstoß und Straßenverkehr in der Europäischen Union

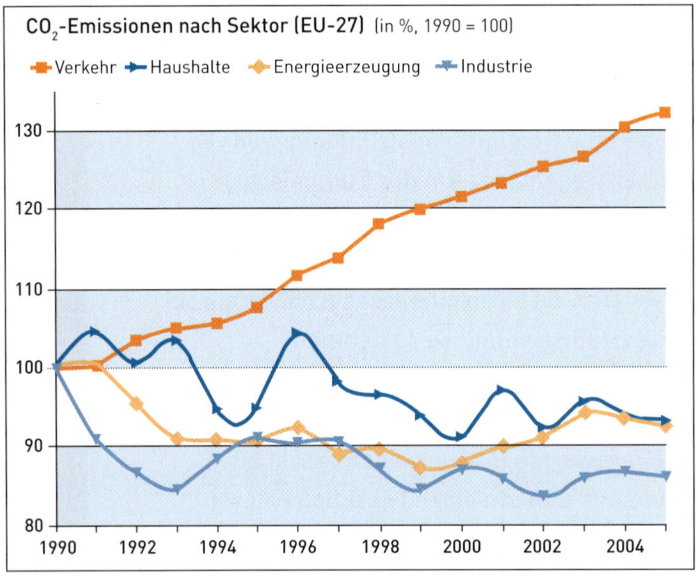

Allianz pro Schiene, auf: www.allianz-pro-schiene.de (28.2.2012); Zahlen: EU-Kommission, 2008

M 2 ● Das CO_2-Reduktionsziel der EU

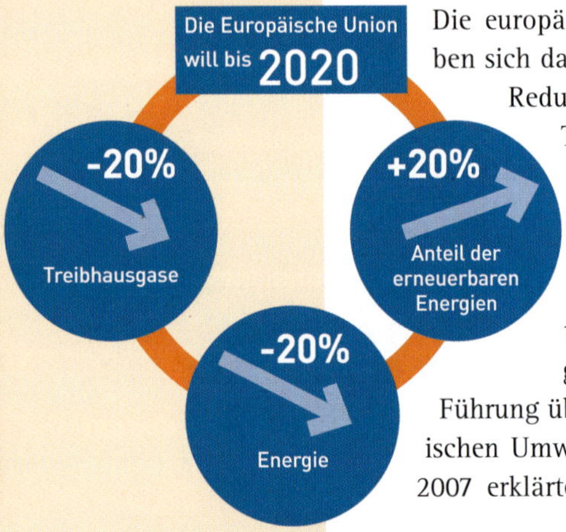

Die europäischen Umweltminister haben sich darauf geeinigt, bis 2020 eine Reduzierung des europäischen Treibhausgasausstoßes um mindestens 20 % anzustreben. [...] Der Umweltrat unterstützt damit die Forderung, die Industriestaaten müssten im Kampf gegen den Klimawandel die Führung übernehmen. Wie die europäischen Umweltminister am 20. Februar 2007 erklärten, [...] [wäre eine weitere] Reduzierung um 30 % daran geknüpft, dass andere Industriestaaten sich im Rahmen internationaler Verhandlungen für die Zeit nach 2012, wenn das Kyoto-Protokoll ausgelaufen sein wird, zu ähnlichen Reduktionszielen verpflichten würden.

[...] Die EU werde unabhängig auf das Ziel hinarbeiten, den Treibhausgasausstoß um 20 % bis zum Jahr 2020 im Vergleich zu 1990 zu verringern, erklärten die Minister in einer Mitteilung. [...]

www.euractiv.com/de/klimawandel/eu-minister-einigen-co2-ziele/article-161867, 29.1.2010 (Stand: 15.10.2011)

Aufgaben

1. Analysieren Sie die Statistiken (M 1, Randspalte) und leiten Sie daraus sowie aus dem CO_2-Reduktionsziel der EU (M 2) einen exakten politischen Regelungsbedarf ab.
2. Erklären Sie, warum eine supranationale Regelung zur Regulierung des CO_2-Ausstoßes von PKW durch die Europäische Union sinnvoller ist als nationale Regelungen.

Mit dem Politikzyklus politische Prozesse analysieren

Das Modell des Politikzyklus nimmt zweierlei für sich in Anspruch: Erstens soll damit der „typische“ Verlauf politischer Prozesse beschrieben und analysiert werden können; zweitens sollen politische Vorgänge von nicht-politischen abgrenzbar gemacht werden. Dem Politikzyklus-Modell liegt folgende Definition von Politik zugrunde: Politik sei eine (prinzipiell nie endende) Kette von (auch in Institutionen stattfindenden) Lösungsversuchen für Probleme in Gesellschaften oder auf internationaler Ebene. Alle Vorgänge, die nicht dieser Definition genügen, gelten nicht als Politik.

Am „Beginn“ eines jeden neuen Zyklus steht ein gesellschaftliches Problem – im Falle der Europäischen Union eines, das einer überstaatlich herbeizuführenden Regelung bedarf. Dabei steht die Problemdefinition keineswegs eindeutig fest, sondern ist selbst Gegenstand von Konflikten zwischen politischen Entscheidern (bis hin zu den Regierungen von Nationalstaaten) und Thema gesellschaftlicher Diskurse (in den Medien, beeinflusst von Verbänden und Nichtregierungsorganisationen, ggf. forciert durch direkte Einflussnahme der Bevölkerung z.B. mittels Demonstrationen).
Aber nicht nur über die Problemdefinition wird gestritten, sondern auch über mögliche Lösungsansätze (Politik ist nach diesem Modell nie alternativlos). Befasst mit dieser Lösungssuche sind vor allem die Organe des Gemeinwesens mit ihrer spezifischen institutionellen Struktur: In der EU hat die Europäische Kommission bspw. das alleinige Vorschlagsrecht für „Gesetze“, EU-Parlament und Ministerrat handeln dann die Entscheidung unter- und miteinander aus.
Im Fall der EU besonders wichtig ist die Implementation (hier: Umsetzung) von europäischem in nationales Recht. So haben EU-Verordnungen Durchgriffswirkung, d. h. sie gelten unmittelbar in den Mitgliedsländern; Richtlinien hingegen müssen zwar ihrem Wesen nach in nationale Regelungen umgesetzt werden, es existiert aber ein Umsetzungsspielraum, um das jeweilige Gesetz an die Umstände im jeweiligen Land anzupassen. Nach der Implementation der Entscheidung werden – in deren Anwendung – intendierte und unbeabsichtigte Wirkungsweisen deutlich. Es kann zu einer Bewertung der Entscheidung seitens der Betroffenen kommen, inwieweit die neue Regelung geeignet ist, das Problem zu lösen. Bleibt das Problem ungelöst oder wurde es „nur“ verändert, könnte ein neuer Politikzyklus beginnen.

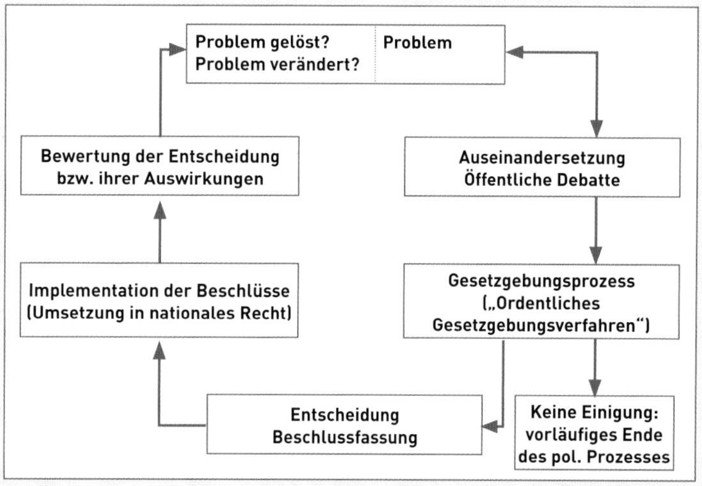

Kritik am Modell

Auf zwei miteinander verbundenen Ebenen werden gegen das Modell des Politikzyklus insgesamt drei Hauptargumente vorgebracht: Auf einer ersten Ebene wird der zugrunde liegende („enge“) Politikbegriff kritisiert. (a) Alle gesellschaftlichen Probleme, zu denen noch keine Lösungsvorschläge auf institutioneller Ebene vorliegen, blieben ausgeblendet. Damit verstelle man sich aber den Blick für andere soziale Entwicklungen und Konflikte. (b) Außerdem erwecke das Kreislaufschema den Eindruck des Automatismus'. In diesem Zusammenhang wird den Vertretern des Modells auf einer zweiten Ebene vorgeworfen, dass sie (c) den Aspekt der Macht/des Machtstrebens vernachlässigen würden. Zwar räumen sie ein, dass Verhandlungen aufgrund fehlender Konsensbereitschaft scheitern können; Macht als wesentlicher Faktor, eine bestimmte Entscheidungsrichtung wahrscheinlicher zu machen oder gar eine öffentliche Problemformulierung zu verhindern, wird aber häufig durch die Beschaffenheit des Modells unterschätzt.

Autorentext

3.1.2 Vorschlag = Ergebnis? Die Initiative der Kommission und das Politikresultat

M 3 ● Der Vorschlag der Europäischen Kommission vom Dezember 2007

Vgl. zu den Aufgaben und Befugnissen der Europäischen Kommission: Kap. 3.2.1

Die Europäische Kommission hat erstmals 1995 eine Gemeinschaftsstrategie zur Minderung der CO_2-Emissionen von Personenkraftwagen angenommen. 1998 hat sich der Verband europäischer Automobilhersteller verpflichtet, die durchschnittlichen CO_2-Emissionen der verkauften Neuwagen bis 2008 auf 140 g/km zu senken. Im Februar 2007 teilte die Kommission mit, dass sowohl dieser freiwillige Grenzwert als auch das 1995 angepeilte Reduktionsziel von 120 g/km bis zum Jahr 2012 ohne weitere Maßnahmen unerreichbar ist. Sie startete daraufhin eine Gesetzesinitiative und schlug Parlament und Ministerrat folgende Regelung vor:

Ziele	• Senkung der durchschnittlichen CO_2-Emissionen der Neuwagenflotte jedes Automobilherstellers auf 130 g/km (Stichtag: 1. Januar 2012) • Einsparung weiterer 10 g/km CO_2-Ausstoß durch zusätzliche Maßnahmen (z. B. Schadstoff reduzierende Benzinbeimischungen)
Mittel	**Strafzahlungen** bei Überschreitung des CO_2-Grenzwerts nach der Formel „**Gramm Überschreitung x Anzahl neuer Personenkraftwagen x Abgabe**“: (a) für im Kalenderjahr 2012 die Zielvorgabe überschreitende Emissionen: 20 Euro; (b) für im Kalenderjahr 2013 die Zielvorgabe überschreitende Emissionen: 35 Euro; (c) für im Kalenderjahr 2014 die Zielvorgabe überschreitende Emissionen: 60 Euro; und (d) für im Kalenderjahr 2015 die Zielvorgabe überschreitende Emissionen: 95 Euro. Strafzahlungen fließen in den EU-Haushalt.
Besonderheiten, Ausnahmen	• Hersteller können mit anderen Herstellern „Pools“ bilden, um den Durchschnittsgrenzwert zu erreichen. • Ausnahme für Hersteller mit einer Produktionszahl von unter 10.000 Stück/Jahr.

Autorentext

M 4 ● Das Politikergebnis – Eckpunkte der CO_2-Verordnung für Neuwagen vom Dezember 2008

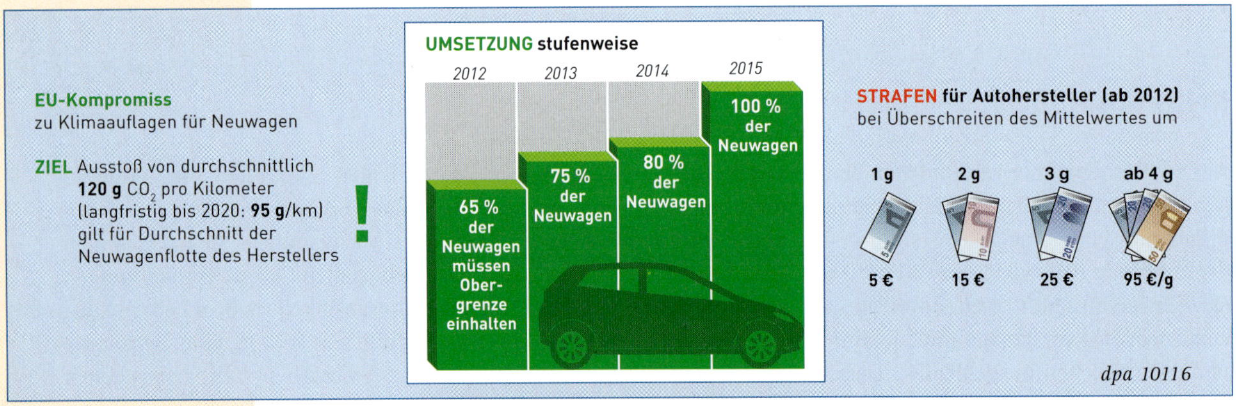

Ab 2019 soll der Autohersteller bereits ab dem ersten Gramm CO_2/km Grenzwertüberschreitung 95 Euro Strafabgabe leisten müssen. Autos, die weniger als 50 Gramm CO_2/km emittieren, sollen bei der Berechnung des Flottendurchschnitts für den Hersteller in den Jahren 2012 und 2013 dreieinhalbfach, 2014 zweieinhalbfach und 2015 anderthalbfach angerechnet werden.

M 5 Das Ordentliche Gesetzgebungsverfahren in der Europäischen Union

Das mit dem Vertrag von Maastricht (1992) eingeführte „Mitentscheidungsverfahren" zur Gesetzgebung der Europäischen Union wird seit dem Inkrafttreten des Vertrags von Lissabon als „Ordentliches Gesetzgebungsverfahren (der EU)" bezeichnet.

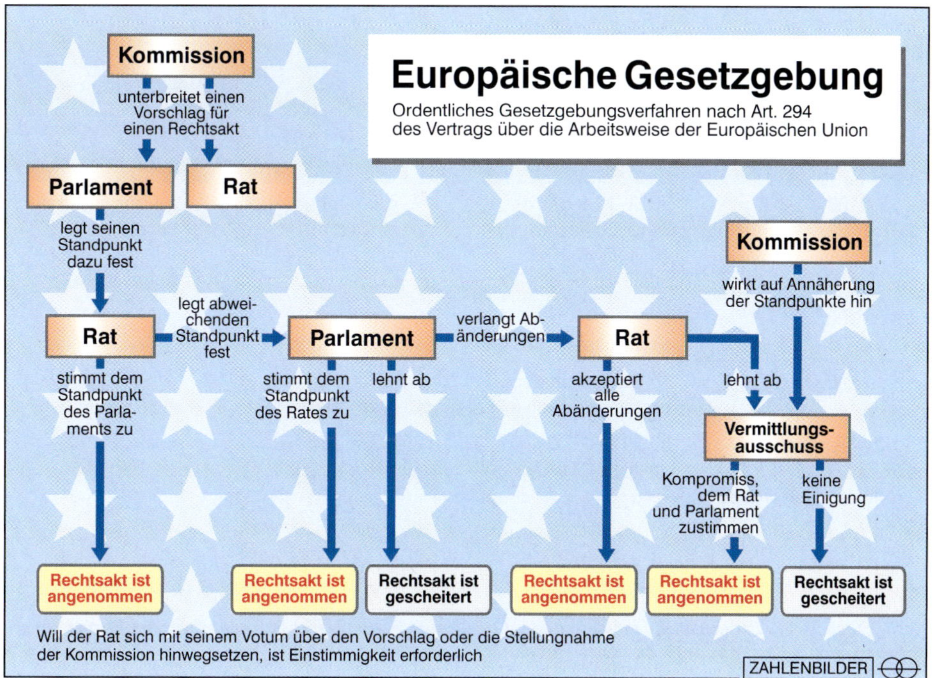

 715 420

Info

Verordnungen, Richtlinien, Beschlüsse der Europäischen Union

In der Europäischen Union gibt es drei unterschiedliche Typen verbindlicher Gesetzgebungsakte: **Verordnungen** haben „Durchgriffswirkung"; das heißt, sie gelten unmittelbar und im erlassenen Wortlaut für die gesamte Europäische Union (bzw. ihre Mitgliedstaaten und Bürger). Demgegenüber verpflichten **Richtlinien** die Mitgliedsländer dazu, innerhalb einer gegebenen Frist nationale Gesetze zu erlassen und damit diesen Rechtsakt umzusetzen. Dafür gewährt die Richtlinie den Staaten einen mehr oder minder großen Gestaltungsspielraum. **Beschlüsse** werden – je nach Politikbereich – in unterschiedlichen Verfahren von unterschiedlichen Organen getroffen und müssen nicht immer die gesamte EU betreffen. So kann z. B. die Europäische Kommission Unternehmenszusammenschlüsse aus kartellrechtlichen Gründen verhindern oder der Rat der Europäischen Union kann Geldstrafen gegen einen Staat verhängen, der gegen die Defizitkriterien (vgl. Kap. 5) verstoßen hat.

Autorentext

Aufgaben

1. Vergleichen Sie den Vorschlag der Kommission von 2007 mit der tatsächlichen Verordnung von 2008 vor allem hinsichtlich der Zielsetzungen und (Stufung der) Maßnahmen (M 3, M 4).
2. Begründen Sie hypothesenartig das Zustandekommen von Gemeinsamkeiten und Unterschieden. Stellen Sie dazu auch Bezüge zum Ordentlichen Gesetzgebungsverfahren in der Europäischen Union her (M 3 - M 5).

3.1.3 Wer streitet wie im Europäischen Parlament über CO_2-Abgaben?

M 6 Parteipolitische Konfliktlinien zur CO_2-Verordnung für Neuwagen im Parlamentsplenum

Fraktion *(Sitze in der Legislaturperiode 2004-2009)*	Einführung des Grenzwerts von 130 g/km CO_2 (in den Jahren 2012 – 2013 – 2014 – 2015) in % der Fahrzeugflotte eines Herstellers	Strafhöhen bei Grenzwertüberschreitung	Langfristige Zielvorgabe	Ausnahmen
Konservative *(288)*	25 – 50 – 75 – 100	2012: 10 € g/km 2013: 20 € g/km 2014: 30 € g/km ab 2015: 40 € g/km	95 g/km (ohne exakte Zeitvorgabe)	z.T. für Nischenhersteller (kleine Produktionszahlen)
Liberale *(99)*	40 – 60 – 80 – 100	wie Kommissionsvorschlag	0 g/km ab 2050	
Sozialdemokraten *(216)*	70 – 80 – 90 – 100	95 € g/km ab dem ersten g/km (ab 2012)	zwischen 80 und 95 g/km ab 2020	
Grüne *(43)*	keine schrittweise Einführung: 100 % ab 2012 Verschärfung der Zielvorgabe auf 120 g/km	ab 2012: 95 € g/km ab 2015: 150 € g/km	80 g/km ab 2020 60 g/km ab 2025	keine
Andere *(137)*				

Nach: Europäisches Parlament, Änderungsanträge 47-194 zum Entwurf einer Stellungnahme von Werner Langen (PE404.748v01-00), 17.6.2008, auf: www.europarl.europa.eu (Stand: 29.2.2012)

M 7 Die Positionen des Umweltausschusses des Europäischen Parlaments

Vgl. zu den Aufgaben und Befugnissen des Europäischen Parlaments: Kap: 3.2.2

[In den 20 ständigen Ausschüssen findet ein großer Teil der eigentlichen gesetzgeberischen Tätigkeit des Europäischen Parlaments statt – insbesondere die Kompromissfindung zwischen den Fraktionen und die genaue Ausarbeitung der Texte für Richtlinien und Verordnungen. Diese Ausschüsse bestehen aus vom Plenum gewählten Europaparlaments-Abgeordneten, die sich in bestimmten Themenbereichen spezialisieren. Eine besondere Rolle spielen die Ausschuss-Vorsitzenden, die je nach Sitzverteilung aus den unterschiedlichen Fraktionen stammen bzw. von diesen bestimmt werden. Bei einem Gesetzgebungsakt – der u.U. mehrere Ausschüsse inhaltlich betrifft – wird einer durch das Parlamentsplenum zum „federführenden Ausschuss" bestimmt, der vor der ersten Lesung eine Position des Europäischen Parlaments zum Vorschlag der Europäischen Kommission entwickelt. Die anderen Ausschüsse dürfen dazu nur noch Stellung nehmen, was im Falle der CO_2-Neuwagenverordnung auch geschehen ist: Der von einem Konservativen geleitete Industrieausschuss kritisierte die Forderungen des Umweltausschusses als zu weitgehend.]

Im Streit über die geplanten Kohlendioxid-Grenzwerte für Autos bekommt die EU-Kommission Rückendeckung aus dem Parlament: Der [in diesem Verfahren federführende] Umweltausschuss verabschiedete am [25.9.2008] überraschend eine Stellungnahme, die den Zeitplan der Kommis-

Das Gebäude des Europäischen Parlaments in Straßburg. Die Ausschüsse und die Fraktionen des Parlaments tagen jedoch in Brüssel, wo zudem auch einige Plenarsitzungen im Jahr abgehalten werden.

sion zur Reduzierung der Kohlendioxidemissionen von Autos unterstützt, wie eine Parlamentssprecherin mitteilte. Der Ausschuss billigte die Vorschläge der Kommission mit 46 gegen 19 Stimmen.

Eine zuvor zwischen den beiden größten Fraktionen [Sozialdemokratische Fraktion; Konservative / Christdemokatische Fraktion] vereinbarte Verwässerung des Vorschlags wurde abgelehnt, weil offenbar zahlreiche Abgeordnete der Absprache nicht folgen wollten. Für den verwässerten Kompromissvorschlag, der eine gestaffelte Einführung bis zum Jahr 2015 vorsah, hatten sich Deutschland und Frankreich ausgesprochen. [...]

Auch bei den Strafen, die Autohersteller zahlen müssen, wenn sie die Grenzwerte nicht einhalten, unterstützte der Ausschuss den Vorschlag der Kommission. Demnach würden 2012 Strafen von 20 Euro pro im Flottendurchschnitt zu viel emittiertem Gramm Kohlendioxid fällig und bis 2015 soll dieser Wert auf 95 Euro steigen. Die Autobauer sollen die Strafe für jeden ihrer Neuwagen zahlen müssen. Der abgelehnte Kompromissvorschlag der beiden großen Fraktionen des EU-Parlaments sah vor, die Bußen nur für die Autos zu kassieren, die den Grenzwert nicht einhalten. Außerdem sollte die Strafe auf 50 Euro begrenzt werden.

Das Plenum des Parlaments wird nach derzeitiger Planung Ende Oktober über den Gesetzesvorschlag abstimmen. Bis dahin will der Berichterstatter des Parlaments, der italienische Sozialist Guido Sacconi, mit dem Rat über einen Kompromiss verhandeln. Neben dem Parlament müssen den Regeln auch die EU-Regierungen [im Rat der Europäischen Union] zustimmen.

EU-Umweltausschuss bleibt hart, auf: www.faz.net, 25.9.2008

Aufgaben

1. Analysieren Sie die wesentlichen Konfliktlinien im Europäischen Parlament zum Vorschlag der Kommission für eine CO_2-Neuwagenverordnung (M 6).
2. Arbeiten Sie heraus, welche Position die größten Chancen zur Durchsetzung im Europäischen Parlament gehabt haben müsste (M 6).
3. Der Journalist Werner Balsen bezeichnete die Entscheidung des Europäischen Parlaments (bzw. des federführenden Umweltausschusses) als „faustdicke Überraschung" (Berliner Zeitung vom 26.9.2008). Erklären Sie diese Aussage auch vor dem Hintergrund der Positionen der großen Fraktionen im Europäischen Parlament (M 6, M 7).

3.1.4 Welche Nationalinteressen prallen aufeinander? Die Positionen von EU-Staaten im Ministerrat

Vgl. zu den Aufgaben und Befugnissen des Rats der Europäischen Union („Ministerrat"): Kap: 3.2.3

M 8 ● CO_2-Ausstoß der Neuwagen in Europa 2006

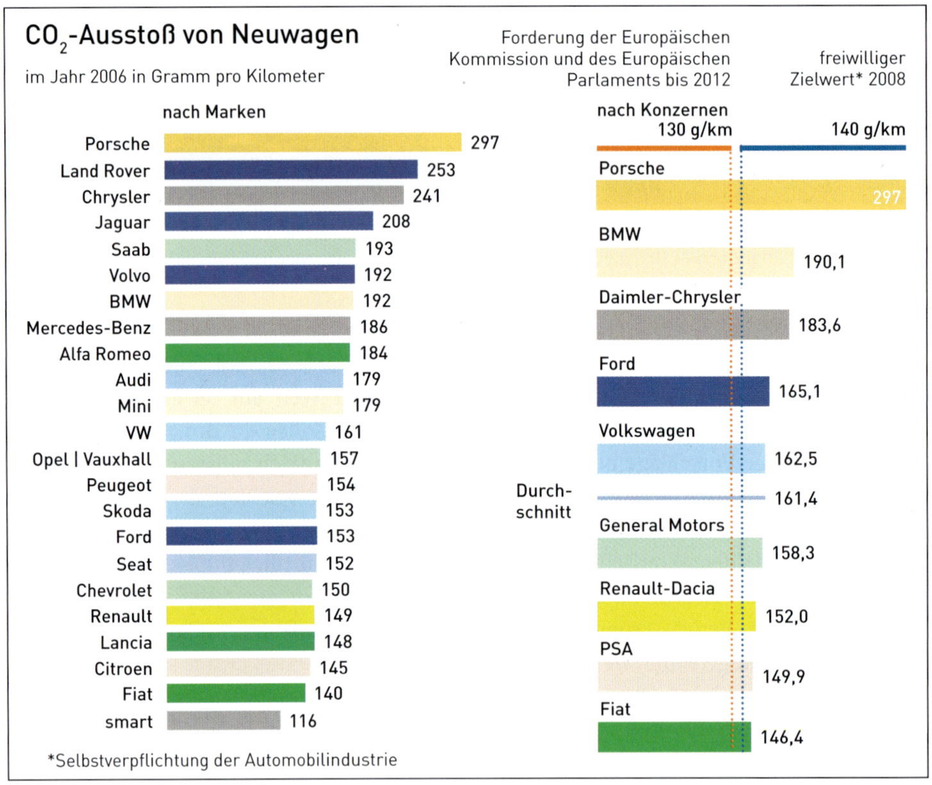

Aus: Frankfurter Rundschau vom 24.1.2007

M 9 ● Mögliche Kosten aufgrund strengerer CO_2-Grenzwerte

Die in der EU verkauften Pkw emittieren zurzeit im Durchschnitt pro Kilometer 30 Gramm CO_2 mehr als [von EU-Kommission und Umweltausschuss des Parlaments] für 2012 angestrebt wird. Eine Reduzierung um 30 g/km entspricht einer durchschnittlichen Verbrauchsminderung von 1,27 Liter Benzin bzw. 1,13 Liter Diesel. Die Schätzungen für die Kosten der Verbrauchsminderung und damit der Reduzierung von CO_2-Emissionen gehen weit auseinander. Der Dachverband der europäischen Autohersteller pokert hoch und gibt durchschnittliche Kosten in Höhe von 3.650 Euro pro Pkw an. Die EU geht dagegen von durchschnittlich 1.300 Euro pro Auto aus. Laut Umweltkommissar Stavros Dimas liegt jedoch die Einsparung, die während der Lebensdauer eines Autos an der Tankstelle realisiert wird, mit 2.700 Euro im europäischen Durchschnitt deutlich höher. In einer aktuellen Abschätzung hat Moody's Investors Service errechnet, dass die Kosten zwischen 300 und 1.000 Euro pro Fahrzeug betragen. Die Experten des Umweltbundesamtes kommen zu ähnlichen Beträgen.

Verkehrsclub Deutschland, VCD-Hintergrundpapier – CO_2-Grenzwerte für Pkw, o.O. 2008, S. 14

M 10 Nationale Interessen im Ministerrat

Deutschland
Neben den USA gilt die Bundesrepublik als die traditionelle „Autofahrernation" und ist die größte Volkswirtschaft der EU. Gemessen am Umsatz ist die Automobilindustrie der bedeutendste Industriezweig des Landes. Nicht nur hängen über 750.000 Arbeitsplätze direkt und indirekt von der Automobilindustrie ab, sondern zum größten Fahrzeugkonzern des Landes (Volkswagen) gehören auch ausländische Firmen (u.a. Seat aus Spanien, Skoda aus der Tschechischen Republik). Die Automobilbranche in Deutschland ist bekannt für ihr Oberklasse- und Luxussegment (Mercedes, Audi, BMW, Porsche). Der ehemalige Bundesminister (1993-1998) für Verkehr, Matthias Wissmann (CDU), ist Präsident des (nationalen) Verbandes der Automobilindustrie.

Frankreich
Frankreich verfügt über die drittgrößte volkswirtschaftliche Leistung der EU. Mit zwei weltweit bekannten Konzernen (PSA-Gruppe (Citroen, Peugeot) und Renault-Nissan) liegt ein nicht unerhebliches Gewicht der Industrieproduktion auf dem Automobilsektor. Renault hält dabei traditionell den größten Marktanteil von allen ausländischen Automobilfirmen in Deutschland. Den Löwenanteil des Absatzes machen Klein- und Mittelklassewagen aus. Frankreich weist keinen prominenten Hersteller von Oberklasse- oder Sportwagen auf.
Frankreich hat 2008 die Ratspräsidentschaft inne und ist deshalb am Zustandekommen eines (natürlich auch für sich selbst günstigen) Verhandlungsergebnisses interessiert.

Italien
Der Fiat-Konzern gehört zu den großen Industriebetrieben des Staates. Obwohl die Firma (Mehrheits-)Anteile an den Sport- und Luxuswagenherstellern Ferrari, Maserati und Alfa Romeo hält, erwirtschaftet Fiat den allermeisten Umsatz mit dem Verkauf von Klein- und kleineren Mittelklassewagen (u.a. Fiat 500, Fiat Bravo).

Großbritannien
Die Autoherstellung im Luxussegment hat in Großbritannien eine lange Tradition (Aston Martin, Rolce Royce, Bentley). Diese Firmen weisen in der Regel nur sehr niedrige Verkaufzahlen (oft unter 10.000 Stück/Jahr) auf und erwirtschaften Gewinne vor allem über die hohen Stückpreise. Der Kleinwagenhersteller Mini gehört seit 2000 zum BMW-Konzern.

Österreich
Österreich verfügt über keine eigene Automobilindustrie mehr. Gleichwohl sind fast 200.000 Arbeitsplätze von diesem Sektor abhängig. Fiat und BMW betreiben große Produktionsstätten in Österreich. Aber vor allem der weltweit drittgrößte Zulieferbetrieb Magna International mit Sitz in Graz schafft Arbeitsplätze. Magna beliefert vor allem Firmen wie BMW, Porsche, Mercedes und Saab.

Rumänien
Automobilbau hat in Rumänien eine nicht unerhebliche Tradition. Der seit 1952 bestehende Betrieb Dacia wurde nach dem Zusammenbruch des „Ostblocks" privatisiert und 1999 vollständig von Renault (heute Renault-Nissan) aufgekauft. Erfolgreich ist die rumänische Autoindustrie heute vor allem mit konkurrenzlos günstigen Klein- und kleinen Mittelklassewagen (u.a. Dacia Logan), mit dem sie auch zunehmend erfolgreich auf die westeuropäischen Märkte drängt.

Autorentext

Aufgabe

Analysieren Sie die Interessenüberschneidungen und -gegensätze der angegebenen EU-Mitgliedstaaten bei den Verhandlungen im Ministerrat über die CO_2-Neuwagenverordnung.

Vorschlag: Visualisieren Sie die Interessenkonstellation mittels eines Venn-Diagramms.

Alternative: Simulieren Sie eine Sitzung des Rats der Europäischen Union zum Thema „Einführung einer CO_2-Verordnung für Neuwagen in der Europäischen Union". Der Vorschlag der Kommission und die (unterstützende) Entschließung des Parlaments sind Ihnen bekannt. Sie übernehmen die Rolle der Delegationsmitglieder der o. a. Teilnehmerländer (inkl. Regierungschef/in). Berücksichtigen Sie dabei mögliche CO_2-Gesamtreduktionsziele, Stufen zur Erreichung dieser Emissionsverringerung und Strafhöhen bei Überschreiten der CO_2-Ausstoßwerte.

Beachten Sie, dass Sie u. a. aufgrund der Wahlen zum Europaparlament und der Weltklimakonferenz in Kopenhagen 2009 unter enormem Zeitdruck stehen. Die Verordnung sollte daher bereits nach der ersten Lesung im Parlament verabschiedet werden können.

3.1.5 Machen Verbände und Konzerne die EU-Politik? Der Einfluss der Lobby auf europäische Entscheidungen

M 11 ● Die Position der deutschen Automobil-Lobby zur Überschreitungsabgabe

Dieter Zetsche (li), Vorstandsvorsitzender der Daimler AG, Bundeskanzlerin Angela Merkel (CDU) und Matthias Wissmann, Präsident des Verbandes der Automobilindustrie (VDA) bei der Eröffnungsfeier der Internationalen Automobilausstellung (IAA) in Frankfurt am Main (2007), die ganz im Zeichen des Klimaschutzes stehen sollte.

Um die Automobilhersteller zur Einhaltung der CO_2-Grenzwerte zu bewegen, hat sich die EU-Kommission im vorgelegten VO-Entwurf eine höchst umstrittene Strafmaßnahme einfallen lassen: Bei Überschreiten der CO_2-Werte soll eine sog. Überschreitungsabgabe fällig werden. [...]

Es bestehen ganz erhebliche Zweifel, ob die Überschreitungsabgabe dem Gemeinschaftsrecht entspricht. So hat der Rechtsausschuss des Europäischen Parlaments in einem Kurzgutachten die Auffassung vertreten, dass es sich bei der Überschreitungsabgabe von der Rechtsnatur her um eine Steuer oder Marktabgabe handeln kann, die die EU nach geltendem Recht nicht erheben darf. [...]

Gegen die Einführung der Überschreitungsabgabe sprechen nicht zuletzt belastungspolitische Bedenken. Durch die Sanktionszahlungen würden sich bei der Überwälzung dieser Kosten die Pkw-Anschaffungskosten erhöhen. Dies wiederum verteuert die individuelle Mobilität. Die Politik sollte jedoch alles unternehmen, um die individuelle Mobilität nicht weiter zu verteuern. [...] Strafzahlungen stellen alles in allem keinen zielführenden Ansatz dar. [...]

Aus: Verband der Deutschen Automobilindustrie e.V.: Auto Jahresbericht 2008, Frankfurt a.M. 2008, S. 24f.

Das Brüssel der Lobbyisten:

- mindestens 15.000 hauptamtliche Lobbyisten in Brüssel
- ca. 2.600 permanente Büros von Branchenverbänden und internationalen Unternehmen
- ca. 150 Büros für Public Affairs (von Firmen buchbare Interessenvertreter für Einzelvorhaben)
- 3.700 Lobbyisten-Zutrittskarten für das Europäische Parlament (entspricht 5 Lobbyisten pro Abgeordnetem)

M 12 ● Die Position der Umwelt-Lobby

Die Automobilindustrie hat ihr freiwillig gesetztes Ziel [zur CO_2-Reduktion] verfehlt, woraufhin die Europäische Kommission – im erhöhten Bewusstsein des Klimawandels – im Februar 2007 eine verbindliche Regelung ankündigte und im Dezember desselben Jahres einen Verordnungsentwurf vorlegte. [...] In diesem Zeitraum gelang es der Auto-Lobby bereits, die Vorhaben abzumildern, sodass

- die Setzung ein ambitionierten [langfristigen] Ziels verhindert wurde durch bloße Verpflichtung auf ein kurzfristiges Ziel von 130 g/km CO_2 für Neuwagen ab dem Jahr 2012. Selbst jenes ist noch eine Abschwächung des erstmals 1995 formulierten eigentlichen Ziels der EU von 120 g/km CO_2. Im Jahr 2006 lag der Emissionsdurchschnitt [von Neuwagen] bei 160 g/km CO_2.
- die Emissionshöhe auf dem Durchschnitt des hergestellten Fuhrparks berechnet wird. Dies erlaubt den Herstellern, weiterhin Autos mit hohem CO_2-Ausstoß zu produzieren, wenn sie diese Emissionen „kompensieren“ mit kleineren, saubereren Modellen.

- nur milde Strafen die Automobilbauer bedrohen und der volle Umfang dieser Strafen erst 2015 erreicht werden sollte. Um effektiv zu wirken, müssten die Strafen die Kosten der Entwicklung [emissionsärmerer Wagen] übersteigen und in vollem Umfang sofort bei Inkrafttreten des Gesetzes greifen.
- es Hersteller ausnimmt, die weniger als 10.000 Autos pro Jahr produzieren, worunter sich aber die schlimmsten Benzin fressenden Wagen befinden. [...]

Um einen erkennbaren Effekt auf die Verminderung der CO_2-Emissionen im Individualverkehr zu erzielen, muss eine EU-Regelung (in folgender Reihenfolge):

- eine rechtsverbindliche Reduktion der durchschnittlichen CO_2-Emissionen für Neuwagen von 120 g/km in 2012 bis 80 g/km in 2020 vorschreiben mit jeweils [von Jahr zu Jahr sukzessive] ansteigenden Zielen; [...]
- Übertreter [dieser Grenzwerte] effektiv abschrecken durch eine Strafhöhe von minimal 150 Euro pro g/km CO_2 über dem Grenzwert für jedes produzierte Auto;
- CO_2-Grenzwerte [ausnahmslos] für jeden Pkw setzen, wodurch [die Produktion von] Wagen mit sehr hohen Emissionen gestoppt würde.

Greenpeace, Driving climate change. How the car industry is lobbying to undermine EU fuel efficiency legislation, Amsterdam 2008, S. 5. Übersetzung: Kersten Ringe

Greenpeace-Proteste gegen „Aufweichung" der CO_2-Grenzwerte und -Strafen in der EU am 30.10.2008 in Berlin

Info

Lobbyismus

Bei Lobbyismus handelt es sich um die (legale) Einflussnahme von Interessenverbänden (Lobbys) auf öffentliche Entscheidungsträger (Politiker, Beamte) zur Sicherung eigener Vorteile. Dabei sind Mittel der direkten und indirekten Einflussnahme zu unterscheiden: Direkter Einfluss kann ausgeübt werden über Zuwendungen (z.B. Parteispenden) und Weitergabe benötigter Fachinformationen. Indirekter Einfluss ist realisierbar auf politischem (z.B. Mobilisierung der Mitglieder für eine Partei bei Wahlen) oder ökonomischem Weg (z.B. Drohung mit Standortverlagerungen). Zu den klassischen, kollektiv organisierten Interessenvertretungen gehören Arbeitgebervereinigungen (z.B. Bundesvereinigung Deutscher Arbeitgeberverbände), Gewerkschaften (z.B. ver.di, IG Metall) und (branchenspezifische) Wirtschaftsverbände sowie Organisationen mit humanitären Zielsetzungen (z.B. Rotes Kreuz). Seit den 1960er Jahren entstanden überdies viele Vereinigungen zum Schutz von Natur und Umwelt. In den letzten Jahren wurden auch Organisationen mit vornehmlich finanz- und wirtschaftspolitischen Zielsetzungen gegründet (z.B. Attac). Dem Politikwissenschaftler Fritz Scharpf zufolge wächst die Durchsetzungschance für Interessengruppen, je konzentrierter das jeweilige (Verbands-)Interesse ist. Nach seinem Dafürhalten hätten etwa die Automobilverbände eine größere Durchsetzungsmacht als die Umweltorganisationen, deren Interessen breiter gefächert („diffuser") sind.

Autorentext

Aufgaben

1. Stellen Sie Positionen des Verbands der Deutschen Automobilindustrie und von Greenpeace zur Initiative der Europäischen Kommission einander gegenüber (M 11, M 12).
2. Arbeiten Sie heraus, inwieweit sich beim Kommissionsvorschlag (M 3), bei den Haltungen der Fraktionen im Europäischen Parlament (M 8) und den nationalen Positionen im Ministerrat (M 10) Lobbyeinfluss vermuten lässt.
3. Die Arbeit von Interessenverbänden im Rahmen der Europäischen Union sollte vollständig verboten werden. Erörtern Sie diese Forderung (M 11, M 12, Infobox).

3.1.6 Informelles Verhandeln über die CO_2-Verordnung – ein transparenter und effektiver Entscheidungsprozess?

Nicolas Sarkozy und Angela Merkel am 9.6.2008 in Straubing.

M 13 Kompromissfindung zwischen Nationalinteressen im informellen Gipfel-Dialog

a) Einigung beim deutsch-französischen Gipfeltreffen

Nach der Blockade im Rat der Europäischen Union („Ministerrat") zwischen Ländern mit einer Autoindustrie mit vornehmlich Oberklassewagen und Nationen mit eher Klein- und Mittelklassewagen-Flotten wurde ein Spitzengespräch zwischen der deutschen Kanzlerin Angela Merkel und dem französischen Präsidenten Nicolas Sarkozy anberaumt.

Nach monatelangem Streit um den Klimaschutz bei Autos haben Deutschland und Frankreich doch noch eine Einigung erzielt. Beide Länder verständigten sich [...] beim deutsch-französischen Ministertreffen im bayerischen Straubing auf Grundzüge für die Beschränkung des Kohlendioxid-Ausstoßes. Damit sollen die EU-Vorgaben abgeändert werden, die vor allem Deutschland als Produzent von Mittel- und Oberklassewagen als zu strikt angesehen hatte. „Es hat sich wieder einmal gezeigt, dass Deutschland und Frankreich handlungsfähig sind", sagte Frankreichs Staatspräsident Nicolas Sarkozy. „Es ist ein wichtiger Durchbruch gelungen", betonte auch Kanzlerin Angela Merkel. Die Verständigung sieht vor allem flexiblere Regelungen beim Greifen der CO_2-Ziele und den Strafen bei Verstößen vor. Details würden nun von den Umweltministern geklärt, sagte Merkel. Der Vorstoß muss auch noch von den anderen EU-Staaten [im Ministerrat] akzeptiert werden, um die Pläne der EU-Kommission zu ändern. [...]

Bestehen bleibt dem deutsch-französischen Vorschlag zufolge das EU-Ziel, den CO_2-Ausstoß der Neuwagenflotten ab 2012 auf 120 Gramm pro Kilometer zu beschränken. Dabei soll nun aber Rücksicht auf die Produktionszyklen der Hersteller genommen werden, da völlig neu entwickelte Modelle auch erst nach 2012 auf den Markt kommen können. Zugleich verständigten sich die Länder auf ein weiteres langfristiges Ziel: Danach soll der Ausstoß ab 2020 auf 95 bis 110 Gramm sinken. Der EU-Umweltausschuss hatte 95 Gramm gefordert.

Auch die Strafen bei Verstößen gegen das 2012-Ziel sollen nicht automatisch greifen, sondern in einem stufenweisen Prozess einsetzen. Die Strafen bei kleineren Abweichungen vom Ziel werden der Verständigung zufolge noch einmal gemildert. Hier sind Details noch offen.

Streit über CO_2-Grenzwerte beigelegt, in: Frankfurter Rundschau vom 9.6.2008

b) Europäische Gipfeltreffen als Entscheidungsinstanzen – eine Fundamentalkritik

Auch wenn dieser Gedanke momentan nicht opportun [hier: allgemein akzeptiert] scheint, gilt es doch festzuhalten: Dass nicht Regierungen, sondern Parlamente beziehungsweise die Menschen in der Politik das letzte Wort haben, ist ein Normalzustand, den man im allgemeinen Demokratie nennt. [...] Wollen wir tatsächlich in einer Welt leben, in der ausschließlich ein paar Merkels und Sarkozys [also nationale Regierungschefs] hinter verschlossenen Polstertüren bestimmen, was läuft? Oder legen wir Wert auf demokratische Mitbestimmung, auch wenn diese ein klein wenig unbequemer ist für die europäischen Schlachtenlenker? Heute [...] gilt es als Führungsstärke, Entscheidungen ohne Rücksicht auf Parlamente und Mehrheitsmeinungen durchzuziehen. Das Gegenteil ist richtig: Wahre Führungsstärke besteht darin, Parlament und Wählervolk nicht zu ignorieren, sondern zu überzeugen.

Andreas Koller, Demokratie, ein bedauerlicher Defekt, in: Salzburger Nachrichten, 23.11.2011

M 14 ● Verhandlungen von Parlament und Rat unter Zeitdruck

Die Verhandlungen mit dem Rat standen unter massivem Zeitdruck, weil die französische Präsidentschaft alle umweltrelevanten Rechtsetzungsvorhaben verabschieden wollte. Die CO_2-Verordnung für Neuwagen war gemeinsam mit der Richtlinie für Qualitätsstandards für Kraftstoffe gegen Ende 2008 ebenfalls dem Klimapaket zugeschlagen worden. Dadurch sollte der Verhandlungsdruck zwischen Rat und Parlament für eine Einigung bis Ende 2008 und mit Blick auf die internationalen Klimakonferenzen im Jahr 2009 erhöht, der Erfolg der ursprünglich – vor Georgienkrieg und Finanzkrise – im Zeichen der Umwelt stehenden französischen Präsidentschaft verdeutlicht und die internationale Führungsrolle der Europäischen Union in der Klimaschutzfrage unterstrichen werden. Letztendlich einigten sich die Institutionen auf einen Kompromiss, der am 17. Dezember 2008 vom Parlament in erster Lesung mit überwältigender Mehrheit angenommen wurde [vgl. M 4].

Marcelo Vollmann, Parteipolitisch zerstritten, national gespalten oder geschlossen gegen den Rat? Das Europäische Parlament und die CO_2-Verordnung für Neuwagen, in: Integration 33 (2010) H. 2, S. 159

Info

Informelles Regieren in der Europäischen Union

Regieren umfasst die Formulierung, Durchsetzung und Implementation gesellschaftlich verbindlicher Entscheidungen. In demokratischen Rechtsstaaten unterliegt es den Normen und Geboten der Verfassung und anderer Rechtsquellen. Doch Regieren erschöpft sich nicht im Vollzug formaler, d. h. rechtlich fixierter, Prozesse in ebenso formalen Institutionen. [Daneben] etablieren sich [...] parallele bzw. alternative Strukturen mit jeweils eigenen informellen Regelsystemen, die politische Akteure nutzen, um Entscheidungen vorzubereiten, durchzusetzen oder ihre konkrete Umsetzung zu beeinflussen. Die Feststellung, dass Regieren maßgeblich auf informellen Ebenen stattfindet und in formalen Institutionen verbindliche Entscheidungen weniger getroffen als legitimiert werden, [ist heute weitgehend anerkannt. In der EU existieren für informelle Aushandlungsprozesse z.B. (intergouvenementale) Gipfeltreffen einiger weniger Staats- und Regierungschefs sowie der (supranationale) Trilog zwischen Parlament, Rat und Kommission. Bei letzterem erhält die Kommission – neben ihrer Rolle als Gesetzes-Initiatorin – auch die einer Moderatorin zwischen Rat und Parlament.]

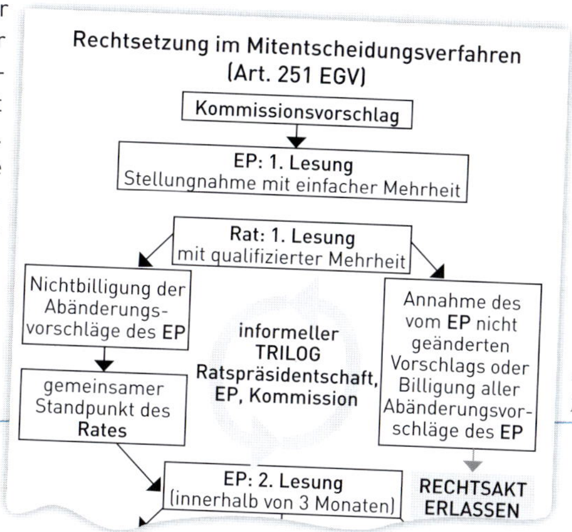

Stephan Bröchler u.a., Informelles Regieren, Duisburg-Essen 4.2.2011, auf: http://karl-rudolf-korte.de/data/oktober_2010_cf-pinformellesregieren.pdf (29.2.2012)

Aufgaben

1. Fassen Sie die informellen Prozesse zur Aushandlung einer CO_2-Neuwagenverordnung zusammen (M 13, M 14).
2. Arbeiten Sie die Bedeutung informeller Verhandlungen am Beispiel der Neuwagenverordnung heraus.
3. Nehmen Sie Stellung zu den dargestellten informellen Aushandlungsprozessen um die CO_2-Neuwagenverordnung.
4. Erörtern Sie die letztlich verabschiedete CO_2-Neuwagenverordnung aus dem Jahr 2008 (M 4).

ORIENTIERUNGSWISSEN

Europäische Kommission: Regelungsvorschlag für eine politische Gestaltungsaufgabe
M 2, M 5

Die Verminderung des CO_2-Ausstoßes von Neuwagen ist insofern eine supranationale Gestaltungsaufgabe, als dass erstens alle Nationen von den (un)mittelbaren Folgen der Emissionen betroffen sind und zweitens aus wettbewerbsrechtlichen Gründen gleiche Regelungen für alle Automobilbauer in der Europäischen Union gelten müssen.
Gesetzlich reguliert werden mussten die CO_2-Grenzwerte, da die Automobilfirmen einer freiwilligen Selbstverpflichtung (140 g CO_2/km im Jahr 2008/09) nicht nachgekommen waren.
Die Europäische Kommission ist das einzige EU-Organ, das über das Initiativrecht – bezogen auf Erlasse und Verordnungen – verfügt. Der Vorschlag für eine CO_2-Neuwagenverordnung vom Dezember 2007 war relativ weitgehend (Strafzahlungen bei Nicht-Erreichen der Emissionsgrenzen, 130 g CO_2/km ab 2012).

Konfliktlinien im Europäisches Parlament
M 7

Im Europäischen Parlament gab es zwei Konfliktverläufe im Rahmen der Neuregelung des straffreien CO_2-Ausstoßes: Erstens widersprachen sich der Umweltausschuss, der sich für eher enge Emissionsgrenzen und hohe Strafen stark machte, und der Industrieausschuss. Zweitens existierte Dissens im Parlamentsplenum zwischen Konservativen und Liberalen einerseits und Sozialdemokraten und Grünen andererseits. Letztere forderten vor allem höhere Strafen bei Grenzwertüberschreitung und kürzere Einführungszeiten als erstere.

Nationale Interessen im Rat der Europäischen Union
M 10

Im Wesentlichen gab es zwei Interessenpole: Während die deutsche Regierungschefin sich wegen der Bedeutung der nationalen, eher auf verbrauchsintensivere Wagen setzende Automobilindustrie gegen striktere Regelungen stark machte (zusammen etwa mit Schweden und Österreich), waren Länder wie Frankreich, Italien und Rumänien aufgrund ihrer verbrauchsärmeren Klein- und Mittelklassewagenflotte eher zu strikteren Verordnungsinhalten bereit. Frankreich wollte als Inhaber der Ratspräsidentschaft zudem einen öffentlichkeitswirksamen Erfolg nahe der eigenen Position erzielen. Großbritannien bestand – quer zu den übrigen Nationalinteressen – wegen der britischen Firmen für Luxusautos auf Ausnahmen für Nischenhersteller.
Insofern zeigt sich am Entstehen der CO_2-Neuwagenverordnung exemplarisch, dass der Rat der Europäischen Union durchaus als Mittel des Durchsetzens nationaler und nichtgenuiner Unionsinteressen verstanden werden kann.

Der Einfluss der Automobil- und Umweltlobby
M 11

Lobbyeinfluss ist generell schwierig nachzuweisen. Direkte Einflussnahme wie Spenden u. a. wird zwar dokumentiert, indirekte Ansätze wie der Transfer von Fachinformationen durch Vertreter von Interessengruppen an Politiker sind kaum transparent zu machen. Im Fall der CO_2-Neuwagenverordnung ist aber (erfolgreiche) Lobbyarbeit dringend zu vermuten, da die Automobilindustrie in vielen Kernstaaten Europas großes ökonomisches Gewicht besitzt und hervorragend organisiert ist. Gleichwohl sollten sich auch Umweltverbände Gehör verschafft haben, wenn auch weniger erfolgreich, wie das Politikergebnis vermuten lässt.

Informelle Aushandlungsprozesse um die CO_2-Neuwagenverordnung
M 13

Aus zwei Gründen kam es zu – für Bargaining-Prozesse in der EU typischen – Formen informellen Regierens. Zum einen entstand die Verordnung 2008 unter Zeitdruck (Klimakonferenzen und Europawahl 2009), sodass sie in der ersten Lesung vom Parlament verabschiedet werden sollte.
Zum anderen blockierten sich (und damit die Entscheidung im Rat der Europäischen Union) die beiden größten europäischen Staaten Deutschland und Frankreich zunächst vor allem in der Frage der Sanktionshöhe bei Grenzwertüberschreitung. Diese Blockade wurde bei einem Zweiergipfel aufgehoben, ohne dass daran die anderen 25 Staaten der EU beteiligt gewesen waren. Durch eine solche Vorgehensweise besteht die Gefahr, dass Zweifel an der Legitimität tatsächlicher politischer Entscheidungsprozesse der EU („Verfassungswirklichkeit") genährt werden. Zumindest jedoch leidet die Transparenz des Verfahrens nicht unerheblich.

Politikergebnis: die CO_2-Neuwagenverordnung ab 2009
M 4

Die verabschiedete CO_2-Neuwagenverordnung kann als typisches Ergebnis eines politischen Prozesses in der EU angesehen werden: Zwar werden bis 2015 vergleichsweise zügig Emissionsgrenzwerte für die Fahrzeugflotte der jeweiligen Hersteller angehoben (Forderung Frankreichs u. a.). Aber die Sanktionshöhe bei Überschreitung des Ausstoßmaximums ist recht niedrig und dazu noch gestaffelt nach Umfang der Überschreitung (Forderung der deutschen Regierung). Nischenhersteller bis 10.000 Wagen pro Jahr sind ausgenommen (Großbritanniens Position). In den zentralen Punkten sind aber sowohl der Vorschlag der Kommission als auch – in noch deutlicherem Maße – die Vorlage des Umweltausschusses des Europäischen Parlaments durch den Rat der EU signifikant abgeschwächt worden.

KOMPETENZEN ANWENDEN

Die Initiative der Europäischen Kommission zu einer Elektroschrott-Richtlinie und die Reaktion der Verbände

Künftig soll in jedem Land der Europäischen Union mehr Elektroschrott eingesammelt werden. Das von der Kommission vorgeschlagene Sammelziel: mindestens 65 Prozent der Geräte, die in den vergangenen zwei Jahren auf den Markt des Mitgliedstaates gebracht wurden [bis dahin durchschnittlich 4 kg/Einwohner pro Jahr]. Berechnet wird diese Quote anhand des Gewichts der Geräte, gelten soll sie ab dem Jahr 2016. [...]

Kritik an der Sammelquote

Das langwierige Gesetzgebungsverfahren gibt Lobbyisten Zeit, auf die Ausgestaltung einzuwirken. So fordert etwa der Deutsche Industrie- und Handelskammertag (DIHK) gemeinsam mit seinem Pendant aus Österreich, der Wirtschaftskammer (WKÖ), die Europäische Union auf, die Revision der beiden Richtlinien „wirtschaftsverträglich auszugestalten". [...] Die Verbände fordern, die Novellen „deutlich zu vereinfachen" und zu „entbürokratisieren". „Wir vertrauen darauf, dass die Abgeordneten Regelungen schaffen, die den Umweltschutz weiterbringen, nicht aber eine Bürokratie- und Kostenspirale in Gang setzen wollen", sagte Stephan Schwarzer, Umwelt-Abteilungsleiter bei der WKÖ. [...]

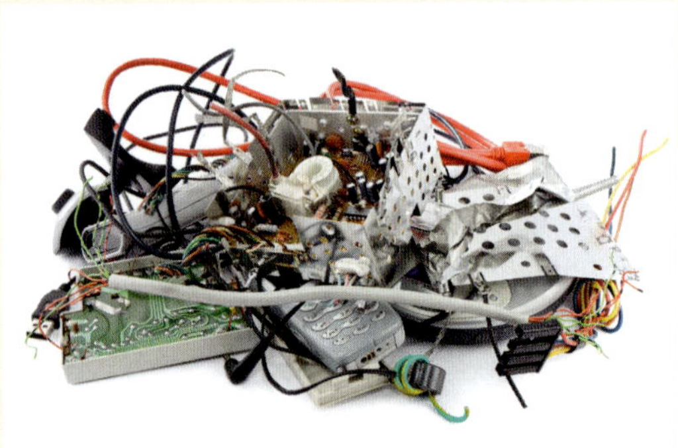

Zum supranationalen Regelungsbedarf bei Elektroschrott, vgl. Kap 1.2.

Zu [den] Kritikpunkten zählt die Sammelquote. Sie ist für die Organisationen „nicht nachvollziehbar" und „unrealistisch". Die derzeit gültige Gesetzeslage verlangt, dass in allen EU-Ländern durchschnittlich mindestens vier Kilogramm Altgeräte pro Einwohner pro Jahr gesammelt werden. Deutschland übertrifft diese Vorgabe deutlich; im Jahr 2006 wurden 8,6 Kilo Elektroschrott pro Kopf gesammelt. Das entspricht einer Quote von ungefähr 40 Prozent. 65 Prozent seien deshalb „zu ambitioniert", finden die Verbände. [...] DIHK und WKÖ treten zudem dagegen ein, dass EU-Staaten die Hersteller von Elektro-Geräten verpflichten sollen, die kompletten Kosten für die Rücknahme von Altgeräten zu finanzieren. In Deutschland und Österreich übernehmen bisher die Kommunen die Sammlung von Altgeräten an kommunalen Sammelstellen, die Hersteller übernehmen anschließend die Entsorgung. Das bestehende System sei „bewährt", ein neues hingegen mit „unnötigen Zusatzkosten" für Hersteller und Verbraucher verbunden, so die Verbände. [...] Der Verband kommunale Abfallwirtschaft und Stadtreinigung (VKS) ist hingegen der Ansicht, dass die in Deutschland gewählte Variante der Sammlung, bei der sich Hersteller und Bürger die Entsorgungskosten teilen, abgeschafft werden sollte. Stattdessen sollten die Hersteller die Ausgaben für die Sammlung von Altgeräten komplett tragen [...].

Oliver Bilger, Ärger um Kleingeräte, in: Süddeutsche Zeitung, 18.1.2010

Die Position des Europäischen Parlaments zur Kommissions-Initiative

Bis 2016 sollen die EU-Länder laut Forderung des Umweltausschusses des EU-Parlaments sicherstellen, dass 85 Prozent aller im Abfall gelandeten Elektrozahnbürsten, Telefone, Staubsauger oder Videorekorder eingesammelt werden – dreimal so viel wie heute. Wie viel dann wieder verwertet werden muss, hängt vom Gerät ab. Um das Sammeln zu erleichtern, sollen die Verbraucher kleinere Geräte künftig in den

Einzelhandel zurückbringen können – auch wenn das Gerät nicht aus dem jeweiligen Geschäft stammt. Zugleich wollen die Abgeordneten die Länder verpflichten, für eine ordentliche Wiederaufbereitung zu sorgen. „Ein Großteil der Altgeräte ist bisher illegal exportiert worden", kritisiert der EU-Abgeordnete Karl-Heinz Florenz (CDU). Die Zeit drängt, denn es fällt immer mehr Elektromüll an: Bis 2020 soll die Menge auf 12,3 Millionen Tonnen steigen – das sind 50 Prozent mehr als heute.

Christoph B. Schiltz, EU will mehr Elektroschrott sammeln, in: Die Welt, 24.6.2010

Der Streit im Ministerrat

Die EU-Staaten streiten über strengere Auflagen für die Entsorgung von Elektroschrott. Die Umweltminister konnten sich bei einem Treffen am Montag [14.3.2011] in Brüssel zunächst nicht auf neue Regeln einigen. [...] Umstritten sind [...] die Quoten, die beim Sammeln und Recyceln künftig erreicht werden sollen. Auch die Frage, wie sehr die Industrie in die Pflicht genommen werden darf und welche Geräte betroffen sein sollen, spaltet die EU. So ist beispielsweise offen, ob sprechende Teddybären als Elektroschrott gelten oder nicht. Der Vorschlag des ungarischen EU-Ratsvorsitzes sieht vor, dass die Sammelquote in Europa in zwei Schritten ansteigt. In vier Jahren sollen zunächst 45 Prozent recycelt werden, in acht Jahren dann 65 Prozent. Damit würden mehr als doppelt so viele der Elektrogeräte wiederverwertet wie bisher [...].

EU-Staaten streiten über Elektroschrott, auf: www.eu-info.de/dpa-europaticker/184640.html (28.10.2011)

Das Politikergebnis – die EU-Richtlinie zur Elektroschrott-Wiederverwertung

Recyclingquoten	Ausnahmen	Sammeln der Altgeräte
• ab 2016: 45 % • ab 2019: 65 % der Neugeräte oder 85 % des gesamten Elektroschrotts	Recyclingquoten für Ungarn, Polen, Rumänien, Litauen, Lettland, Malta, Tschechische Republik, Slowakei: bis 2016: keine Änderung ab 2016: 40 - 45 %	• bei kommunalen Sammelstellen • kostenlose Rückgabe beim Hersteller möglich (z. B. Rücksendung gebrauchter Mobiltelefone)

Die Richtlinie muss bis 2014 in nationales Recht umgesetzt werden.

Aufgaben

1. Fassen Sie den politischen Prozess zum Zustandekommen der Elektroschrott-Richtlinie zusammen. Vorschlag: Erstellen Sie dazu ein geeignetes Schaubild.
2. a) Analysieren Sie das Politikergebnis hinsichtlich der Frage, welche Interessen sich (eher oder weniger) durchgesetzt haben.
   b) Charakterisieren Sie das Zustandekommen der „Elektroschrott-Richtlinie" als einen typischen Entscheidungsfindungsprozess in der Europäischen Union.
3. Nehmen Sie Stellung zur „Elektroschrott-Richtlinie".

3.2 Auf der Suche nach demokratischen und effizienten Regierungsformen – das Institutionengefüge der Europäischen Union

M 1 ● Das Institutionengefüge der Europäischen Union

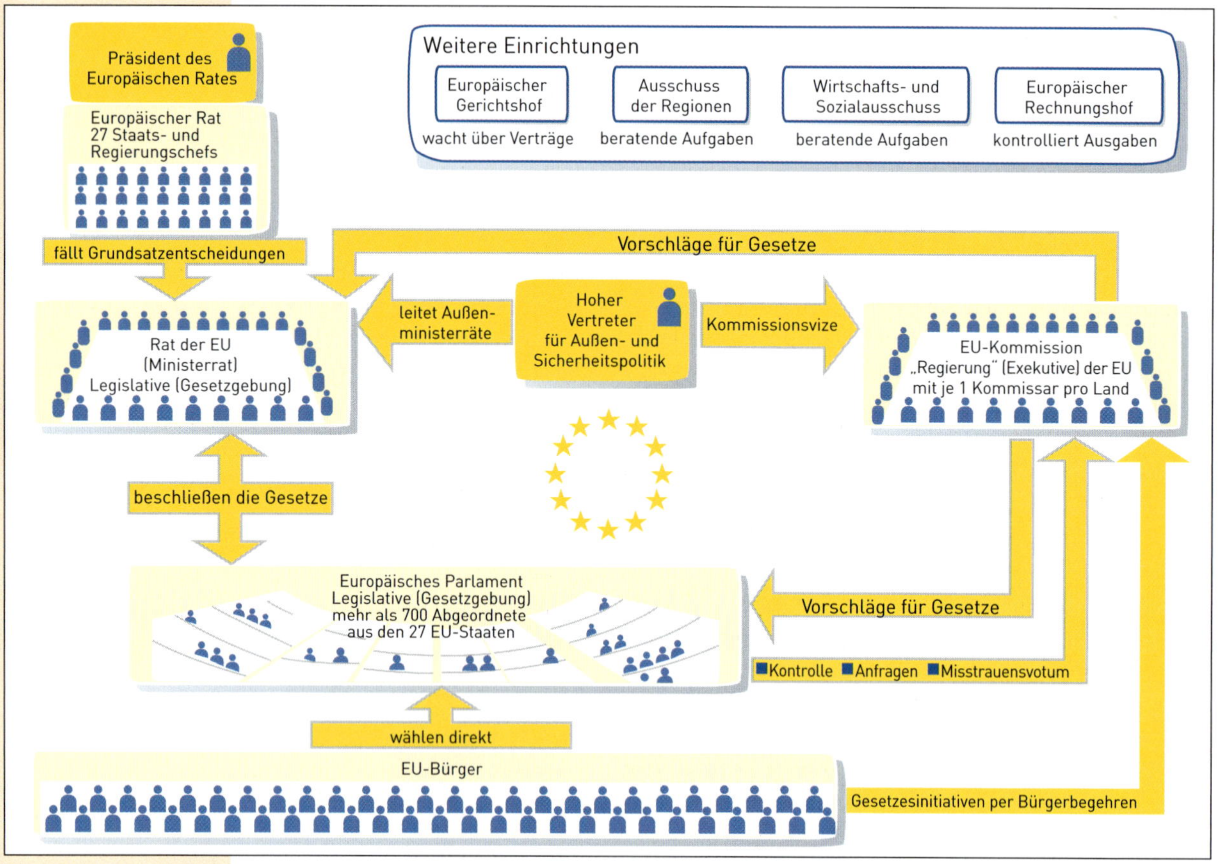

dpa-Grafik in: poliTICKER (Nr. 1/2010), S. 3

3.2.1 Die Europäische Kommission – supranationales Gemeinschaftsorgan oder Marionette der Mitgliedstaaten?

M 2 ● Die Europäische Kommission als Gemeinschaftsorgan

Die Europäische Kommission ist das zentrale ausführende Organ der Union. Es ist vertragsrechtlich auf das allgemeine EU-Interesse verpflichtet und soll unabhängig von den nationalen Regierungen handeln. Dementsprechend gilt die Kommission als supranationales Gemeinschaftsorgan par excellence. Im engeren Sinne bezeichnet der Begriff Kommission das Kollegium, das [...] aus 27 Mitgliedern besteht, die Kommissare genannt werden. [...]

Die Kommission besteht aus einem Kommissar pro Mitgliedsland, einschließlich des Kommissionspräsidenten und des Hohen Vertreters für Außen- und Sicherheitspolitik. Die Amtsperiode beträgt fünf Jah-

re. […] Jeder Kommissar mit Ausnahme des Präsidenten übernimmt dabei ähnlich wie nationale Minister einen eigenen fachspezifischen Zuständigkeitsbereich. […]
Das Aufgabenspektrum der Kommission wird gemeinhin mit den drei Schlagworten „Exekutive der Union“, „Motor der Integration“ und „Hüterin der Verträge“ umschrieben. Hinzu kommt mit der Außenvertretung der EU eine weitere Kernaufgabe, die sich die Kommission allerdings mit anderen Akteuren [insbesondere dem Europäischen Rat] zu teilen hat.
Als oberste Exekutive der EU ist die Kommission für die Durchführung von Rechtsakten und die Umsetzung und Verwaltung der Unionspolitiken verantwortlich, die vom Parlament und Rat verabschiedet wurden. […] Auch für die Ausführung des Haushalts […] ist die Kommission zuständig.
Die Bezeichnung „Motor der Integration“ beruht in erster Linie auf der Legislativfunktion der Kommission, die im Rechtsetzungsprozess ein Initiativmonopol innehat. Auch wenn Rat und Parlament die Kommission auffordern können, entsprechende Entwürfe vorzulegen, sind sie letztlich auf die Kommission angewiesen, um den Prozess für die Verabschiedung eines Rechtsaktes der Union zu starten. Hinzu kommt, dass die Kommission als agenda-setter die Integration vorantreiben kann. […]
Daneben hat die Kommission eine Kontrollfunktion für die Einhaltung des Unionsrechts. Dazu kann sie Mitgliedstaaten und andere EU-Organe vor dem Gerichtshof der Europäischen Union [EuGH, vgl. Kap. 3.2.4] verklagen. Das wichtigste Kontrollinstrument gegenüber den Mitgliedstaaten hierfür ist das Vertragsverletzungsverfahren. Diese werden […] gegenüber Mitgliedstaaten angestrengt, die Richtlinien nicht fristgerecht umsetzen […].
Innerhalb der Kommission im weiteren Sinne lassen sich drei Entscheidungs- bzw. Arbeitsebenen unterscheiden. Die politische Verantwortung trägt das Kollegium der 27 Kommissare. Das Kollegium tagt in der Regel ein Mal pro Woche und kann Entscheidungen mit der Mehrheit seiner Mitglieder treffen. In der Praxis wird jedoch meistens ein Konsens gesucht, sodass tatsächliche Abstimmungen nur selten stattfinden. Für die Entscheidungsfindung im Kollegium gelten außerdem das Ressort- und das Kollegialitätsprinzip. Nach dem Ressortprinzip ist jeder Kommissar für die Vorbereitung und Durchführung von Kommissionsbeschlüssen in seinem Aufgabenbereich zuständig. Dem Kollegialitätsprinzip zufolge stellen alle gefassten Beschlüsse Entscheidungen des gesamten Kollegiums dar und müssen dementsprechend geschlossen nach außen vertreten werden.
Die zweite Ebene bilden die Kabinette, die dem [jeweiligen] Kommissar direkt unterstellt sind. Ein Kabinett besteht aus sechs bis neun politischen Beamten, die vom Kommissar persönlich ausgewählt werden, ihn beraten und der unteren Verwaltungsebene gegenüber weisungsberechtigt sind. […]
Der eigentliche Verwaltungsapparat der Kommission besteht aus den Generaldirektionen […]. Jede Generaldirektion ist für einen bestimmten Politik- bzw. Aufgabenbereich zuständig und in etwa mit der Ministerialbürokratie auf der nationalen Ebene vergleichbar.

Werner Weidenfeld, Die Europäische Union, Paderborn 2010, S. 127 ff.

Das Berlaymont in Brüssel ist Hauptsitz der Kommission; der Name des Amtssitzes wird in der politischen Berichterstattung als Synonym für die Kommission verwendet. Im Verwaltungsapparat der Kommission (Generaldirektionen) sind etwa 24.000 Bedienstete beschäftigt.

M 3 ● Wie wird die Kommission ausgewählt?

Die Bestellung des Kollegiums erfolgt in einem Zusammenspiel zwischen den Staats- und Regierungschefs und dem Europäischen Parlament. Unter Berücksichtigung der Ergebnisse der Europawahl schlägt der Europäische Rat mit qualifizierter Mehrheit zuerst einen Kandidaten für das Amt des Kommissionspräsidenten vor, der sich dann der Wahl im Parlament stellen muss. Fällt der Kandidat im Parla-

Verkleinerung der Kommission

Der Lissabonner Vertrag sieht eine Verkleinerung der Kommission auf zwei Drittel der Mitgliedstaaten zum 1.11.2014 vor, was jedoch durch die Anwendung einer Ausnahmeklausel und einen einstimmigen Beschluss des Europäischen Rates ausgesetzt wird.

ment durch, muss der Europäische Rat einen neuen Kandidaten empfehlen. Wird der Kandidat vom Parlament gewählt, schlagen die Staats- und Regierungschefs im Einvernehmen mit dem Kommissionspräsidenten die restlichen Kommissionsmitglieder vor. Jede nationale Regierung bringt dabei den Kandidaten aus ihrem Land ins Spiel. Laut Vertrag sind dabei Persönlichkeiten aufgrund ihrer Befähigung und ihres Einsatzes für Europa auszuwählen, die eine unabhängige Amtsführung gewährleisten können. Am Ende beschließt der Rat die Vorschlagsliste mit qualifizierter Mehrheit. Die Kommission muss sich daraufhin als Ganzes dem Zustimmungsvotum des Europäischen Parlaments stellen [...]. Stimmt das Parlament zu, kann die Kommission vom Europäischen Rat mit qualifizierter Mehrheit ernannt werden. [...] Während der Legislaturperiode kann die Kommission durch ein Misstrauensvotum des Europäischen Parlaments ihres Amtes enthoben werden. Dafür braucht es eine Zweidrittelmehrheit im Parlament.

Werner Weidenfeld, Die Europäische Union, Paderborn 2010, S. 129 f.

M 4 ● Wer wird Kommissar?

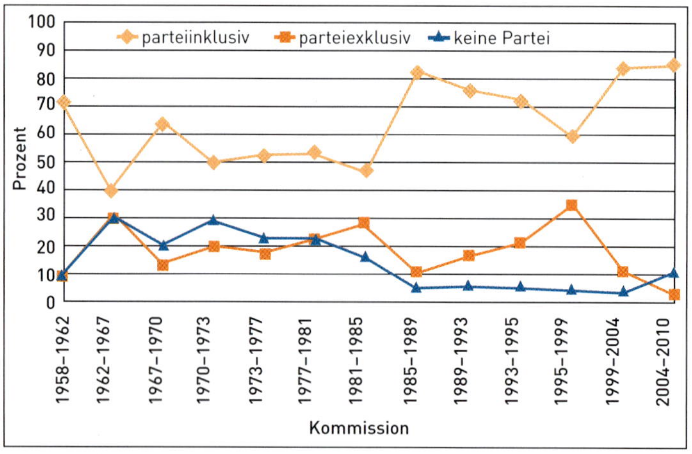

In einer empirischen Studie untersucht der Politikwissenschaftler Arndt Wonka die parteipolitische Übereinstimmung zwischen den EU-Kommissaren und den sie entsendenden nationalstaatlichen Regierungen (= Parteiinklusivität).

Arndt Wonka, Die Europäische Kommission, Baden-Baden 2008, S. 110

Aufgaben

1. Fassen Sie die Zusammensetzung, Aufgaben und Befugnisse der Europäischen Kommission in Form eines Steckbriefes zusammen (M 2).
2. Charakterisieren Sie die politische Funktion im Kontext des europäischen Institutionengefüges und der Arbeitsweise der Europäischen Kommission (a) allgemein sowie (b) im Konflikt um die CO_2-Verordnung (M 2, Kap. 3.1).
3. Stellen Sie den politischen Prozess, der zur Bestellung einer Europäischen Kommission führt, strukturiert dar (M 3).

   Vorschlag: Erstellen Sie ein Flussdiagramm (vgl. Kap. 6.1). Heben Sie dabei die Einfluss- und Einspruchsmöglichkeiten der beteiligten Akteure hervor.
4. Analysieren Sie die Rekrutierung von Kommissionsmitgliedern im Spannungsfeld zwischen Supranationalität und nationalstaatlicher Souveränität (M 3, M 4).
5. Beurteilen Sie auf der Basis Ihrer bisherigen Ergebnisse, ob es sich bei der Europäischen Union um ein supranationales Gemeinschaftsorgan oder eine „Marionette der Mitgliedstaaten" handelt. Vorschlag: Gestalten Sie einen Kommentar über die EU-Kommission, in dem Ihr Sachurteil deutlich zum Tragen kommt.

3.2.2 Das Europäische Parlament – ein (un)vollständiges Parlament?

M 5 Die europäische Volksvertretung – das EU-Parlament

a) Seit 1979 wird das Europäische Parlament in allgemeinen, unmittelbaren, freien und geheimen Europawahlen von den Bürgern der Mitgliedstaaten gewählt. Damit ist das Europäische Parlament das einzige direkt legitimierte Organ der EU. Es steht dem Ministerrat als weitestgehend gleichberechtigter Gesetzgeber und Vertreter der „Union der Bürger" gegenüber. Dem gegenwärtigen, 2009 gewählten Europäischen Parlament gehören 736 Abgeordnete aus allen 27 EU-Mitgliedstaaten an. Ab der Europawahl 2014 wird das Europäische Parlament 751 Sitze umfassen. Die Abgeordneten werden auf nationalen Parteilisten gewählt. In Deutschland hat man also beispielsweise die Wahl zwischen der Liste der CDU, der CSU (nur in Bayern), der SPD, der FDP, von Bündnis 90/Die Grünen oder der Partei Die Linke. Auch kleinere Parteien nehmen an den Europawahlen teil. In Deutschland gilt für die Europawahl, genauso wie bei der Wahl zum Deutschen Bundestag, die Fünf-Prozent-Hürde. [...] Allerdings ist das Wahlsystem in den EU-Staaten nicht einheitlich. [...] Im Europäischen Parlament schließen sich die Abgeordneten weltanschaulich ähnlicher Parteien zu transnationalen politischen Fraktionen zusammen.

Zusammenstellung aus: Eckart D. Stratenschulte, Europäisches Parlament, auf: www.bpb.de vom 17.2.2012 (Stand: 8.3.2012)

b) Befugnisse und Aufgaben

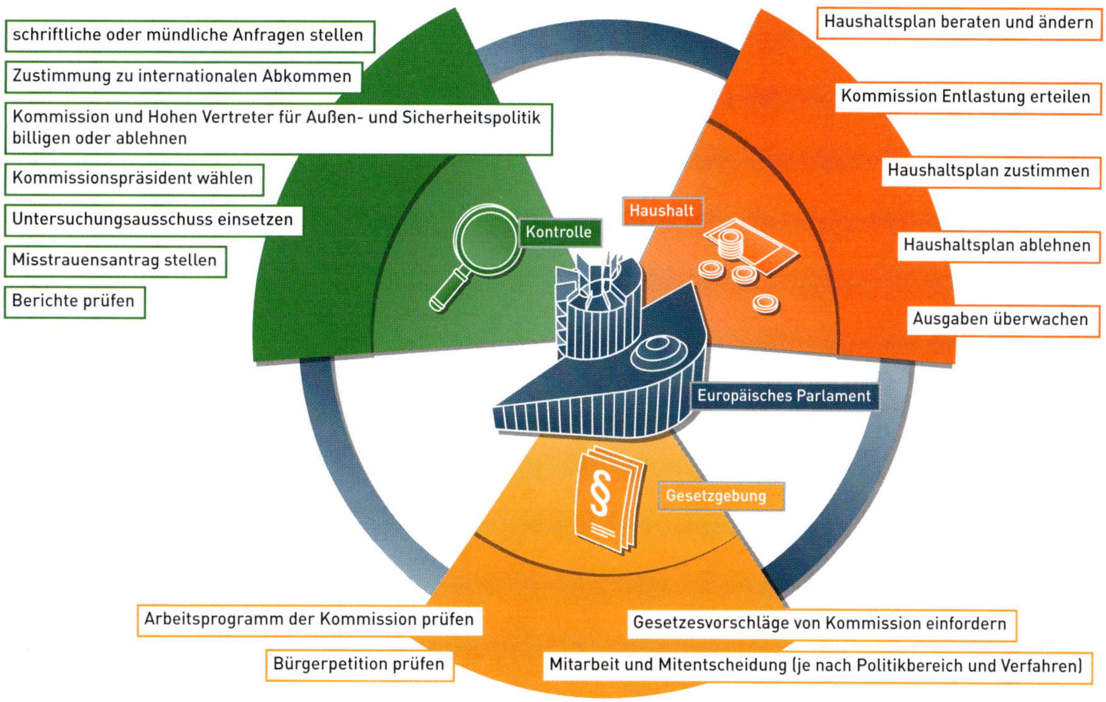

Bundeszentrale für politische Bildung, 2010, www.bpude

Info

Zusammensetzung des 2009 gewählten EPs nach transnationalen Fraktionen

Name der Fraktion	Zugehörtige Parteien aus Deutschland
Europäische Volkspartei (EVP)	CDU, CSU
Progressive Allianz der Sozialisten und Demokraten (S & D)	SPD
Liberale und Demokraten für Europa (ALDE)	FDP
Grüne / Freie Europäische Allianz (Greens/EFA)	Grüne
Europäische Konservative und Reformisten (ECR)	–
Vereinigte Europäische Linke / Nordische Grüne Linke (GUE/NGL)	Die Linke
Europa der Freiheit und der Demokratie (EFD)	–
Fraktionslos	–

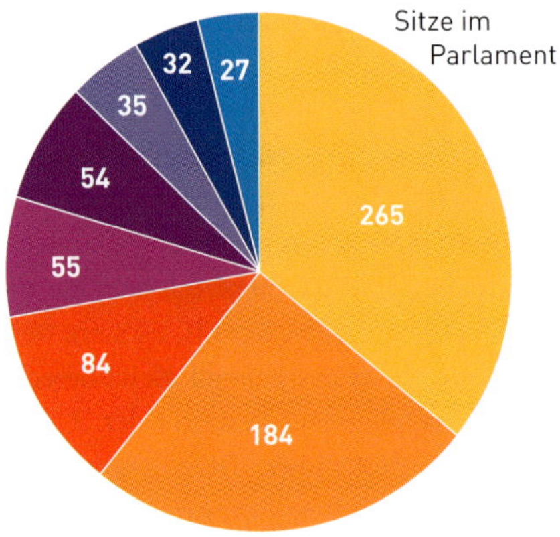

M 6 ● Die Parlamentsfunktionen oder: Ist das EU-Parlament voll ausgebaut?

In der Politikwissenschaft werden Parlamenten als „Vertretungskörperschaft mit nennenswerten Befugnissen oder einer symbolisch hervorgehobenen Rolle in einem politischen System" (Patzelt) üblicherweise folgende Funktionen in Bezug auf das Gesamtsystem zugeschrieben:

Kreations- und Rekrutierungsfunktion	Bestellung und Abberufung der Regierung, Zuständigkeiten bei der Wahl anderer Verfassungsorgane, Auslese politischen Führungspersonals. Kern dieses Funktionsbereiches ist die Regierungsbildungsfunktion. Vollständig ausgeprägt ist sie, wenn das Parlament die Regierungsgeschäfte Politikern seines Vertrauens bis auf Widerruf übergeben kann. Effektiv ist sie bereits, wenn die vom Parlament gewählte Regierung auch von diesem abgesetzt werden darf.
Gesetzgebungsfunktion (einschließlich **Budgetrecht**)	Wesentlich ist hierbei, dass – unbeschadet einer engen Zusammenarbeit von Regierung und Parlament(smehrheit) insbesondere in parlamentarischen Regierungssystemen – das Parlament über das Initiativrecht verfügt und mit formalen Machtmitteln ausgestattet ist, die seine Zustimmung zu Gesetzen erfordert. Ebenso ist das Budgetrecht, also die verbindliche Zustimmung zur Haushaltsplanung der Exekutive, eine wesentliche Befugnis von Parlamenten.
Kontrollfunktion	Im traditionellen Verständnis von der politischen Gewaltenteilung hat das (Gesamt-)Parlament die Aufgabe, die Regierung zu kontrollieren. Für parlamentarische Demokratien ist jedoch eine andere Form der Gewaltenteilung charakteristisch: Regierung und Mehrheitsfraktionen steht die parlamentarische Opposition gegenüber. Die Kontrollfunktion nimmt hier vor allem die Opposition wahr. Sie nutzt verschiedene Instrumente, beispielsweise Anfragen und Untersuchungsausschüsse, um die Regierung öffentlich zu kritisieren und zu kontrollieren.
Repräsentations- und Willensbildungsfunktion	Grundlage seiner legitimen Machtstellung ist die Repräsentationsfunktion eines Parlamentes. Diese umfasst insbesondere die Responsivität (verlässliches Einbringen der gesamten Bandbreite gesellschaftlicher Wünsche und Probleme in die parlamentarische Entscheidungsfindung) sowie die Darstellung politischer Kontroversen und Meinungsvielfalt in öffentlichen Debatten.

Zusammenstellung des Autors

M 7 ● Wie repräsentativ ist das EU-Parlament?

Der Vertrag von Lissabon begrenzt die Anzahl der Parlamentssitze auf 751. Für jeden Mitgliedstaat ist eine bestimmte Anzahl von Abgeordneten festgelegt. [...] Die Abgeordnetensitze werden ausgehend von einer Mindestvertretung des kleinsten Landes in immer weniger verhältnismäßigen Schritten an die bevölkerungsreichsten Länder verteilt. [...] [Dieses Verfahren] soll sicherstellen, dass zum einen die [...] politische Landschaft auch kleiner Länder ausreichend repräsentiert ist und zum anderen das Parlament eine handlungsfähige Größe behält.

Mitgliedstaat	Anzahl Sitze im EP	Einwohnerzahl (in Tausend)	Einwohner pro Abgeordneter (in Tausend)
Deutschland	96	82.038	854,6
Großbritannien	73	59.247	811,6
Frankreich	74	58.966	796,8
Spanien	54	39.394	729,5
Polen	51	38.667	758,1
Schweden	20	8.854	442,7
Bulgarien	18	8.230	457,2
Österreich	19	8.082	425,4
Estland	6	1.446	241,0
Malta	6	379	63,2
EU 27	751	481.181	Durchschnitt: 640,7

Werner Weidenfeld, Die Europäische Union, Paderborn 2010, S. 109 f.

M 8 ● Die „volle Parlamentarisierung" der EU – ein Ausweg?

[Am gegenwärtigen „europäischen Parlamentarismus"] wird kritisiert, dem Europäischen Parlament mangele es an politischem Wettstreit um alternative Programme, der für eine demokratische Willensbildung unverzichtbar sei [...]. Die klassische Auseinandersetzung zwischen Regierungs- und Oppositionsfraktionen findet im Europäischen Parlament nicht statt, da dort keine Regierung zu bestimmen ist und die Entscheidungen zumeist von sehr großen Mehrheiten getragen werden. [...] Die meisten Bürger nehmen Europawahlen dann auch nur als Nebenwahlen wahr: Nationale Themen dominieren den Wahlkampf, und die Abstimmung [...] wird vorwiegend dazu genutzt, die amtierende nationale Regierung abzustrafen [...]. Die Wahlbeteiligung bei Europawahlen liegt [dementsprechend] nicht nur systematisch niedriger als bei nationalen Wahlen, sie hat seit 1979 [zudem] rapide abgenommen – trotz Kompetenzausweitung des Europäischen Parlaments.

Klaus Dingwerth, Michael Blauberger, Christian Schneider, Postnationale Demokratie, Wiesbaden 2011, S. 88

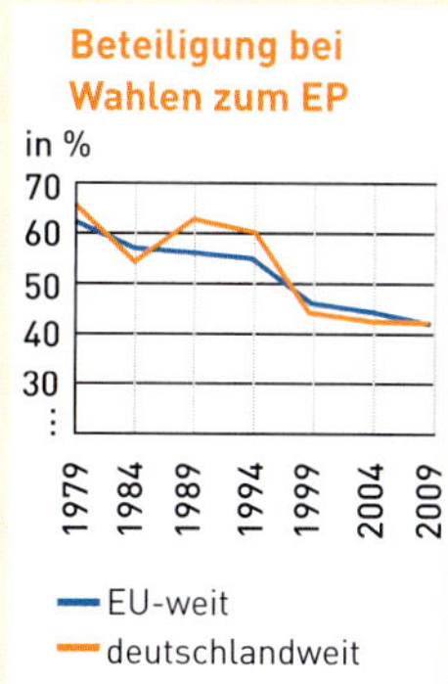

Zahlen: Europäisches Parlament

Aufgaben

1. Fassen Sie die Zusammensetzung, Aufgaben und Befugnisse des Europäischen Parlamentes in Form eines Steckbriefes zusammen (M 5).
2. Charakterisieren Sie die politische Funktion des Europäischen Parlamentes im Kontext des europäischen Institutionengefüges (a) allgemein sowie (b) im Konflikt um die CO_2-Verordnung (M 7, Kap. 3.1).
3. Bewerten Sie die Stellung, die das Europäische Parlament im politischen System der EU innehat (M 6, M 5).
4. Problematisieren Sie unter Berücksichtigung der Parlamentsfunktionen die Zusammensetzung des Europäischen Parlaments anhand der Kategorien Repräsentativität und Effizienz (M 7).
5. a) Arbeiten Sie bestehende Defizite und Hindernisse auf dem Weg zu der „vollen Parlamentarisierung" der EU (M 8) heraus.

3.2.3 Zwischen Supranationalität und Intergouvernementalität: der Machteinfluss nationaler Regierungen in der europäischen Politik

Die nationalen Regierungen wirken an der europäischen Politik mit über

- den Ministerrat (vgl. M 10) sowie
- den Europäischen Rat, das „institutionalisierte Gipfeltreffen" der Staats- und Regierungschefs der EU-Mitgliedstaaten.

M 9 • Unterhöhlt europäische Politik nationalstaatliche Demokratien?

Darf die Bundesregierung weite Teile ihrer Souveränität an die Europäische Union abgeben? [...] Um derart fundamentale Fragen geht es in einem Verfahren [vor dem Bundesverfassungsgericht].

Es geht, vordergründig, um den Europäischen Haftbefehl. Dieser erleichtert die Auslieferung von Verdächtigen zwischen sämtlichen [...] EU-Mitgliedsländern. [...] Die juristische Verhandlung [...] wird [jedoch] um eine politische Schicksalsfrage kreisen. Sie lautet: Geht es bei der Rechtssetzung der Europäischen Union mit rechtsstaatlichen Dingen zu? [...] Daran nun bestehen aus mehreren Gründen Zweifel [...].

Die formalen Zweifel richten sich auf die Art, wie Rechtsakte in Brüssel zustande kommen. Der Europäische Haftbefehl wurde im Juni 2002 durch einen sogenannten Rahmenbeschluss des EU-Ministerrates eingeführt. Rahmenbeschlüsse sind für die Mitgliedstaaten hinsichtlich des Ziels verbindlich. Das aber bedeutet im Klartext: Eine Riege von Ministern gibt den nationalen Parlamenten vor, was sie zu beschließen haben [...]. – Ein Verstoß gegen den Gewaltenteilungsgrundsatz, nach dem nicht die Regierung Gesetze erlassen darf, sondern nur die Parlamente? Aber ja!, schreibt Anwalt Rosenthal in seiner Verfassungsbeschwerde: „Der Bundestag war gezwungen zu beschließen, und er war dazu durch Vorgaben der Exekutive gezwungen." Was nichts Neues ist – dieses Verfahren gilt für jede EU-Richtlinie. [...]

Darüber, wo die „Integrationsgrenzen" der EU liegen, wollen [die Verfassungsrichter] sprechen, ja, ob nicht der „Harmonisierungsdruck" zu einer „schrittweisen Entstaatlichung" führe, und zwar durch die „Übertragung von Kernkompetenzen". [...] Doch auch unterhalb dieser Schwelle könnten die Karlsruher Europa in seine Schranken weisen. Es bliebe nämlich die Frage, ob es nicht längst zu einem fahrlässigen Ausverkauf von nationalen Hoheitsrechten an die Brüsseler Gesetzesschmiede gekommen sei. Im Maastricht-Urteil von 1993 stellten die Richter klar, dass „Aufgaben und Befugnisse von substanziellem Gewicht" weiterhin Sache des Bundestages bleiben müssten. Sind sie das in der Praxis noch?

Nein, behaupten die Beschwerdeführer. Durch den EU-Haftbefehl werde es denkbar, dass ein Staatsbürger für eine Handlung in seinem Heimatland bestraft werde, obwohl das entsprechende Verhalten dort gar nicht strafbar sei. Damit werde der eherne Rechtsstaatsgrundsatz [...] „Ohne Gesetz keine Strafe" verletzt, will sagen: Bestrafen darf der Staat nur Taten, die er selber als Unrecht definiert hat. Abtreibung beispielsweise ist in Irland ein Tötungsdelikt. Müssen deutsche Ärzte nun damit rechnen, in Dublin verurteilt zu werden? [...]

Jochen Bittner, Gleiches Unrecht für alle, in: Die Zeit, 6.4.2005

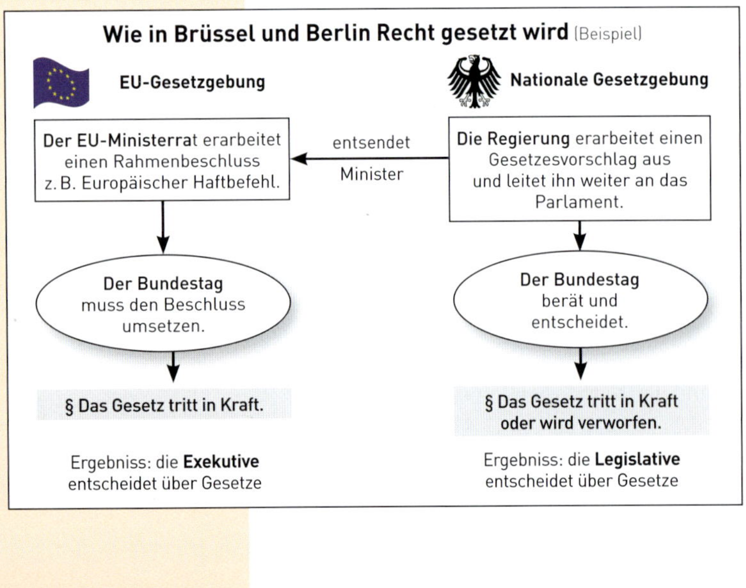

M 10 Das Europa der Regierungen: der Ministerrat

Der Rat der Europäischen Union ist einer der beiden Gesetzgeber der EU. Er besteht aus je einem Minister der derzeit 27 Mitgliedstaaten. [...] Je nach Fachgebiet sind das die Außenminister oder andere Fachminister wie z.B. die Agrarminister, die Sozialminister usw. Insgesamt gibt es zehn verschiedene Ratsformationen. Wenn also dreimal in einer Woche der Rat der Europäischen Union tagt, kann es durchaus sein, dass völlig verschiedene Personen sich treffen. Der Rat lenkt die Arbeit der Europäischen Union und ist – bis auf wenige Ausnahmen gemeinsam mit dem Europäischen Parlament – der Gesetzgeber in der EU.

Wie der Rat Entscheidungen trifft, ist von Fall zu Fall unterschiedlich und in den Verträgen [bislang: Vertrag von Nizza] genau festgelegt. Manche Dinge müssen einstimmig entschieden werden, andere werden mit Mehrheit geregelt. In diesem Fall wird im Allgemeinen die „qualifizierte Mehrheit" angewandt, das sind ca. 70 Prozent der Stimmen. Bei Mehrheitsentscheidungen verfügt jeder Staat über ein bestimmtes Stimmengewicht [vgl. M 11]. [...]

Der Vorsitz im Rat der Europäischen Union wechselt halbjährlich. [...] Die jeweilige Präsidentschaft koordiniert die Arbeit des Rates und führt den Vorsitz bei den Ratssitzungen – allerdings nicht bei den Außenministern, dort hat die Hohe Vertreterin für die Außen- und Sicherheitspolitik der Union diese Position inne. Zudem erarbeitet jede Präsidentschaft eigene Schwerpunkte und setzt sie auf die Tagesordnung. Dies führt zu einer nicht zu übersehenden Diskontinuität in der Arbeit des Rates, auch wenn dort vieles auf Arbeitsebene beständig weitergetrieben wird. [...]

Eckart D. Stratenschulte, Rat der Europäischen Union, auf: www.bpb.de vom 20.10.2010 (Stand: 19.3.2012)

Ratspräsidentschaften

2012 üben zunächst Dänemark und dann Zypern die Ratspräsidentschaft aus, für das Jahr 2013 sind Irland und Litauen vorgesehen, 2014 Griechenland und Italien.

Info

Welcher Rat? Das Chaos der Synonyme

Im Vertrag von Lissabon wird dieses Organ schlicht „Der Rat" genannt. Um Verwechslungen mit dem Europäischen Rat (institutionalisiertes Gipfeltreffen der Staats- und Regierungschefs der EU-Mitgliedstaaten) zu vermeiden, sind auch die Bezeichnungen „Rat der EU", „Rat der Union" oder auch „Ministerrat" gängig. Vor allem die letzte Bezeichnung ist auch häufig in journalistischen Berichten und Kommentaren anzutreffen – da sie die teilnehmenden Politiker namentlich enthält, ist dies wohl die eindeutigste Bezeichnung, die auch in diesem Schulbuch verwendet wird.

Info

Chamäleon Ministerrat

Der Ministerrat tritt in folgenden „Formationen" zusammen:

- Allgemeine Angelegenheiten
- Auswärtige Angelegenheiten
- Wirtschaft und Finanzen („Ecofin")
- Zusammenarbeit in den Bereichen Justiz und Inneres
- Wettbewerbsfähigkeit
- Verkehr, Telekommunikation und Energie
- Landwirtschaft und Fischerei
- Umwelt
- Bildung, Jugend und Kultur
- Beschäftigung, Sozialpolitik, Gesundheit und Verbraucherschutz

M 11 Die Suche nach der Mehrheit: Abstimmungsverfahren im Ministerrat (Vertrag von Nizza)

Im **Vertrag von Nizza** (2003) sind folgende Entscheidungsverfahren für den Ministerrat vorgesehen (Gültigkeit bis 31.10.2014 mit Übergangsfrist bis 31.3.2017):

1. Einstimmige Entscheidung (hierbei hat jedes Land eine Stimme).
2. Entscheidung mit qualifizierter (dreifacher) Mehrheit. Drei Bedingungen müssen dabei erfüllt sein:

- 255 (von 345) Stimmen dafür
- Zustimmung der Mehrheit der Staaten (14) sowie
- auf Antrag eines Mitglieds des Rates Prüfung, ob Mitgliedstaaten, die die qualifizierte Mehrheit bilden, mindestens 62 % der Gesamtbevölkerung repräsentieren
  (Bei Anwendung dieser Klausel reichen 255 Stimmen nicht aus.)

Bei Abstimmungen mit **qualifizierter Mehrheit** werden die Stimmen der Mitgliedstaaten nach folgendem Modell „gewogen":

• D, F, GB, I	je 29 Stimmen
• POL, ES	je 27 Stimmen
• ROM	14 Stimmen
• NL	13 Stimmen
• B, GR, POR, CZ, H	je 12 Stimmen
• BUL, A, SWE	je 10 Stimmen
• DK, FIN, IRL, LIT, SK	je 7 Stimmen
• EST, LET, LUX, SLO, ZYP	je 4 Stimmen
• MAL	3 Stimmen

Zusammenstellung des Autors

Aufgaben

1. a) Arbeiten Sie die in M 9 dargestellte Kritik an europäischen Entscheidungsprozessen heraus und
   b) erläutern Sie diese Kritik anhand des Entscheidungsprozesses zur CO_2-Verordnung (Kap. 3.1).
2. Fassen Sie die Zusammensetzung, Aufgaben und Befugnisse sowie die Arbeitsweise des Rates der Europäischen Union (Ministerrat) in Form eines Steckbriefes zusammen (M 10, M 11).
3. a) Analysieren Sie – auch unter Bezugnahme auf die Fallstudie zum europäischen Entscheidungsprozess (Kap. 3.1) – die Entscheidungsregeln und Mehrheitsverhältnisse im Ministerrat.
   b) Nehmen Sie zur Konstruktion und Machtposition des Ministerrates unter Berücksichtigung der Kategorien Effizienz und Legitimität begründet Stellung.
4. a) Erläutern Sie – auch unter Bezugnahme auf die Fallstudie (Kap. 3.1) – den intergouvernementalen Charakter des europäischen Regierens (M 9 - M 11).
   b) Nehmen Sie vor dem Hintergrund Ihrer bisherigen Ergebnisse zur formalen Machtposition sowie zu informellen Einflussmöglichkeiten nationaler Regierungen in der europäischen Politik begründet Stellung.

Das Urteil zum Europäischen Haftbefehl können Sie auf: www.bverfg.de nachlesen (2 BvR 2236/04).

3.2.4 Unbeschränkte Macht der Judikative? Die Rolle des Europäischen Gerichtshofes

M 12 ● Deutsches Recht vor Gericht – ein Fall vor dem EuGH

- Rhiannon M. [...] ging nach ihrem Abitur für ein Jahr als Au-Pair-Mädchen nach Großbritannien und begann danach ein Studium. Sie beantragte BAföG, bekam die Förderung aber nicht. Der Grund: Sie hätte mindestens ein Jahr in Deutschland studieren müssen, um die Unterstützung auch im Ausland zu bekommen. So schreibt es das Gesetz vor.
- Iris B. [...] beschloss, nach Düren zu ziehen, eine Stadt in der Nähe der Grenze zu den Niederlanden. Im niederländischen Heerlen wollte sie studieren – und beantragte BAföG. Doch die zuständige Behörde in Düren zahlte nicht, weil [sie] keinen „ständigen" Wohnsitz an einem grenznahen Ort hat. Dies aber verlangt die deutsche Regelung.

Der Fall von Iris B. ist besonders für Grenzpendler von Bedeutung, der von Rhiannon M. betrifft viele Studenten, die nach dem Abitur am liebsten sofort und ohne Wartezeit zum Studium ins Ausland gehen würden. Die beiden Studentinnen ärgerten sich – und klagten vor dem Verwaltungsgericht Aachen. Die Aachener Richter wandten sich zur Klärung an den Europäischen Gerichtshof.

Katrin Schmiedekampf, Deutschland muss auch Erstsemestern Auslands-BAföG zahlen, auf: www.spiegel.de vom 23.10.2007 (Stand: 8.3.2012)

M 13 ● Der Gerichtshof der Europäischen Union: Aufbau und Zuständigkeiten

Seit Inkrafttreten des Vertrags von Lissabon bezeichnet der „Gerichtshof der Europäischen Union" das gesamte Gerichtssystem der EU, das sich aus dem Gerichtshof (EuGH), dem Gericht (zur Entlastung des Gerichtshofes eingeführt) sowie dem Gericht für den öffentlichen Dienst zusammensetzt:

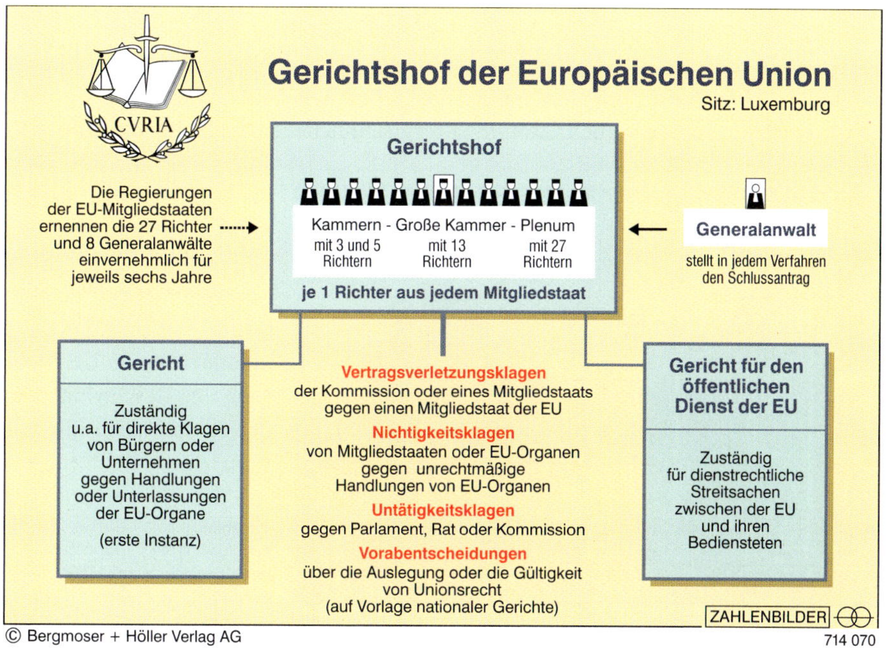

M 14 ● Europäische Freizügigkeit hat Vorrang – EuGH-Entscheidung zum deutschen BAföG

Die Menschen in Europa sollen sich frei bewegen und überall arbeiten und studieren können. Das ist einer der EU-Grundgedanken. Das Bundesausbildungsförderungsgesetz (BAföG) verstößt jedoch gegen dieses Prinzip der „Freizügigkeit der Arbeitnehmer", entschied der Europäische Gerichtshof (EuGH) in Luxemburg.

Die Richter stellten klar: Deutsche Studenten haben im europäischen Ausland auch dann einen Anspruch auf finanzielle Unterstützung, wenn sie mit ihrem Studium nicht in Deutschland begonnen haben. [...] Grundsätzlich seien die Mitgliedstaaten für die Lehrinhalte und die Gestaltung der Bildungssysteme selbst zuständig. Dabei müssten sie sich allerdings am Gemeinschaftsrecht orientieren, erklärten die Richter in Luxemburg. Deutschland verlange für das Auslands-BAföG die „doppelte Voraussetzung, eine mindestens einjährige Ausbildung in Deutschland hinter sich bringen zu müssen und ausschließlich diese Ausbildungsart in einem anderen EU-Land fortsetzen zu dürfen". Nach Auffassung der Richter führt das zu einer ungerechtfertigten Einschränkung der Freizügigkeit: Die Forderung nach vorheriger Ausbildung in Deutschland sei wegen „persönlichen Unannehmlichkeiten, zusätzlichen Kosten und Verzögerungen" geeignet, „Unionsbürger vom Verlassen Deutschlands abzuhalten". [...] Deutschland wird nach der klaren Entscheidung des EuGH seine BAföG-Regelung renovieren müssen.

Katrin Schmiedekampf, Deutschland muss auch Erstsemestern Auslands-BAföG zahlen, auf: www.spiegel.de vom 23.10.2007 (Stand: 8.3.2012)

M 15 ● „Motor der Integration": Ein Gericht macht Politik

Seit seiner Gründung im Jahr 1952 hat das in Luxemburg ansässige Gericht in einem Maße Rechtsfortbildung [Schaffung neuen Rechts durch richterliche Entscheidungen] betrieben, das sowohl im Vergleich zu nationalen Verfassungsgerichten als auch im Vergleich zu internationalen Gerichten ungewöhnlich ist. Der EuGH ist nicht nur „Hüter der Verträge", sondern auch „Motor der Integration". Denn zahlreiche Grundsätze des Gemeinschaftsrechts sind Schöpfungen des EuGH. Dazu zählen der Vorrang des Europarechts gegenüber den nationalen Rechtsordnungen, die Deutung der europäischen Grundfreiheiten (freie Bewegung von Waren und Dienstleistungen, Personen und Kapital) als grundrechtsähnliche Individualrechte und beispielsweise der Grundsatz der Staatshaftung im Fall nicht oder unvollständig umgesetzter Richtlinien. Mit anderen Worten: Mit seiner Rechtsprechung verändert der EuGH Richtung und Geschwindigkeit der europäischen Integration.

Martin Höpner, Warum betreibt der Europäische Gerichtshof Intergationspolitik, in: MPIfG, Jahrbuch 2011/2012, Köln 2011, S. 80

M 16 Die Macht der Judikative oder: Läuft das Recht der Demokratie davon?

Der Freitag: Herr Höpner, was erzürnt Sie an den Urteilen des Europäischen Gerichtshofes (EuGH)?

Martin Höpner: Es ist bemerkenswert, wie es dem EuGH gelingt, die Grenzen zwischen EU-Binnenmarktrecht und nationalem Recht nach und nach zugunsten des europäischen Rechts zu verschieben. [...]

Was ist daran problematisch? Im Zeitalter der Globalisierung ist der Nationalstaat zu schwach, um die Regeln zu bestimmen.

Richtig. Aber mit der Verschiebung der Grenzen zwischen nationalem Recht und dem Europarecht werden gleichzeitig die Gewichte zwischen marktschaffenden und marktkorrigierenden Regeln verschoben – und zwar zugunsten des Marktes. Für mich als Politikwissenschaftler ist der Wandel zugunsten der vier Grundfreiheiten des Binnenmarktes atemberaubend [...]. Das nationale Arbeits- und Sozialrecht wird vom Binnenmarktrecht ausgehebelt.

Erklären Sie uns das bitte genauer.

Das deutsche Streikrecht hat Verfassungsrang. Niemand käme hierzulande auf die Idee, eine Gewerkschaft müsste zuerst juristisch nachweisen, dass die Ziele eines Streiks inhaltlich gerechtfertigt sind.

Das Ziel kann beispielsweise die Verbesserung von Arbeitsbedingungen sein oder höhere Löhne.

Nun sagt der EuGH: Streiks sind nicht zu rechtfertigen, wenn sie Ziele verfolgen, die geeignet sind, die in den europäischen Verträgen vereinbarten unternehmerischen Grundfreiheiten einzuschränken. Damit werden rechtliche und politische Dämme eingerissen.

Die vier Urteile antworten auf spezielle Fragen. Sprechen Sie den Urteilen nicht eine allzu grundsätzliche Bedeutung zu?

Nein, genau darum geht es. Der EuGH versucht, ein neues Verhältnis zwischen europäischen Grundfreiheiten einerseits, sowie nationalem Arbeits- und Sozialrecht andererseits herauszuarbeiten. Das Gericht hat sich ein Instrumentarium gebastelt, mit dem sich wesentliche Elemente unserer Arbeitsverfassungen aushebeln lassen. Dazu werden alle nur erdenklichen Rechtsbestände als Verstöße gegen die Grundfreiheiten interpretiert. [...]

Sie wollen den EuGH abschaffen?

Um Gottes Willen, nein. Aber nicht jeder Übergriff des EuGH darf unwidersprochen hingenommen werden. Der EuGH ist darauf angewiesen, dass die Mitgliedstaaten seine Entscheidungen umsetzen und politisch vor den Wählern verantworten. Im Gegenzug muss er die politische Autonomie der Mitgliedstaaten respektieren. Vielmehr: Er muss lernen, das zu tun. Wie aber soll er das lernen, wenn die nationalen Regierungen es nie auf einen Konflikt ankommen lassen. [...]

Das Interview führte Hermannus Pfeiffer, in: Der Freitag, 6.6.2009
Der Politikwissenschaftler Martin Höpner ist wissenschaftlicher Mitarbeiter am Max-Planck-Institut für Gesellschaftsforschung in Köln und leitet die dortige Forschungsgruppe „Europäische Liberalisierungspolitik".

Aufgaben

1. a) Ordnen Sie die Beschäftigung mit der Klage deutscher Staatsbürgerinnen zum BAföG (M 12) in die Aufgaben und Arbeitsweise des EuGH (M 13) ein.
   b) Begründen Sie eine mögliche Entscheidung des EuGH.
2. Charakterisieren Sie den Gerichtshof der Europäischen Union als wesentlicher Teil der Judikative der EU (M 12 - M 15).
3. a) Fassen Sie Höpners Kritik zur Funktion des EuGH im europäischen Integrationsprozess (M 16) zusammen.
   b) Erörtern Sie vor diesem Hintergrund die Rolle der Judikative in der EU anhand der Begriffe „Motor der Integration" und „Hüter der Verträge".

3.2.5 Europäisches Regieren nach Lissabon: effizient(er) und demokratisch(er)?

M 17 ● Was soll der Vertrag von Lissabon bringen? Die Ziele im Überblick

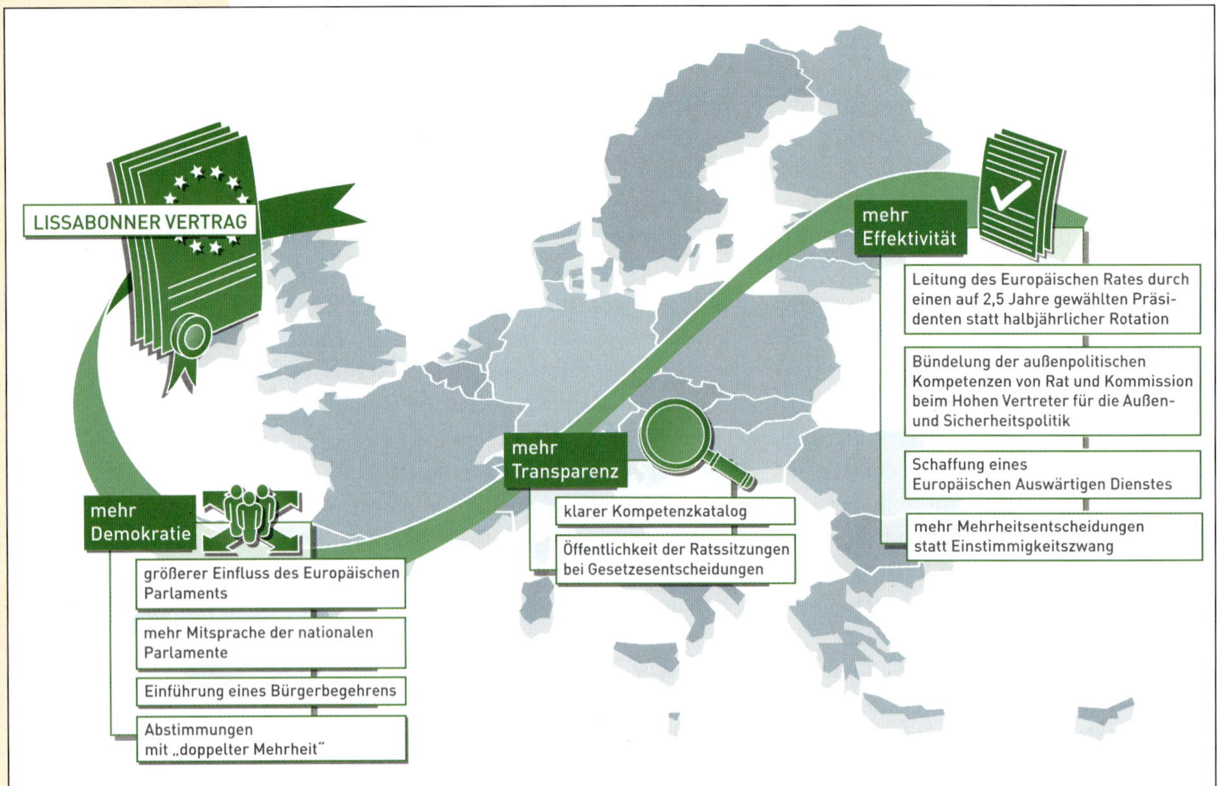

Bundeszentrale für politische Bildung, 2009, www.bpb.de

M 18 ● Demokratisches Regieren durch Stärkung des Europäischen Parlaments?

Die Rechtsetzung der EU in den vergemeinschafteten Bereichen könne [...] [nach verbreiteter Auffassung] nur durch den direkten Bezug auf die Bürger legitimiert werden. Dies geschehe [bislang] aber nur in ungenügender Weise, weil das einzige direkt gewählte Organ der EU, das Parlament, kein gleichberechtigter gesetzgebender Akteur sei. Und genau dieser Mangel wird durch den Vertrag von Lissabon zwar nicht vollständig, aber doch größtenteils beseitigt. Denn mit dem „ordentlichen Gesetzgebungsverfahren" (EUV Art. 289, Abs. I sowie Art. 294), mit dem das alte, nicht für alle Bereiche geltende Mitentscheidungsverfahren [...] zum Standardprocedere wird, werden die Beschränkungen der legislativen Kompetenzen des EP weitgehend aufgehoben. Weitgehend deshalb, weil es neben dem „ordentlichen" auch ein „besonderes" Gesetzgebungsverfahren geben soll, bei dem das EP nur angehört wird, ohne ein Vetorecht zu besitzen.
Dieses besondere Gesetzgebungsverfahren gilt beispielsweise für die Einnahmeseite des EU-Haushalts, die Eigenmittel [...]. Auf der Ausgabenseite sieht es völlig anders aus; hier kommt die klassische Parlaments-

kompetenz [...] voll zum Tragen, denn die [bisherige,] die Mitwirkung des EP beschränkende Unterscheidung zwischen den obligatorischen Ausgaben, auf die das Parlament bislang keinen Einfluss hatte, und den nicht-obligatorischen Ausgaben, die der Haushaltskontrolle des Parlaments schon unterworfen sind, wird aufgehoben, sodass die Ausgaben der EU uneingeschränkt der Kontrolle des Parlaments unterliegen werden.
Das Initiativmonopol der Kommission wird auch vom Vertrag von Lissabon nicht angetastet, was sich in der politischen Praxis jedoch kaum auswirkt, da das Parlament – wie schon bisher – die Kommission zum Handeln auffordern kann, „geeignete Vorschläge zu Fragen zu unterbreiten, die nach seiner Auffassung die Ausarbeitung eines Unionsakts ... erfordern" (AEUV Art. 225). Insofern bleiben die legislativen Kompetenzen des Europäischen Parlaments formal hinter denen nationaler Parlamente zurück, in der politischen Praxis wird es jedoch zu einem – fast – gleichberechtigten Akteur. Deshalb wird der Vorwurf, die Gesetzgebungsakte der EU seien nicht hinreichend demokratisch legitimiert, nach dem Inkrafttreten des Vertrags von Lissabon in die Irre gehen.

Torsten Oppelland, Institutionelle Neuordnung und Demokratisierung, in: Olaf Leiße (Hg.), Die Europäische Union nach dem Vertrag von Lissabon, Wiesbaden 2010, S. 87 f.

M 19 ● Legitimität und Effizienz vereinen? Neue Abstimmungsregeln im Ministerrat

a) Für Abstimmungen im Rat sind je nach Politikbereich unterschiedliche Mehrheiten vorgeschrieben. Mit der Mehrheit seiner Mitglieder entscheidet der Rat lediglich in Verfahrensfragen wie der Verabschiedung einer Geschäftsordnung. Für politische Fragen war in vielen Bereichen lange Einstimmigkeit erforderlich – ein klassisches intergouvernementales Element. Im Laufe des Integrationsprozesses hat sich die Zahl der Themenfelder, in denen mit qualifizierter Mehrheit entschieden wird, jedoch ständig erhöht. Bei allen Vertragsreformen war die Ausweitung der Mehrheitsentscheidungen im Rat ein erklärtes Ziel der meisten Mitgliedstaaten. In einer sich ständig erweiternden [sic!] Union konnte nur so die Entscheidungs- und Handlungsfähigkeit gewährleistet werden. Mit dem Vertrag von Lissabon wurde dieser Trend fortgesetzt, sodass nun in 192 Themenfeldern mit qualifizierter Mehrheit und in 92 Themenfeldern einstimmig entschieden wird. Mit qualifizierter Mehrheit beschließt der Rat etwa in Fragen des Binnenmarktes und der Industriepolitik und – seit dem Vertrag von Lissabon – auch in der Justiz- und Innenpolitik. Zu den Feldern, die bis heute in der Einstimmigkeit verbleiben, gehören die Außen-, Sicherheits- und Verteidigungspolitik, die Festlegung des mehrjährigen Finanzrahmens sowie die Steuerharmonisierung.
Kennzeichnend für die qualifizierte Mehrheit war bis zum Vertrag von Lissabon eine Abstimmung mit gewichteten Stimmen [vgl. M 11]. [...] Dieses System der „dreifachen Mehrheit" hat sich nicht nur als extrem intransparent, sondern auch als blockadeanfällig erwiesen. Mit dem Vertrag von Lissabon wurde es durch die „doppelte Mehrheit" ersetzt. Demnach braucht es für eine qualifizierte Mehrheit im Rat 55 Prozent der Mitgliedstaaten [mind. 15 in der EU 27], die gleichzeitig 65 Prozent der EU-Bevölkerung repräsentieren. Die kleineren Staaten setzten dabei die Klausel durch, dass mindestens vier Staaten notwendig sind, um eine Entscheidung zu verhindern. Damit sollte eine Sperrminorität der drei großen Länder Deutschland, Frankreich und Großbritannien verhindert werden.
Um sich der Zustimmung vor allem der mittelgroßen Länder wie Polen zu ver-

sichern, denen die bisherige Stimmverteilung ein überproportionales Gewicht zuerkennt, einigte man sich auf eine Übergangszeit für die neuen Abstimmungsregeln. Die doppelte Mehrheit tritt demnach erst zum 1.11.2014 in Kraft und noch bis zum 31.3.2017 kann ein Ratsmitglied eine Abstimmung nach der dreifachen Mehrheit von Nizza verlangen.

Werner Weidenfeld, Die Europäische Union, Paderborn 2010, S. 126 f.

b) Koalitionen für qualifizierte Mehrheiten und Sperrminoritäten im Ministerrat

	Anzahl der Staaten	Bevölkerungsquote EU-27	Gewogene Stimmen	Gestaltende Mehrheit		Sperrminorität	
				Nizza	Lissabon	Nizza	Lissabon
EU-6	6	46,77 %	116	Nein	Nein	Ja	Ja
EU-9	9	61,06 %	159	Nein	Nein	Ja	Ja
EU-12	12	74,5 %	210	Nein	Nein	Ja	Ja
EU-15	15	79,1 %	237	Nein	Ja	Ja	Ja
NATO-Staaten	21	94,3 %	304	Ja	Ja	Ja	Ja
3 größte MS	3	41,57 %	87	Nein	Nein	Ja/Nein[1]	Nein
14 größte MS	14	90,49 %	267	Ja	Nein	Ja	Ja
23 kleinste MS	23	46,51 %	229	Nein	Nein	Ja	Ja
Euro-Gruppe	15	64,6 %	202	Nein	Nein	Ja	Ja
Mittelmeerraum	7	38,01 %	116	Nein	Nein	Ja	Ja
Ostseeanrainer	8	30,02 %	95	Nein	Nein	Ja	Nein
Beitrittsländer 2004/07	12	20,9 %	108	Nein	Nein	Ja	Nein
Alte Nettozahler[2]	11	64,8 %	179	Nein	Nein	Ja	Ja

1) abhängig von einem Antrag auf Überprüfung des Anteils der Gesamtbevölkerung
2) Stand 2005/EU-25, Quelle: Eurostat 2006

Andreas Hofmann, Wolfgang Wessels, Die Europäische Union nach dem Vertrag von Lissabon – ein weiteres Schritt auf der Suche nach Problemlösungsfähigkeit und demokratischer Legitimität, in: Gudrun Hentges, Hans-Wolfgang Platzer (Hg.), Europa – quo vadis?, Wiesbaden 2011, S. 36

Karikatur: Klaus Stuttmann, 22.6.2007

Bildinformation: Angela Merkel (li) und Lech Kaczynski (re), 2007 polnischer Präsident; in den Verhandlungen um den Abstimmungsmodus im EU-Ministerrat hatte er sich für das Prinzip der Quadratwurzel stark gemacht, das den Einfluss der großen Ländern zugunsten der kleineren Mitglieder verringern würde.

M 20 Demokratische Legitimation durch Bürgerbeteiligung? Die Europäische Bürgerinitiative

Eine Million Unterschriften aus mindestens sieben EU-Mitgliedstaaten – wer von April 2010 an eine „Europäische Bürgerinitiative" an die EU-Kommission herantragen will, der muss sich über Ländergrenzen hinweg vernetzen. Das beginnt bereits bei der Registrierung einer solchen Initiative: Denn dafür müssen sich sieben Bürger aus sieben EU-Staaten zu einem sogenannten Bürgerausschuss zusammentun. Sie haben dann ein Jahr lang Zeit, um EU-weit eine Million Unterschriften für ihr Anliegen zu sammeln, wobei diese Unterschriften aus mindestens einem Viertel der Mitgliedstaaten stammen müssen – aktuell also aus sieben Ländern. Die Initiativen müssen Bereiche betreffen, die im Zuständigkeitsbereich der Kommission liegen.

Unterstützer können auf Papier und im Netz unterschreiben; für Letzteres bietet die Kommission den Bürgerausschüssen Open-Source-Software an. Sie können aber auch eigene Programme zur Zertifizierung vorlegen – in Deutschland beim Bundesamt für Sicherheit in der Informationstechnik. Der ursprüngliche Plan der Bundesregierung, Initiativen solche Zertifizierungen selbst bezahlen zu lassen, ist nach Kritik von Opposition und Nichtregierungsorganisationen vom Tisch.

Im Jahr 2007 hatte Greenpeace 1.000.000 Unterschriften für eine Petition zur Kennzeichnung genmanipulierter Lebensmittel gesammelt. Hier demonstrieren Aktivisten mit den Unterschriften vor dem Hauptquartier der Europäischen Kommission in Brüssel.

Hat eine Initiative eine Million Unterschriften gesammelt, dann muss die Kommission reagieren und innerhalb von drei Monaten eine öffentliche Stellungnahme vorlegen. Zuvor hat der Bürgerausschuss der Initiative das Recht, sein Anliegen persönlich bei der Kommission und im Europäischen Parlament zu erläutern. Die Entscheidung, ob die Kommission ein Gesetz auf den Weg bringt, bleibt ihr allerdings vorbehalten [...].

Sebastian Puschner, Europäische Bürgerinitiative, in: Der Freitag, 8.12.2011

Aufgaben

1. Erschließen Sie – auf der Basis Ihrer Kenntnisse über das Institutionengefüge der EU – Problembereiche des europäischen Regierens, die durch den Vertrag von Lissabon bearbeitet werden sollten (M 17).
2. Überprüfen Sie, ob bzw. inwieweit es durch den Vertrag von Lissabon zu einer weiteren Parlamentarisierung der Europäischen Union kommt (M 18, vgl. Kap. 3.2.2).
3. Vergleichen Sie die Abstimmungsmodi im Ministerrat unter den Bedingungen der Verträge von Nizza (M 11) bzw. Lissabon (M 19) hinsichtlich ihrer Effizienz und Legitimität.
4. Analysieren Sie das Instrument der Europäischen Bürgerinitiative (M 20) hinsichtlich seiner Voraussetzungen und politischen Gestaltungsmöglichkeiten.
5. Der Vertrag von Lissabon – Leitbild für eine demokratische und bürgernahe Union? Nehmen Sie zu dieser Frage begründet Stellung.

Europäische Kommission – Motor der EU
M 1, M 2

Das politische Entscheidungsverfahren der EU spielt sich vorrangig im Dreieck zwischen Kommission, Ministerrat und Parlament ab.
Die Kommission führt als Exekutive der EU die Tagesgeschäfte, überwacht die Einhaltung der Verträge und gibt Impulse für weitere Entscheidungen, ist sie doch als einziges Organ mit dem Initiativrecht (Legislativrecht) für das Gesetzgebungsverfahren ausgestattet. Sie besteht aus dem Kommissionspräsidenten und derzeit 26 für bestimmte Politikfelder verantwortlichen Kommissaren, sodass jedes Mitgliedslands je einen Kommissar entsendet. Die Kommission wird alle fünf Jahre auf Vorschlag der Staats- und Regierungschefs (Europäischer Rat) vom Parlament bestätigt und ist diesem gegenüber auch rechenschaftspflichtig; das Parlament kann der Kommission das Misstrauen aussprechen und sie damit zum Rücktritt zwingen.
Die auf dem exklusiven Initiativrecht beruhende zentrale Machtstellung der Kommission ist häufig Anlass für Kritik an dieser Institution. Darüber hinaus ist umstritten, inwieweit sie tatsächlich im gesamteuropäischen Interesse handelt oder ob nicht vielmehr die Kommissare gerade einflussreicher Politikfelder als „verlängerter Arm" der sie entsendenden Regierungen handeln.

Europäisches Parlament – die Stimme der Bürger
M 5, M 7

Seit 1979 wählen die EU-Bürgerinnen und -Bürger das Europäische Parlament (EP) alle fünf Jahre in einer Direktwahl. Dabei sind die Mitgliedstaaten entsprechend ihrer Bevölkerungszahl, aber unter Anwendung einer degressiven Progression im Parlament vertreten. Die gewählten Abgeordneten formieren sich im EP in länderübergreifenden Fraktionen, die die wesentlichen politischen Strömungen repräsentieren.
Das Europäische Parlament hat sich im Laufe seiner Geschichte immer mehr Mitbestimmungsrechte in der europäischen Politik erkämpft, die im Lissabonner Vertrag mit dem „Ordentlichen Gesetzgebungsverfahren" kodifiziert wurden; gleichwohl sind wichtige Politikfelder von einer substanziellen Beteiligung des Parlamentes ausgenommen. Als wichtige Rechte nimmt das Parlament darüber hinaus die Kontrolle der Kommission wahr und ist an haushaltsrechtlichen Entscheidungen beteiligt.
Aus demokratietheoretischer Perspektive wird häufig die Ausgestaltung des Parlaments als – im Vergleich zu nationalen Parlamenten – „unvollständig" kritisiert; umstritten ist jedoch zugleich, ob eine vollständige Parlamentarisierung angesichts einer fehlenden Regierung sowie eines fehlenden demos sinnvoll und möglich ist.

Ministerrat – Interessenvertretung der Mitgliedstaaten
M 10

Im Ministerrat treten, je nach Thema, die Minister der nationalen Regierungen zusammen, um zu einer gemeinsamen Position im politischen Entscheidungsprozess zu gelangen.
In besonderen Bereichen wie etwa der Außen- und Sicherheitspolitik entscheidet der Ministerrat einstimmig. Da sich dieses Konsensprinzip jedoch als wenig effizient erwiesen hat, finden zunehmend Abstimmungen statt, für die das Prinzip der qualifizierten Mehrheiten gilt. Die Quoren für diese qualifizierte Mehrheit, die im Vertrag von Nizza noch eine „dreifache Mehrheit" vorsahen, wurden durch den Vertrag von Lissabon („doppelte Mehrheit") – unter Gewährung längerer Übergangsfristen –

modifiziert und waren Gegenstand intensiver politischer Verhandlungen, da sie die Machtpositionen der Mitgliedstaaten massiv beeinflussen.

Europäischer Rat – das institutionalisierte Gipfeltreffen
M 9

Die Gipfeltreffen der Staats- und Regierungschefs, die zusammen mit dem Kommissionspräsidenten den Europäischen Rat bilden, legen die Leitlinien der EU-Politik fest, ohne jedoch gesetzgeberische Kompetenzen zu besitzen. Gleichwohl fallen in diesem Kreis – gerade im Kontext der Euro-Krise – immer wieder wichtige Entscheidungen, die dann über den Ministerrat in den Entscheidungsprozess eingespeist werden.
Sowohl für den Europäischen Rat wie auch den Ministerrat stellt sich die Frage der Legitimation seiner Politik, da seine Mitglieder nur indirekt legitimiert sind. Zugleich wird das nationalstaatliche Gewaltenteilungsprinzip unterlaufen, sind es doch Mitglieder (nationaler) Exekutiven, die auf europäischer Ebene legislative Aufgaben mit Auswirkungen für die Politik in ihrem Heimatland übernehmen.

Gerichtshof der EU – der Schiedsrichter
M 13, M 15

Der Gerichtshof der Europäischen Union (als Zusammenschluss von EuGH, Gericht und Gericht für den öffentlichen Dienst) hat als höchstes Gericht der EU insbesondere die Aufgabe, auf Antrag zu prüfen, ob die Rechtsakte der EU rechtmäßig sind (Nichtigkeitsklagen) und die Mitgliedstaaten ihren Verpflichtungen aus den Verträgen nachkommen (Vertragsverletzungsverfahren). Dem Gericht mit Sitz in Luxemburg gehört je ein Richter pro Mitgliedstaat an, die für sechs Jahre (mit der Möglichkeit der Verlängerung) amtieren.
In der Geschichte der europäischen Integration hat sich der EuGH als ein wichtiger Motor dieses Prozesses erwiesen, da durch seine Entscheidungen europäisches Recht weiterentwickelt und normiert wurde. Aus demokratietheoretischer Sicht wird daher eine zu starke Macht der europäischen Judikative kritisiert, die umso schwerer wiegt, als dass die Entscheidungen des EuGH nicht transparent sind.

Vertrag von Lissabon
M 17

Wichtige Ziele des Vertrages von Lissabon werden in der Gewährleistung einer größeren Legitimität, Transparenz und Effizienz europäischen Regierens gesehen. Neben einer klareren Kompetenzverteilung zwischen EU und nationalstaatlicher Ebene sind es vor allem die Kodifizierung des „Ordentlichen Gesetzgebungsverfahrens", der Europäischen Bürgerinitiative (Legitimität) sowie der „doppelten Mehrheit" im Ministerrat (Effizienz), die diesen Zielen dienen sollen.
Da mit Ausnahme des Gesetzgebungsverfahrens noch keine Erfahrungen aus der politischen Praxis vorliegen, bleibt abzuwarten, ob mit diesen Instrumenten die selbst gesteckten Ziele erreicht werden können.

Wie der Zufall Europa demokratisieren kann

Europa benötigt [...] eine verstärkte ökonomische, soziale und politische Integration. [...] Weder die Notwendigkeit effizienter Handlungsfähigkeit noch die Forderung nach einer stärkeren Demokratisierung der Europäischen Union kann [dabei] vernachlässigt werden. [...] Mit dem gezielten, wohldosierten Einbau von Losverfahren in das Institutionengefüge der EU [...] ließen sich an zentralen Stellen sowohl die Effizienz als auch die demokratische Legitimität europäischer Politik erhöhen.

Effizienzerhöhung: verkleinerte Kommission auf Losbasis

Beginnen wir mit dem Kriterium der Effizienzerhöhung. Wir schlagen vor, die EU-Kommission auf fünfzehn Mitglieder einschließlich des Kommissionspräsidenten zu verkleinern [...]. Die politische Ratio dieser Reduktion besteht darin, eine schlagkräftige und effiziente Kommission zu formieren. [...] Die alle fünf Jahre vorzunehmende Verteilung der fünfzehn Kommissionsplätze auf die (27 oder mehr) Mitgliedstaaten sollte jedoch nicht ausgehandelt, sondern durch eine gewichtete Lotterie entschieden werden.

Diese Losmaschine („Kleroterion") aus dem 4. Jahrhundert v. Chr. wurde in Athen gefunden. Mit nummerierten Kugeln wurde sie für die Verlosung öffentlicher Ämter eingesetzt.

Mit diesem einfachen Verfahren würde allen Ländern Fairness garantiert. Als Kriterium für die Losgewichtung dient die Bevölkerungszahl der Staaten, wobei wir für die Berechnung der genauen Quoten vorschlagen, analog zum Europäischen Parlament das Prinzip der degressiven Proportionalität anzuwenden. [...] Damit wird erreicht, dass die kleinen und kleinsten Mitgliedstaaten eine nennenswerte bzw. überhaupt eine Beteiligung [...] erhalten, während das Gewicht der sechs größten Mitglieder leicht abgeschwächt wird. Durch eine solcherart gewichtete Verlosung der fünfzehn Plätze in der Kommission erhielte jeder Staat alle fünf Jahre die Chance, maximal ein Kommissionsmitglied zu stellen. Bei der jeweils direkt nach den Europawahlen stattfindenden Lotterie würde in einer öffentlichen Zeremonie ausgelost, welche Länder in der neuen Legislaturperiode in der Kommission vertreten wären. Am sonstigen Modus der Bestellung des Kommissionspräsidenten und der Kommissare änderte sich hingegen nichts. Das Los soll diesen Prozess also nicht etwa entpolitisieren. Der einzige Unterschied zu heute bestünde darin, dass nicht alle EU-Staaten, sondern nur ein Teil von ihnen je ein (und nur ein) Kommissionsmitglied vorschlagen könnten. [...]

Legitimitätserhöhung: Bürgerbeteiligung durch Loskammer

Unser zweiter Vorschlag besteht in der Einführung einer gelosten Zweiten Kammer des Europäischen Parlaments. Mit einer solchen Einrichtung ließe sich das Demokratiedefizit der Europäischen Union wirksam reduzieren, denn ein solches „House of Lots" trüge gleichzeitig zur Stärkung der Partizipation der Bürger als auch der deliberativen Qualität [argumentatives Abwägen unter gleichberechtigter Berücksichtigung vieler Meinungen] der politischen Entscheidungen der EU bei.
Wie kann man sich die europäische Los-

kammer konkret vorstellen? Sie sollte aus zweihundert Mitgliedern bestehen, die analog zu der (dann) Ersten Parlamentskammer nach dem Prinzip der degressiven Proportionalität die Bürger der EU-Mitgliedstaaten repräsentieren. Die Abgeordneten würden für jeweils zweieinhalb Jahre im Rhythmus der alle fünf Jahre stattfindenden Wahlen zur Ersten Kammer ausgelost, wobei jeder Bürger zeitlebens höchstens einmal ein [finanziell honoriertes] Mandat erhalten dürfte. [...]

Die Zuständigkeiten einer solchen Loskammer sollten ausschließlich auf Legislativakte bezogen sein. Die Kontrolle des Rates, der Kommission und der anderen europäischen Institutionen verbliebe in der Kompetenz der Ersten Kammer. Für eine Entscheidung benötigte das „House of Lots“ jeweils eine Dreiviertelmehrheit aller Mitglieder. Für den Bereich der supranationalen Politikgestaltung schlagen wir folgende Zuständigkeiten vor:

Erstens sollte die Zweite Kammer in allen Gesetzgebungsfragen jederzeit Empfehlungen für die Erste Kammer, die Kommission und den Rat der EU beschließen können.

Zweitens erhielte die Loskammer ein absolutes Vetorecht. Zwischen Beschluss und Erlass aller Legislativakte gälte eine vierzehntägige Frist, in der die Kammer den betroffenen Akt zur Begutachtung einziehen könnte. Daraufhin verlängerte sich diese Einspruchsfrist auf neunzig Tage, bis zu deren Ablauf die Loskammer den Rechtsakt ablehnen dürfte.

Drittens sollte man dem „House of Lots“ ein Initiativrecht zubilligen. Machte es davon Gebrauch, gälte für die anderen EU-Organe aufgrund der Annahme der hohen deliberativen und partizipativen Qualität des Vorschlages ein verkürztes Gesetzgebungsverfahren mit niedrigeren Mehrheitserfordernissen, in dem die Erste Parlamentskammer sowie der Rat der Union bereits mit absoluten Mehrheiten dem Vorschlag der Loskammer zustimmen könnten.

Die Ratio dieser drei Befugnisse liegt darin, vor allem den Rat gleichsam unter „deliberativen Entscheidungsdruck“ zu setzen. Dabei blieben jedoch die integrativen und stabilisierenden Vorteile qualifizierter Mehrheits- und Einstimmigkeitserfordernisse erhalten, denn die Loskammer könnte diese in der Ersten Kammer sowie im Rat ihrerseits nur mit einer Dreiviertelmehrheit aufheben. [...]

Die beiden skizzierten Eingriffsmöglichkeiten des „House of Lots“ – nicht jedoch das Initiativrecht – sollten des Weiteren für diejenigen Politikbereiche eingeführt werden, in denen das Parlament bisher nicht oder nicht gleichberechtigt beteiligt ist und weitgehend intergouvernemental entschieden wird. Damit könnten die einer demokratischen Kontrolle bisher weitgehend entzogenen Felder wie etwa die Außen- und Sicherheitspolitik oder die polizeiliche und justizielle Zusammenarbeit [...] einer wirksamen demokratischen Aufsicht unterstellt werden. [...]

Hubertus Buchstein, Michael Hein, Der Demokratie in Europa täte es gut, wenn Macht ausgelost würde, in: Frankfurter Allgemeine Zeitung, 5.10.2011

Hubertus Buchstein und Michael Hein lehren und forschen an der Ernst-Moritz-Arndt-Universität Greifswald zur Politische Theorie und Ideengeschichte.

Aufgaben

1. Fassen Sie die demokratiepolitischen Forderungen und ihre Begründungen zusammen.
2. Erläutern Sie die Veränderungen, die sich durch die Realisierung dieses Vorschlages für das Institutionengefüge der EU hinsichtlich der Aspekte Zuständigkeit, Kontrollmöglichkeiten, demokratische Legitimation und Partizipation ergeben würden.
3. Nehmen Sie zu dem vorliegenden demokratiepolitischen Konzept begründet Stellung.

Im Frühjahr [2011] campierten junge Spanier auf den öffentlichen Plätzen in den Städten des Landes, um gegen ihre schlechte wirtschaftliche Lage zu protestieren.

Spanische Ingenieure für Deutschland

Keine Wohnung, keine Arbeit, keine Rente: Spaniens Studenten leiden unter der Wirtschaftskrise.

Fast jeder zweite junge Spanier ist arbeitslos. In Deutschland dagegen beklagen sich die Unternehmen über Fachkräftemangel. Die Agentur für Arbeit wirbt deswegen nun gezielt in Spanien, vor allen Dingen im Auftrag von Mittelständlern.

„Es gibt ein großes Potenzial in Spanien", sagte Monika Varnhagen [...]. Sie leitet die Zentrale Auslands- und Fachvermittlung der Bundesagentur für Arbeit, die ausländische Fachkräfte anwirbt. Die Spanier wiederum hätten ebenso großes Interesse an deutschen Arbeitsplätzen, gerade Ingenieure und IT-Spezialisten. 17.000 Spanier sind laut Arbeitsagentur grundsätzlich daran interessiert, in Deutschland zu arbeiten. Erste Arbeitsverträge wurden laut Vernhagen bereits unterzeichnet.

Auf: www.sueddeutsche.de/karriere/fachkraeftemangel-arbeitsagentur-vermittelt-spanier-nach-deutschland-1.1121422 (Stand: 28.3.2012)

Europäische Wirtschaftspolitik – mehr als nur ein gemeinsamer Markt

4

Historisch betrachtet steht die gemeinsame Regelung wichtiger Wirtschaftsbereiche am Beginn der europäischen Einigung nach dem Zweiten Weltkrieg. Die ökonomische Integration ist aber bis heute nicht abgeschlossen: Immer wieder neu muss entschieden werden, welche Fragen gemeinsam geregelt werden sollen und welche in den Kernbereich nationaler Souveränität fallen. Und jeder Schritt der Vergemeinschaftung wirft neue Fragen auf: In welchen Feldern sollen Staaten kooperativ gemeinsam handeln, wo sollen sie miteineinander um die beste Lösung konkurrieren? Welches Maß an Solidarität wollen und können die europäischen Staaten und Regionen untereinander üben, wenn einzelne im Wettbewerb zurückfallen?
Parallel zu diesem Prozess der Binnenmarktintegration hat sich sukzessive eine Sozialpolitik der EU herausgebildet. War diese zunächst allein auf die Funktionsweise des Binnenmarktes bezogen, indem sie sicherstellte, dass europäische Arbeitnehmer auch tatsächlich „mobil" sein konnten, setzt sich die EU inzwischen umfangreiche sozialpolitische Ziele, die über den Ausgleich unterschiedlicher Wirtschaftsstrukturen, wie sie von der Struktur- und Regionalpolitik „bearbeitet" werden, deutlich hinausgehen. Auch hier stellt sich damit, beispielsweise bei der Bekämpfung von Arbeitslosigkeit oder der Vereinheitlichung der europäischen Alterssicherungssysteme, die immer wieder konflikthafte Frage nach dem Grad der Vergemeinschaftung sowie der Tragfähigkeit innereuropäischer Solidarität.

Was wissen Sie schon?

1. Erläutern Sie Vor- und Nachteile, die sich für die betroffenen Personen, Unternehmen und Staaten aus den Anwerbemaßnahmen der Bundesagentur für Arbeit ergeben.
2. Diskutieren Sie, ob und inwiefern die Bekämpfung der Arbeitslosigkeit in einzelnen Mitgliedstaaten eine politische Aufgabe der EU darstellt. Berücksichtigen Sie dabei das Bild sowie Ihre Vorkenntnisse über die Errungenschaften der europäischen Integration.

KOMPETENZEN

Am Ende dieses Kapitels sollten Sie Folgendes wissen und können:

... Gegenstandsbereiche und Regelungstiefe des europäischen Binnenmarktes, der Regional- und Strukturpolitik sowie der Sozialpolitik beschreiben.

... das Spannungsverhältnis von nationalem und europäischem Recht analysieren, indem Sie die wirtschafts- und sozialpolitisch relevanten politischen und ökonomischen Interessen und rechtlichen Rahmenbedingungen untersuchen.

... die Legitimität und Effizienz gemeinschaftlicher Regelungen mehrperspektivisch anhand von Kategorien beurteilen.

4.1 Binnenmarkt – gleiche Regeln für alle?

4.1.1 Die Vier Freiheiten

M 1 ● Die Vier Freiheiten im Binnenmarkt

© Bergmoser + Höller Verlag AG 715 320 (Text verändert)

M 2 ● Binnenmarkt – eine Selbstverständlichkeit?

„Niemand verliebt sich in einen Binnenmarkt." Mit diesem Stoßseufzer hatte Jacques Delors, der frühere Präsident der Europäischen Kommission, wohl recht. Der Sex-Appeal des von vielen EU-Bürgern als technokratisch empfundenen, mit zentralistischer Gesetzgebung und Rechtsprechung verknüpften Projekts war nie besonders groß. Und dennoch: Soweit die Geschichte der EU eine Erfolgsgeschichte war, verdankt sie dies dem Binnenmarkt. Er hat die wirtschaftliche wie die politische Integration vorangebracht und den EU-Bürgern beträchtliche Vorteile verschafft – auch wenn es ihnen nicht immer bewusst ist.
Offiziell existiert der „Binnenmarkt ohne Grenzen" erst seit 1993, seit dem amtlichen Abschluss des Binnenmarktprogramms, das die Europäische Kommission 1985 mit einem Weißbuch initiiert hatte. Damals wurden die Grenzen innerhalb der EU abgeschafft. Die Grundlagen für den Binnenmarkt waren freilich schon im Vertrag über die Europäische Wirtschaftsgemeinschaft (EWG) von 1958 gelegt worden. [...]
Der EWG-Vertrag enthält die vier wirtschaftlichen Grundfreiheiten, die bis heute den Kern der europäischen Integration bilden. Sie sollen den freien Waren-, Personen-, Dienstleistungs- und Kapitalverkehr gewährleisten. Zunächst waren die Vertragsartikel nicht mehr als ein paar abstrakte Grundsätze. Vor allem dem Europäischen Gerichtshof (EuGH) ist es zu verdanken, dass die Grundfreiheiten echte Freiheitsrechte geworden sind. Sie gelten nicht nur für die

Unternehmen, sondern als einklagbare Grundrechte auch für alle EU-Bürger. Bis heute sind die Grundfreiheiten freilich nicht überall vollständig durchgesetzt.
Am weitesten verwirklicht ist der freie Warenverkehr. Die meisten innergemeinschaftlichen Handelsbeschränkungen existieren nicht mehr. Zölle wurden innerhalb der EWG schon in den sechziger Jahren abgeschafft, und seit der Einführung des Binnenmarktes gibt es auch keine Grenzkontrollen mehr. Dass die Unternehmen davon erheblich profitiert haben, wissen sie selbst am besten – eine Ausnahme bilden nur jene Unternehmen, die vorher unter der Protektion nationalstaatlicher Gesetzgebung standen. Aber auch die Bürger sind die Nutznießer des freien Warenverkehrs. Er hat ihnen eine größere Palette hochwertiger Waren beschert, die längst selbstverständlich geworden sind; auf vielen Märkten sind zudem die Preise gesunken. Nach der Abschaffung der Zölle war die weitere Liberalisierung des Warenverkehrs zunächst ins Stocken geraten, weil zahlreiche nichttarifäre Handelshemmnisse bestehengeblieben waren – vor allem nationale Regulierungen, die ausländische Anbieter daran hinderten, ihre Produkte im jeweiligen Land abzusetzen. Die Kommission sah irgendwann ein, dass sie nicht sämtliche Regulierungen würde harmonisieren können. Also setzte sie verstärkt auf den Grundsatz der gegenseitigen Anerkennung nationaler Regulierungen. Er besagt, dass Unternehmen nur die Vorschriften des Staates erfüllen müssen, in dem sie angesiedelt sind, um ihre Waren überall absetzen zu können. Dadurch vereinfachte sich der grenzüberschreitende Handel stark. […]
Weit fortgeschritten ist auch der freie Personenverkehr innerhalb der EU. Er drückt sich nicht nur darin aus, dass jeder EU-Bürger die meisten Binnengrenzen der Union ohne Grenzkontrollen überschreiten kann. Arbeitnehmer genießen heute auch innerhalb der EU weitgehende Freizügigkeit in der Wahl ihres Arbeitsplatzes; zudem können sich natürliche wie juristische Personen in einem anderen EU-Staat niederlassen, um dort eine selbstständige Tätigkeit zu gleichen Bedingungen wie Inländer auszuüben. […]
Komplett vollendet in dem Sinne, dass in der gesamten EU genau dieselben Marktbedingungen herrschen, wird der Binnenmarkt freilich ohnehin nie sein. Auch im nationalen Maßstab sind weder die Preise auf den Gütermärkten noch die Löhne auf den Arbeitsmärkten völlig homogen, nicht einmal die Rechtsvorschriften sind es. Dennoch hat der Binnenmarkt messbare Integrationsfortschritte gebracht – bei allen von Ökonomen immer wieder betonten Schwierigkeiten, diese zu messen. […]
Mehr als jeder politische Integrationsversuch „von oben“ haben die Freiheitsrechte ein Zusammenwachsen Europas „von unten“ ermöglicht. Zwar hat sich niemand in den Binnenmarkt verliebt. Aber missen möchte ihn auch niemand mehr – weil er längst zur Selbstverständlichkeit geworden ist.

Werner Mussler, in: Frankfurter Allgemeine Zeitung, 3.8.2004 (Nr. 178), S. 15

Wegweisende EuGH-Urteile zum Binnenmarkt

- 1979: „Cassis-de-Dijon“: Französischer Likör darf nach Deutschland importiert werden, auch wenn er nach deutschen Kriterien kein Likör ist.
- 1995: „Bosman“: Fußballvereine dürfen keine Ablösesummen verlangen, wenn Profi-Fußballer nach Vertragsende zu einem anderen Verein wecheln.
- 1999: „Centros“: Man darf in Dänemark ein Unternehmen mit der britischen Rechtsform „Limited“ gründen.

Aufgaben

1. Ordnen Sie die in der Randspalte genannten Entscheidungen den Freiheiten zu, die durch diese Entscheidungen ausgestaltet wurden (M 1).
2. Unterscheiden Sie die verschiedenen positiven Wirkungen, die Mussler (M 2) dem europäischen Binnenmarkt zuschreibt. Entwerfen Sie auf dieser Grundlage den Text für einen Flyer, mit dem die Europäische Kommission für die Vorteile des Binnenmarktes werben könnte.
3. „Niemand verliebt sich in einen Binnenmarkt.“ (Z. 1-2) Diskutieren Sie mögliche Gründe für die vermeintlich oder tatsächlich geringe Begeisterung der EU-Bevölkerung.

4.1.2 Das deutsche Reinheitsgebot für Bier – Behinderung des freien Warenverkehrs?

M 3 ● Was genau ist in Deutschland ein „Bier"?

§ 9 Bierbereitung

(1) Zur Bereitung von untergärigem Bier [Bsp: Biere Pilsener Brauart] darf, abgesehen von der Vorschrift im Absatz 3, nur Gerstenmalz, Hopfen, Hefe und Wasser verwendet werden.

(2) Die Bereitung von obergärigem Bier [Bsp. Weißbier] unterliegt derselben Vorschrift; es ist hierbei jedoch auch die Verwendung von anderem Malz und die Verwendung von technisch reinem Rohr-, Rüben- oder Invertzucker sowie von Stärkezucker und aus Zucker der bezeichneten Art hergestellten Farbmitteln zulässig.

(3) Die Verwendung von Farbebieren [Bierkonzentraten], die nur aus Malz, Hopfen, Hefe und Wasser hergestellt sind, ist bei der Bierbereitung gestattet, unterliegt jedoch besonderen Überwachungsmaßnahmen. [...]

§ 10 Verkehr mit Bier

(1) Unter der Bezeichnung Bier – allein oder in Zusammensetzung – oder unter Bezeichnungen oder bildlichen Darstellungen, die den Anschein erwecken, als ob es sich um Bier handelt, dürfen nur solche Getränke in Verkehr gebracht werden, die gegoren sind und den Vorschriften im § 9 Abs. 1 bis 3 entsprechen. [...]

Biersteuergesetz, BStG; Gesetz vom 14. März 1952, BGBl. I, S. 149

Historisches Reinheitsgebot

Als Vorbild wird häufig aus der Verordnung der bayerischen Herzöge Wilhelm IV. und Ludwig X. vom 23. April 1516 zitiert: „Ganz besonders wollen wir, dass forthin allenthalben in unseren Städten, Märkten und auf dem Lande zu keinem Bier mehr Stücke als allein Gersten, Hopfen und Wasser verwendet und gebraucht werden sollen."

M 4 ● Europäisches Recht: freier Warenverkehr

Artikel 28

Mengenmäßige Einfuhrbeschränkungen sowie alle Maßnahmen gleicher Wirkung sind zwischen den Mitgliedstaaten verboten.

Artikel 29

Mengenmäßige Ausfuhrbeschränkungen sowie alle Maßnahmen gleicher Wirkung sind zwischen den Mitgliedstaaten verboten.

Artikel 30

Die Bestimmungen der Artikel 28 und 29 stehen Einfuhr-, Ausfuhr- und Durchfuhrverboten oder -beschränkungen nicht entgegen, die aus Gründen der öffentlichen Sittlichkeit, Ordnung und Sicherheit, zum Schutze der Gesundheit und des Lebens von Menschen, Tieren oder Pflanzen, des nationalen Kulturguts von künstlerischem, geschichtlichem oder archäologischem Wert oder des gewerblichen und kommerziellen Eigentums gerechtfertigt sind. Diese Verbote oder Beschränkungen dürfen jedoch weder ein Mittel zur willkürlichen Diskriminierung noch eine verschleierte Beschränkung des Handels zwischen den Mitgliedstaaten darstellen. [...]

Vertrag zur Gründung der Europäischen Gemeinschaft

M 5 ● Auseinandersetzung vor dem Europäischen Gerichtshof

Schlagzeile in der Bild-Zeitung vom 13.3.1982, S. 2

a) Der Vorwurf

[Die] Bundesrepublik Deutschland [hat] dadurch gegen ihre Verpflichtungen aus Artikel 30 EWG-Vertrag verstoßen, dass sie das Inverkehrbringen von einem in anderen Mitgliedstaaten rechtmäßig hergestellten und in den Verkehr gebrachten Bier untersagt, wenn es nicht den §§ 9 und 10 des Biersteuergesetzes (BStG) entspricht.

b) Die Verteidigung

Wiedergabe der deutschen Position

Die Regierung der Bundesrepublik Deutschland hat ihre Regelung zunächst mit Gründen des Gesundheitsschutzes zu rechtfertigen versucht. Nach ihrer Meinung führt die Verwendung anderer als der in § 9 BStG zugelassenen Grundstoffe unvermeidlich zum Rückgriff auf Zusatzstoffe. In der mündlichen Verhandlung hat die Bundesregierung jedoch eingeräumt, dass § 10 BStG, der sich auf eine Bezeichnungsregelung beschränkt, ausschließlich dem Schutz der Verbraucher dienen solle. Diese verbänden mit der Bezeichnung Bier ein Getränk, das nur aus den in § 9 BStG aufgeführten Grundstoffen hergestellt sei. Es gelte daher zu vermeiden, dass die Verbraucher dadurch über die Art des Erzeugnisses getäuscht würden, dass bei ihnen die Vorstellung geweckt werde, ein bestimmtes, als Bier bezeichnetes Getränk entspreche dem Reinheitsgebot, obwohl dies tatsächlich nicht der Fall sei. Die Bundesregierung bestreitet, dass mit der Regelung protektionistische Ziele verfolgt würden.

c) Das Urteil des Europäischen Gerichtshofes vom 12. März 1987

[...]

27. Das in Art. 30 EWGV enthaltene Verbot von Maßnahmen mit gleicher Wirkung wie mengenmäßige Beschränkungen erfasst nach ständiger Rechtsprechung des Gerichtshofes „jede Handelsregelung der Mitgliedstaaten, die geeignet ist, den innergemeinschaftlichen Handel unmittelbar oder mittelbar, tatsächlich oder potenziell zu behindern". [...]

29. Es ist unstreitig, dass die Anwendung von § 10 BStG auf Bier aus anderen Mitgliedstaaten, zu dessen Herstellung rechtmäßigerweise andere Grundstoffe als Gerstenmalz, nämlich insbesondere Reis oder Mais, verwendet worden sind, die Einfuhr dieses Biers in die Bundesrepublik Deutschland behindern kann.

30. Daher ist zu prüfen, ob die Anwendung dieser Vorschrift durch zwingende Erfordernisse des Verbraucherschutzes gerechtfertigt werden kann.

31. Insoweit ist das Vorbringen der Bundesregierung zurückzuweisen, dass § 10 BStG für den Schutz der deutschen Verbraucher unerlässlich sei, weil in deren Vorstellung mit der Bezeichnung Bier untrennbar ein Getränk verbunden sei, das nur aus den in § 9 BStG vorgeschriebenen Stoffen hergestellt sei.

32. Erstens können sich die Vorstellungen der Verbraucher, die von einem Mitgliedstaat zum anderen unterschiedlich sein können, auch innerhalb ein und desselben Mitgliedstaates im Laufe der Zeit fortentwickeln. Die Einführung des Gemeinsamen Marktes ist dabei einer der wesentlichen Faktoren, die zu einer solchen Entwicklung beitragen können. [...] Wie der Gerichtshof bereits in anderem Zusammenhang ausgeführt hat, darf das Recht eines Mitgliedstaats „nicht dazu dienen, die gegebenen Verbrauchsgewohnheiten zu zementieren, um einer mit deren Befriedigung befassten

inländischen Industrie einen erworbenen Vorteil zu bewahren“.

33. Zweitens sind die dem deutschen Wort Bier entsprechenden Bezeichnungen in den anderen Mitgliedstaaten der Gemeinschaft Gattungsbezeichnungen für ein durch Gärung auf der Grundlage von Gerstenmalz gewonnenes Getränk, gleich ob Gerstenmalz ausschließlich oder zusammen mit Reis oder Mais verwendet wird. [...]

35. [...] Durch die Angabe der bei der Bierbereitung verwendeten Grundstoffe „würde der Verbraucher in die Lage versetzt, seine Wahl in Kenntnis aller Umstände zu treffen; auch die Transparenz der Handelsgeschäfte und der Angebote an die Verbraucher würde ... sichergestellt“. Dem ist hinzuzufügen, dass eine solche Kennzeichnungsregelung keine negativen Einschätzungen für Bier zur Folge haben darf, das den Anforderungen des § 9 BStG nicht entspricht. [...]

Aus diesen Gründen hat Der Gerichtshof für Recht erkannt und entschieden:

1) Die Bunderepublik Deutschland hat dadurch gegen ihre Verpflichtungen aus Artikel 30 EWG-Vertrag verstoßen, dass sie das Inverkehrbringen von in einem anderen Mitgliedstaat rechtmäßig hergestelltem und in den Verkehr gebrachten Bier untersagt hat, wenn dieses Bier nicht den §§ 9 und 10 des Biersteuergesetzes entspricht.

2) Die Bundesrepublik Deutschland trägt die Kosten des Verfahrens.

Urteil des Gerichtshofes vom 12.3.1987. Kommission der Europäischen Gemeinschaften gegen Bundesrepublik Deutschland. Vertragsverletzung Reinheitsgebot für Bier, Rechtssache 178/84.

Info

Neuregelung in Deutschland

Bierverordnung § 1
Schutz der Bezeichnung Bier

(2) [Es] dürfen im Ausland hergestellte gegorene Getränke, die nicht den [in Deutschland geltenden] Vorschriften entsprechen, unter der Bezeichnung „Bier“ gewerbsmäßig in den Verkehr gebracht werden, wenn sie im jeweiligen Herstellungsland unter der Bezeichnung „Bier“ oder einer dieser Bezeichnung entsprechenden Verkehrsbezeichnung verkehrsfähig sind.

Bierverordnung vom 2. Juli 1990 (BGBl. I S. 1332)

M 6 ● Wirkt der Freihandel? Bierkonsum und Bierimport in Deutschland 1982 - 2010

a) Preisentwicklung Bier [1982 = 100 %]

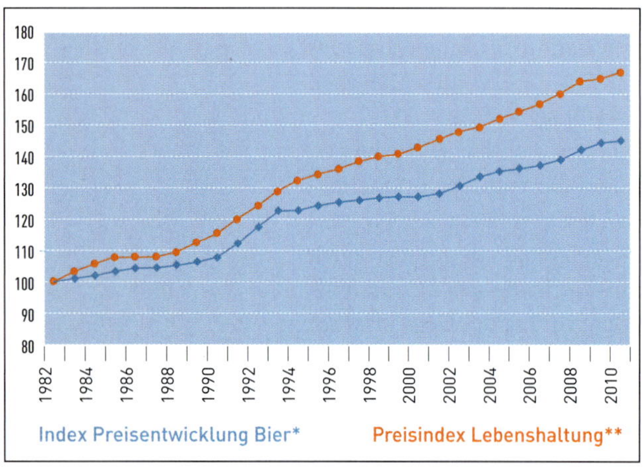

bis 1991: Preisentwicklung Flaschenbier 0,5 l, gängige Sorte (Westdeutschland); ab 1995: Harmonisierter Verbraucherpreisindex Bier
***ab 1999: Verbraucherpreisindex*

b) Bierverbrauch / Importanteil

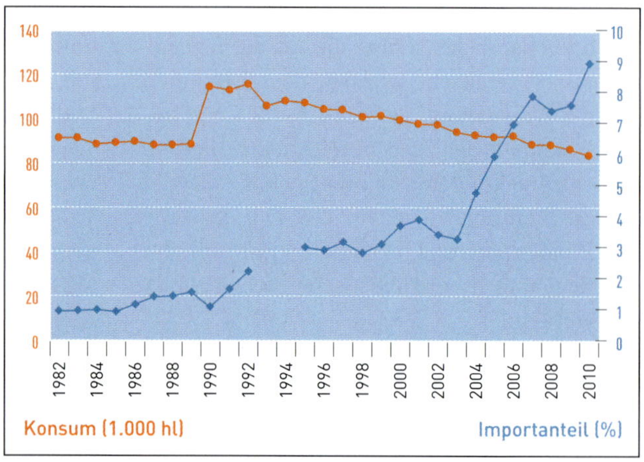

bis 1990: Westdeutschland; ab 1993: ohne Bier mit bis zu 0,5 % Alkohol („alkoholfreies Bier“); 1993/94: fehlende Daten für Einfuhr von Bier wegen Änderung der Besteuerungsgrundlage

Statistisches Bundesamt, eigene Berechnungen

M 7 Reinheitsgebot für deutsches Bier als Weltkulturerbe?

Die Mitglieder des Deutschen Instituts für Reines Bier e.V. (DIRB), Berlin, fordern die Bundesregierung in einer Resolution auf, das UNESCO-Übereinkommen zum Immateriellen Weltkulturerbe zu ratifizieren und dann das Reinheitsgebot unter internationalen Schutz zu stellen. [...] In einer einstimmig verabschiedeten Resolution wurde festgehalten, dass das Reinheitsgebot für deutsches Bier Teil der Geschichte und Trink- und Genusskultur Deutschlands ist und wegen seiner auch internationalen Bekanntheit und Beliebtheit einen dementsprechenden Schutz erfahren soll. [...]

Das Bier – fester Bestandteil deutscher Kultur?!

Die Mitglieder des DIRB, ein Zusammenschluss deutscher Parlamentarier und Persönlichkeiten des öffentlichen Lebens, setzen sich einmal mehr für das Reinheitsgebot für deutsches Bier ein. Dieses ist mit fast 500 Jahren eine der ältesten lebensmittelrechtlichen Vorschriften in der Welt und damit der beste Verbraucherschutz und Garant für ein reines, genussvolles und qualitativ hochwertiges Produkt. Bier ist und bleibt in Deutschland das Nationalgetränk. Dieses Alleinstellungsmerkmal zeichnet Bier aus und muss daher aus Sicht der Mitglieder auch internationalen Schutz genießen. [...]

Brauwelt, 23/2011, S. 692

Einstieg namhafter ausländischer Biere in Deutschland:

1951 Pilsener Urquell
1962 Stella Artois
1968 Kronenbourg
1969 Budvar
1975 Faxe
1976 Guinness
1978 Tuborg
1981 Foster's
1981 Anheuser-Busch*
1991 Staropramen
1991 Corona
1993 Kilkenney
1993 Heineken
1993 Sol
1995 Leffe

Brauindustrie 10/2004, S. 59

* Anmerkung: Alle bis zu diesem Zeitraum auf den deutschen Markt importierten Biere entsprachen dem Reinheitsgebot. Dabei handelte es sich zum Teil um Produkte für den deutschen Markt, die sich vom gleichnamigen Produkt im Ursprungsland unterschieden.

Aufgaben

1. Erschließen Sie, inwiefern die Regelungen des deutschen Biersteuergesetzes (M 3) und der Vertrag über die Europäische Gemeinschaft (M 4) in Konflikt zueinander stehen.
2. Stellen Sie die Begründungen für den freien Warenverkehr (Art 30 EWG-Vertrag; M 2, M 4, M 5a) und die Regelungen des Biersteuergesetzes (M 3, M 5b) gegenüber und wägen Sie ab, welche Gesichtspunkte Ihnen wichtiger erscheinen.
3. Fassen Sie die Urteilsbegründung des EuGH (M 5c) für einen Beitrag in einer Nachrichtensendung (2') in eigenen Worten zusammen. Beurteilen Sie die Entscheidung in einem knappen Kommentar. Gehen Sie dabei ein auf
   a) die Abwägung zwischen europäischen Regelungen und einzelstaatlichen Gesetzen.
   b) die Möglichkeiten, die mit dem Biersteuergesetz verfolgten Ziele auch auf anderem Wege zu verfolgen.
4. Untersuchen Sie, inwieweit sich die deutsche Neuregelung (Infobox) auf den Biermarkt in Deutschland ausgewirkt hat (M 6), und bewerten Sie die Entwicklung unter Rückgriff auf die in M 2 postulierten Vorteile des freien Warenverkehrs.
5. Beziehen Sie Stellung zur Forderung des DIRB (M 7).

Binnenmarkt als Kern der EU

Wirtschaftspolitik ist der Politikbereich, in dem die Vergemeinschaftung im Rahmen der EU am weitesten vorangeschritten ist. Der Grundgedanke des gemeinsamen Marktes ist bereits Teil der Römischen Verträge von 1957. 1968 entfielen innerhalb der Europäischen Gemeinschaft die Binnenzölle. 1993 wurden durch die gegenseitige Anerkennung nationaler Regelungen die meisten verbliebenen Handelshemmnisse aufgehoben.

Motive für den Freihandel

Bei der Gründung der Europäischen Gemeinschaft war ein politisches Motiv für die gemeinsame Wirtschaftspolitik ausschlaggebend: Die enge wirtschaftliche Verflechtung erzeugt wechselseitige Abhängigkeit, die zu politischer Stabilität führt.
Daneben haben ökonomische Gesichtspunkte aber immer stärkeres Gewicht gewonnen: Gemäß der Theorie des Freihandels steigert der freie Austausch von Waren und Dienstleistungen den Wohlstand aller Beteiligten. Arbeitsteilung und Konkurrenz sollen zu einer höheren Produktvielfalt und günstigeren Preisen führen. Das Ausmaß der durch den Binnenmarkt bewirkten Wohlstandssteigerung ist allerdings schwer zu bestimmen, weil Wachstum und Beschäftigung von vielen weiteren Faktoren beeinflusst werden.

Vier Freiheiten
M 1

Im europäischen Binnenmarkt lassen sich vier Freiheiten unterscheiden:

- Freier Personenverkehr: Primär gilt diese Freizügigkeit den Arbeitskräften, die in der EU weitgehend uneingeschränkt arbeiten oder nach Stellen suchen dürfen. Für Unternehmen gilt eine EU-weite Niederlassungsfreiheit.
- Freier Warenverkehr: Die durch das Verbot von Binnenzöllen und mengenmäßigen Handelsschranken begründete Warenverkehrsfreiheit ist unter den vier Freiheiten die am weitesten entwickelte. Die wichtigste Grundregel des Binnenmarktes ist, dass eine Ware, die in einem Land legal in den Verkehr gebracht worden ist, auch in allen anderen EU-Ländern verkauft werden darf.
- Freier Dienstleistungsverkehr: Die Möglichkeit, Dienstleistungen grenzüberschreitend anbieten zu dürfen, ist insbesondere für die Transportbranche, aber auch für das Handwerk relevant.
- Freier Kapitalverkehr: Kapitalanlage und Kreditaufnahme sind EU-weit möglich, ohne dass dadurch jedoch die nationalen Steuerregelungen außer Kraft gesetzt werden.

Raum für weitere Integration
M 2

Auch wenn die vier Freiheiten als Prinzipien bereits lange in den europäischen Verträgen verankert sind, ist ihre Durchsetzung und Ausgestaltung keineswegs abgeschlossen. So wird z. B. die Freizügigkeit außer durch sprachliche Hürden auch durch die noch unvollständige Anerkennung von Bildungsabschlüssen und Berufsqualifikationen sowie durch die eingeschränkte Kompatibilität sozialer Sicherungssysteme behindert.
Die konkrete Reichweite der vier Freiheiten ist häufig Gegenstand von juristischen Auseinandersetzungen. Der EuGH, der viele Fragen letztinstanzlich entschieden hat, hat durch seine Urteile wesentlich zu einer Durchsetzung der vier Freiheiten gegenüber anderen Rechtsgütern beigetragen.

Kultur in Gefahr? Brüssel will „harmonisieren"

Der Verband Deutscher Konzertchöre wirbt für den Erhalt des ermäßigten Steuersatzes auf Noten.

Eines der Hauptanliegen der Europäischen Kommission ist es seit jeher, die rechtlichen und wirtschaftlichen Rahmenbedingungen in so gut wie fast allen Lebensbereichen europaweit so rasch und so tiefgreifend wie möglich zu vereinheitlichen. Dabei steht der Wunsch nach Harmonisierung häufig stärker im Vordergrund als die bedeutende Frage, ob es sich um einen Rechts- oder Lebensbereich handelt, für den die Union nach den EU-Verträgen zuständig ist. [...]

Es gibt in den EU-Mitgliedstaaten sehr unterschiedliche Steuersysteme. Bedeutsame Steuerarten wie z.B. die Einkommensteuer oder die Unternehmenssteuern werden in den verschiedenen Ländern nach sehr unterschiedlichen Sätzen erhoben. [...]

Auch im Bereich der Mehrwertsteuer finden wir einen europäischen Flickenteppich vor. [...] Schon bei der „normalen" MwSt. zeigt sich eine signifikante Spreizung: Ihr Satz liegt zwischen 15 % (Luxemburg, Zypern) und 25 % (Ungarn, Schweden, Dänemark). Deutschland liegt mit 19 % zusammen mit den Niederlanden auf Platz 22. [...] Noch bunter aber wird das Bild, wenn man einen Blick auf die Sondertatbestände wirft. Es gibt kein europäisches Land, das nur einen MwSt.-Satz kennt. Im Gegenteil. Insgesamt lassen sich nicht weniger als fünf verschiedene Steuersätze unterscheiden. [...] In Deutschland gibt es nur zwei Arten erhobener MwSt.: den Normalsatz von 19 % und den ermäßigten Satz von 7 %. [...]

Was all dieses mit uns und der Kultur zu tun hat, liegt auf der Hand: Druckerzeugnisse unterliegen in Deutschland dem ermäßigten Steuersatz von 7 %. Dazu gehören auch Noten. [...]

Nun hat die Europäische Kommission das Thema auf die Tagesordnung gesetzt. [...] [Sie] stellt die These auf, dass die Realisierung des einheitlichen Binnenmarkts, die zwingender Bestandteil der EU-Verträge ist, eine EU-weite Harmonisierung der MwSt. geradezu erfordert, zumal eine einheitliche MwSt. in Europa den damit verbundenen Verwaltungsaufwand und damit die entsprechenden Kosten für Unternehmen und Verbraucher vermindern würde. [...]

Die mit der Verwirklichung dieses Vorhabens verbundenen Risiken liegen auf der Hand. Zum einen könnte Deutschland ein höherer MwSt.-Satz drohen. Zum anderen geriete der in Deutschland geltende ermäßigte Steuersatz (heutiger EU-Mittelwert: 9,1 %) erneut in die Diskussion, und zwar diesmal europaweit. [...] Deshalb hat der Deutsche Kulturrat Ende Mai 2011 eine in seinem Fachausschuss Steuern vorbereitete Stellungnahme [...] abgegeben. Darin plädiert er dafür, dass „im Mehrwertsteuersystem den EU-Mitgliedstaaten im Bereich der Kultur soweit als möglich ein Gestaltungsspielraum verbleiben sollte". [...]

Jetzt wird es darauf ankommen, [...] die Bundesregierung dafür zu gewinnen, dass sie einer Verschlechterung der Rahmenbedingungen für die Kultur in Deutschland durch eine nachteilige Harmonisierung des MwSt.-Systems in Europa ihre Zustimmung verweigert.

Hans-Willi Hefekäuser auf: www.vdkc.de vom 5.9.2011

Aufgaben

1. Stellen Sie die Interessen gegenüber, die in der Frage der Besteuerung betroffen sind.
2. Diskutieren Sie Argumente für bzw. gegen eine europaweite Harmonisierung der Mehrwertsteuer.
3. Versetzen Sie sich in die Lage der Bundesregierung (an die der Appell gerichtet ist) und finden Sie eine Position, die Sie sowohl der EU als auch dem Verband Deutscher Konzertchöre gegenüber vertreten können.

4.2 Ungleichheiten überwinden, solidarisch handeln!? Die EU als Akteur der Sozialpolitik

4.2.1 Auf der Suche nach dem „sozialen Europa“

M 1 ● Soziale Ungleichheiten in Europa

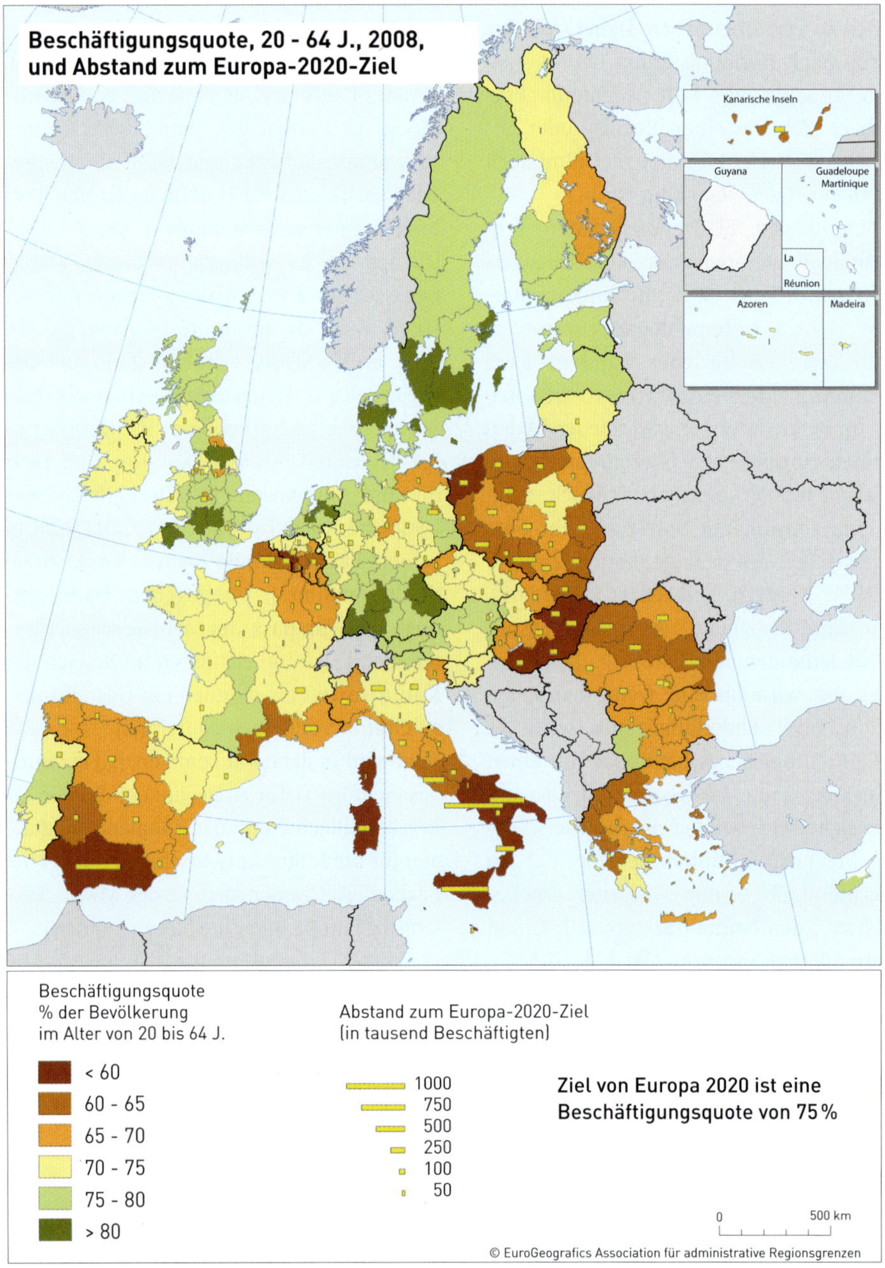

Europäische Kommission, In Europas Zukunft investieren. Fünfter Bericht über den wirtschaftlichen, sozialen und territorialen Zusammenhalt, o.O. 2010, S. 29

M 2 ● Das (sozial)politische Leitbild der EU

Im Vertrag von Lissabon (Vertrag über die Europäische Union, EUV) bekennen sich die Mitgliedstaaten der EU zu einem Gesellschaftsmodell, das durch folgende Merkmale charakterisiert wird:

Artikel 3: Die Union errichtet einen Binnenmarkt. Sie wirkt auf die nachhaltige Entwicklung Europas auf der Grundlage eines ausgewogenen Wirtschaftswachstums und von Preisstabilität, eine in hohem Maße wettbewerbsfähige soziale Marktwirtschaft, die auf Vollbeschäftigung und sozialen Fortschritt abzielt [...] hin. [...] Sie bekämpft soziale Ausgrenzung und Diskriminierungen und fördert soziale Gerechtigkeit und sozialen Schutz, die Gleichstellung von Frauen und Männern, die Solidarität zwischen den Generationen und den Schutz der Rechte des Kindes. Sie fördert den wirtschaftlichen, sozialen und territorialen Zusammenhalt und die Solidarität zwischen den Mitgliedstaaten.

Vertrag von Lissabon, Bonn 2010 (bpb), S. 34

M 3 ● Solidarität – ein Wesenszug der EU!?

Es wird kaum jemand abstreiten, dass Solidarität, verstanden als „ein füreinander Einstehen und die Übernahme von Verantwortung für Andere" [...] eine wichtige Ressource für das Wohl des Einzelnen und das Gemeinwohl ist. Ohne die Solidarität der anderen würden wir Notsituationen ganz allein meistern müssen. Ohne solidarisches Verhalten gegenüber unseren Mitmenschen reduziert sich auch die Wahrscheinlichkeit, dass sich andere Menschen uns gegenüber solidarisch verhalten. [...]

Der britische Historiker Timothy Garton Ash hat einmal die Frage gestellt, ob es nicht genau der Wert der Solidarität ist, der das Wesen Europas [...] am besten beschreibt. Laut Ash spricht dafür, dass es gerade die europäischen Sozialstaaten sind, die sich vom amerikanischen Turbokapitalismus unterscheiden, indem sie Wert auf soziale Sicherheit [...] legen. [...]

Nichtsdestotrotz ist bei den Wohlfahrtssystemen der EU-Mitgliedstaaten ein starkes Gefälle zu verzeichnen. So möchte man aus deutscher Sicht vielleicht doch lieber im hiesigen System arbeitslos oder berentet werden als im polnischen oder tschechischen.

Für Solidarität als Wesenszug der EU spricht trotz dieser innereuropäischen Unterschiede aber auch, dass ärmere Mitgliedstaaten und Regionen von Transferleistungen aus dem EU-Haushalt profitieren. [...] Es sind jedoch insbesondere die deutschen Arbeitgeber und Arbeitnehmer, die von der gestiegenen Kaufkraft in den anderen europäischen Mitgliedsländern profitieren. So gingen 2009 fast 63 Prozent der deutschen Exporte in die EU. [...] Zudem hängt jeder [fünfte] Arbeitsplatz in Deutschland vom Export ab.

Trotzdem: Ist das nicht alles ein bisschen zu viel des Guten mit der Solidarität in der EU? Meine Antwort lautet: Nein, wir haben nicht genügend Solidarität in der EU, sondern brauchen noch mehr. Und das sowohl aus Eigennutz als auch aus moralischer Überzeugung. [...]

Julia Langbein, Solidarität aus Eigennutz und Überzeugung, auf: www.bpb.de vom 29.4.2011 (Stand: 19.3.2012)

Aufgaben

1. Beschreiben Sie die Karte der EU (M 1).
2. a) Arbeiten Sie die Merkmale des „europäischen Sozialmodells" heraus (M 2).
   b) Erläutern Sie anhand der Karte (M 1) die Herausforderungen, die sich aus dem im Vertrag von Lissabon formulierten Leitbild der EU-Politik (M 2) ergeben.
3. Diskutieren Sie die Tragfähigkeit der Solidarität (M 3) als Leitbild der EU-Politik.

4.2.2 Ausgleich innereuropäischer Ungleichheiten: die Regional- und Strukturpolitik

Ausgabenstruktur des EU-Haushaltes

Die Europäische Union verwendet mit 44,9 % (mittelfristiger Finanzrahmen 2007-2013) einen Großteil ihrer Mittel für die Regional- und Strukturpolitik (Haushaltsposten „Nachhaltiges Wachstum"), dicht gefolgt von den Mitteln der Agrarpolitik („Bewahrung und Bewirtschaftung der natürlichen Ressourcen", 42,3 %). Weitere Ausgaben werden in den Bereichen „Unionsbürgerschaft" (1,3 %), „EU als globaler Partner" (Entwicklungshilfe / humanitäre Hilfe / Nachbarschaftspolitik, 5,7 %) und „Verwaltung" (5,7 %) getätigt.

M 4 ● Regional- und Strukturpolitik oder: Wie die EU innereuropäische Ungleichheiten mildert

Die Regional- und Strukturpolitik der Europäischen Union ist der Bereich, für den die EU das meiste Geld ausgibt. Sie folgt dem Gedanken der Solidarität und war von Anfang an Teil des europäischen Politikansatzes. 1987 fand sie in der Einheitlichen Europäischen Akte als Kohäsionspolitik ihren Niederschlag. Durch sie werden ärmere oder besonders vom Strukturwandel betroffene Regionen in der EU unterstützt, um ihnen dabei zu helfen, den Rückstand aufzuholen. Die Regionalpolitik der EU unterscheidet drei Förderziele:

- **Konvergenz:** richtet sich an die am wenigsten wohlhabenden Regionen. Sie kennzeichnen sich dadurch, dass ihr Bruttoinlandprodukt (BIP) unter 75 Prozent des Gemeinschaftsdurchschnitts liegt.
- **Regionale Wettbewerbsfähigkeit und Beschäftigung:** adressiert Gebiete mit besonderen Strukturproblemen, die aber nicht unter das Konvergenz-Ziel fallen, und hilft ihnen, den Wandel durch Innovation zu gestalten.
- **Europäische territoriale Zusammenarbeit:** fördert die Zusammenarbeit an Binnen- und einigen Außengrenzen der EU-Länder, um gemeinsame Lösungsansätze benachbarter Behörden zu unterstützen.

[...] Die Mittel werden über verschiedene Fonds vergeben, von denen der Europäische Sozialfonds (ESF) und der Europäische Fonds für regionale Entwicklung (EFRE) die wichtigsten sind. Voraussetzung für den Erhalt europäischer Mittel ist ein Programm, das mit der Europäischen Kommission vereinbart werden muss. [...] Von den Regionen wird grundsätzlich, aber in unterschiedlicher Höhe, eine Kofinanzierung verlangt, um sicherzustellen, dass die Gebiete auch wirklich Interesse an den vorgeschlagenen Maßnahmen haben.

Eckart D. Stratenschulte, Regional- und Strukturpolitik vom 20.10.2010 auf: www.bpb.de (Stand: 19.3.2012)

M 5 ● Was die Regional- und Strukturpolitik kostet

Die Grafik zeigt die Entwicklung der Ausgaben im Rahmen der Kohäsionspolitik zwischen 1989 und 2013 in absoluten und relativen Zahlen. Während die Zahlungen aus dem Struktur- und Kohäsionsfonds 1989 knapp 10 Milliarden Euro erreichten, werden sie bis 2013 auf etwa 54 Milliarden Euro bzw. ein Drittel des EU-Budgets angestiegen sein. Relativ gesehen hat sich die Höhe der Mittel seit Ende der neunziger Jahre bei etwa 0,4 % des BIP der EU eingependelt.

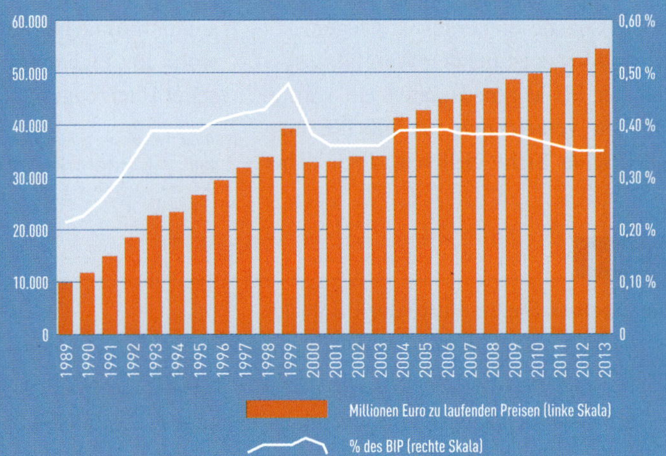

inforegio Panorama 26, Juni 2008

M 6 ● Welche Regionen werden gefördert?

a) Regionen der EU nach Förderfähigkeit, 2007-2013

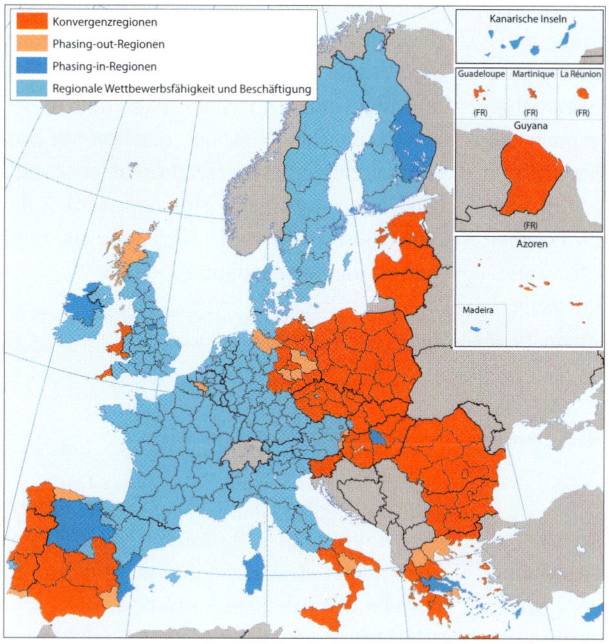

- *Konvergenzregionen* mit einem BIP pro Kopf von weniger als 75 % des Durchschnitts der EU-25.
- *Phasing-out-Regionen* mit einem BIP pro Kopf von mehr als 75 % des Durchschnitts der EU-25, jedoch weniger als 75 % des Durchschnitts der EU-15.
- Zum Ziel der regionalen Wettbewerbsfähigkeit und der Beschäftigung gehören *Phasing-in-Regionen* mit einem BIP pro Kopf von weniger als 75 % des Durchschnitts der EU-15 (im Zeitraum 2000-2006), jedoch mehr als 75 % des Durchschnitts der EU-15 (im Zeitraum 2007-2013).

inforegio Panorama 26, Juni 2008

b) Regionen der EU nach Förderfähigkeit, 2014-2020 (Prognose)

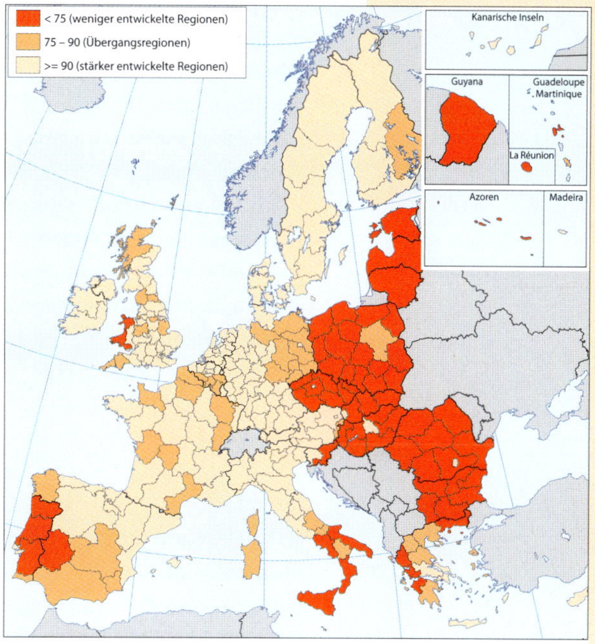

- *Weniger entwickelte Regionen*, deren Pro-Kopf-BIP weniger als 75 % des EU-Durchschnitts beträgt, werden in der Kohäsionspolitik weiterhin Vorrang haben. Der maximale Kofinanzierungsanteil wird bei weniger entwickelten Regionen und Regionen in äußerster Randlage bei 75-85 % liegen.
- Für *Übergangsregionen*, deren Pro-Kopf-BIP zwischen 75 % und 90 % des EU-Durchschnitts beträgt, wird ein Kofinanzierungsanteil von 60 % gelten.
- *Stärker entwickelte Regionen*, deren Pro-Kopf-BIP über 90 % des EU-Durchschnitts beträgt. Der Kofinanzierungsanteil wird bei 50 % liegen.

Europäische Kommission, Kohäsionspolitik 2014 - 2020

Aufgaben

1. Stellen Sie die Ziele und Instrumente der Regional- und Strukturpolitik der EU (M 4 - M 6) dar.
2. a) Vergleichen Sie die Einteilung der Förderregionen für die Förderzeiträume 2007-2013 und 2014-2020 (M 6).
   b) Erschließen Sie auf der Basis Ihrer Ergebnisse mögliche Veränderungen in der Zielsetzung der Regional- und Strukturpolitik.
3. Charakterisieren Sie die Regional- und Strukturpolitik als realpolitischen Ausdruck einer europäischen Solidarität (vgl. M 3).

4.2.3 Die europäische Beschäftigungspolitik – auf dem Weg zum europäischen Sozialstaat?

M 7 „Flexicurity“ – Arbeitsmarktpolitik in Dänemark

Im internationalen Vergleich ist das dänische Arbeitslosengeld hoch, einzigartig aber die Länge des Bezugs: Bis zu vier Jahre kann man Stütze beziehen. Doch auch die Pflichten sind groß. Dass der Erwerbslose „aktiv arbeitsuchend“ sein muss, wird sehr ernst genommen. Er muss nicht nur Lebenslauf und Karriere in ein Zentralregister einspeisen, in dem Arbeitgeber geeignetes Personal finden können. Er hat auch zwei Bewerbungen pro Woche abzuliefern, muss drei Stunden Fahrzeit täglich akzeptieren und nicht nur im eigenen Fach und in der alten Lohngruppe suchen, sondern alle Arbeit tolerieren, „die er wahrnehmen kann“. Nach spätestens neun Monaten werden die Arbeitslosen aktiviert, wer Jobs ablehnt, verliert die Entschädigung.

Hannes Gamillscheg, Das dänische Modell wackelt, in: Frankfurter Rundschau, 27.2.2010

M 8 „Flexicurity“ – Leitbild „moderner“ Arbeitsmarktpolitik

a) Ziele der „Flexicurity“

Vor dem Hintergrund von Massenarbeitslosigkeit und einer Stagnation arbeitsmarktpolitischer Anstrengungen wurde seit den 1990er Jahren in Europa das „Flexicurity“-Konzept als neues arbeitsmarktpolitisches Leitbild diskutiert. Dieses wird durch vier grundlegende Komponenten charakterisiert:

(1) Flexible und zuverlässige vertragliche Vereinbarungen [...] durch moderne Arbeitsgesetze, Kollektivvereinbarungen und Formen der Arbeitsorganisation.

(2) Umfassende Strategien des lebenslangen Lernens, durch die sich die ständige Anpassungsfähigkeit und Beschäftigungsfähigkeit der Arbeitnehmer gewährleisten lassen, insbesondere der am meisten gefährdeten.

(3) Wirksame aktive arbeitsmarktpolitische Maßnahmen, die Menschen tatsächlich dazu verhelfen, den raschen Wandel zu bewältigen, die Zeiten der Arbeitslosigkeit verkürzen und Übergänge zu neuen Arbeitsverhältnissen erleichtern.

(4) Moderne Systeme der sozialen Sicherheit, die eine angemessene Einkommenssicherung bieten, die Beschäftigung fördern und die Arbeitsmarktmobilität erleichtern.

Berndt Keller, Hartmut Seifert, Flexicurity (WISO-Diskurs), Bonn 2008, S. 22

b) Maßnahmen der „Flexicurity“

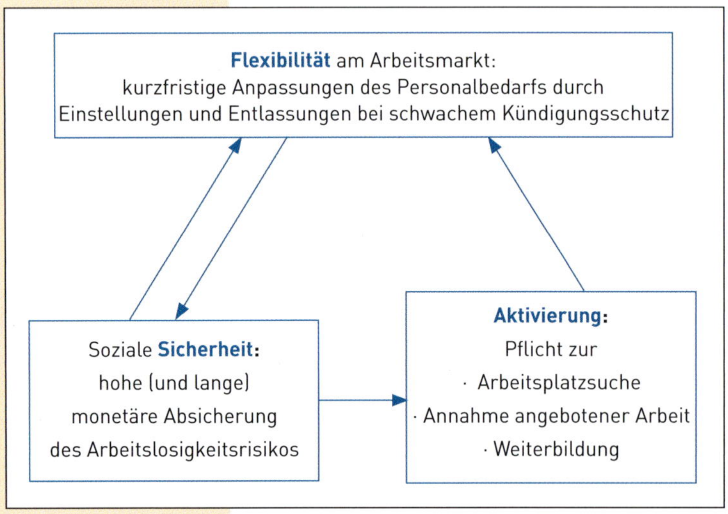

Autorengrafik

M 9 ● Ziele der europäischen Beschäftigungspolitik

Mit der Lissabon-Strategie (vgl. M 10) verpflichtete sich die EU zu einer aktiven Beschäftigungspolitik mit folgenden Zielen, die durch Umsetzung der Flexicurity-Strategie realisiert werden sollen:

[Die Beschäftigungspolitik der EU orientiert sich an den Hauptzielen] der Vollbeschäftigung, [der] Steigerung der Arbeitsplatzqualität und [der] Arbeitsproduktivität sowie [einer] Stärkung des sozialen und territorialen Zusammenhalts.

Das Beschäftigungsziel wird durch Vorgaben für höhere Erwerbsquoten und zum Abbau der Arbeitslosigkeit konkretisiert. Dabei stehen drei Bevölkerungsgruppen im Fokus, nämlich Frauen, Ältere und Jugendliche. [...] Die Stärkung des sozialen Zusammenhalts schließlich erfordert aus EU-Sicht u.a. konsequente Maßnahmen, um eine Ausgrenzung aus dem Arbeitsmarkt zu verhindern und regionale Ungleichgewichte bei Beschäftigung, Arbeitslosigkeit und Produktivität abzubauen. [...]

Deutsche Bank Research, EU-Arbeitsmarktpolitik, in: EU-Monitor 53 (17.4.2008), S. 5

M 10 ● Die Arbeitsmarkt- und Sozialpolitik der EU – Entwicklung eines Politikfeldes

Im Rahmen des europäischen Integrationsprozesses spielten sozialpolitische Erwägungen zunächst eine deutlich nachgeordnete Rolle und blieben der Souveränität der Mitgliedstaaten überlassen. Solange die Integration, insbesondere mit dem Vertrag von Maastricht, vor allem als wirtschaftliche Integration in einem vollendeten Binnenmarkt vorangetrieben wurde, war die Europäische Union nicht für das Wohlergehen ihrer Bürger unmittelbar verantwortlich.

Vielmehr war Sozialpolitik im Kontext der Binnenmarktpolitik in erster Linie Arbeitnehmerpolitik, die darauf abzielte, die Mobilität der Arbeitskräfte durch Anpassungen im Arbeits- und Sozialrecht zu erhöhen, indem beispielsweise sozialrechtliche Ansprüche (etwa aus Sozialversicherungen) „mitgenommen" werden konnten. Darüber hinaus kann die Regional- und Strukturpolitik insofern als weitere sozialpolitische Komponente der Binnenmarktstrategie verstanden werden, werden doch durch sie (auch) soziale Verwerfungen, die im Zusammenhang mit Binnenmarktanpassungen entstehen, abgefedert.

Erst mit dem Vertrag von Amsterdam (1997) entwickelt die EU eigene Initiativen, um eine auf das Wohlergehen ihrer Bürger ausgerichtete Sozialpolitik zu entwickeln. Dies betrifft zunächst vorrangig die Arbeitsmarkt- und Beschäftigungspolitik, die nun als – wenn auch nicht umfassend integriertes – Politikfeld der EU definiert wird. Der Vertrag initiierte mit der sogenannten „Europäischen Beschäftigungsstrategie" (EBS) erste gemeinschaftliche Aktivitäten in den Bereichen Qualifizierung und Arbeitsförderung.

Info

Sozialpolitische Gesetzgebungskompetenzen der EU

Die EU kann vor allem in solchen arbeits- und sozialpolitisch relevanten Bereichen politisch (mit-) bestimmen, die in unmittelbarem Zusammenhang zur Verwirklichung des Binnenmarktes (vgl. Kap. 4.1) stehen. Hierzu zählen insbesondere

- Regelungen zum einheitlichen Arbeits- und Gesundheitsschutz, z.B. EU-weite Höchstarbeitszeit von 48 Wochenstunden,
- Regelungen zur beruflichen Gleichstellung von Frauen und Männern,
- Maßnahmen gegen „Sozialdumping".

Die EU hat demgegenüber keine Eingriffs- und Gestaltungsmöglichkeiten in Fragen, die unmittelbare sozialstaatliche Traditionen der Mitgliedstaaten betreffen. Hierzu zählen insbesondere

- Regelungen des Arbeitsentgeltes sowie Fragen des Streikrechts,
- Ausgestaltung der sozialen Sicherungssysteme und Höhe von Sozialleistungen.

Autorentext

Seit dem Jahr 2000 ist die EBS als maßgebliches Element in den Lissabon-Prozess eingebettet, dessen Ziel darin besteht, die EU zum „wettbewerbsfähigste[n] und dynamischste[n] wissens-basierte[n] Wirtschaftsraum der Welt [...] mit mehr und besseren Arbeitsplätzen" zu entwickeln. In diesem Zusammenhang bekennt sich die EU zu einer „aktiven Beschäftigungspolitik", die bis zum Jahre 2010 zu einer Anhebung der durchschnittlichen Beschäftigungsquote in der EU auf 70 % (2000: 61 %) sowie einer Steigerung der Frauenerwerbstätigkeit auf „über 60 %" (2000: 51 %) führen sollte. Die Ziele und Maßnahmen der Lissabon-Strategie wurden im März 2010 durch die Wachstumsstrategie „Europa 2020" der Europäischen Kommission aktualisiert und fortgeschrieben.

Autorentext

M 11 ● Einheitliche Entwicklung? Wirkungen der europäischen Beschäftigungspolitik

a) Arbeitsmarktreformen in EU-Mitgliedstaaten

	Dänemark	Deutschland	Frankreich	Großbritannien	Italien
Wichtigste Reformen	More People in Work (2003), A new Chance for all (2005)	Job-AQTIV (2001) HARTZ I-IV (2003-2005)	PARE (2001), loi cohésion sociale (2005)	New Deal/Welfare to Work (1998 und spätere Ergänzungen)	Legge Biagi (2003)
Vorrangige Maßnahmen	hohe soziale Sicherung, an Auflagen geknüpft umfassende Qualifizierungsmaßnahmen	niedriges Sicherungsniveau (ALG II) soll Anreize zur Jobannahme schaffen Aktivierung durch Beratung und Qualifizierung	Lohnsubventionen für Langzeitarbeitslose und gering Qualifizierte	Anreize zur Arbeitsaufnahme im Niedriglohnsektor durch steuerliche Anreize und „Lohnabstand" gegenüber geringer sozialer Sicherung	Legalisierung eines Niedriglohnsektors mit flexibler Beschäftigung*
Dominante Flexicurity-Dimension (vgl. M 8)	*Aktivierung* und *Sicherheit*	*Aktivierung* aller Erwerbsfähigen	*Sicherheit:* Vermeidung von Armut trotz Arbeit	*Aktivierung* aller Erwerbsfähigen	*Flexibilisierung* des Arbeitsmarktes
Arbeitsmarkteffekte	hohe Erwerbsbeteiligung mit diskontinuierlichen Erwerbsverläufen	anhaltend hohe Zugangshürden für gering Qualifizierte	verstärkte Zugangshürden für gering qualifizierte Jugendliche	verfestigte Zugangshürden für gering Qualifizierte	verfestigte Zugangshürden für die Generation der unter 30-Jährigen

**bei gleichzeitigem Bestandsschutz für langjährig Beschäftigte*

Zusammenstellung des Autors nach: Sascha Zirra, Die Europäisierung nationaler Beschäftigungspolitik, Wiesbaden 2010, S. 275; Irene Dingeldey, Activating Labour Market Policies and the Restructuring of ‚Welfare' and ‚State', Bremen (ZeS-Arbeitspapier) 2009

b) Arbeitsmarktdaten in EU-Mitgliedstaaten

	Dänemark		Deutschland		Frankreich		Großbritannien		Italien		EU 27	
	2000	**2010**	**2000**	**2010**	**2000**	**2010**	**2000**	**2010**	**2000**	**2010**	**2000**	**2010**
Beschäftigungsquote 15-64 Jahre	76,3	73,4	65,6	71,1	62,1	64,0	71,2	69,5	53,7	56,9	62,2 2008: 65,8	64,2
Männer	80,8	75,8	72,9	76,0	69,2	68,3	77,8	74,5	68,0	67,7	70,8	70,1
Frauen	71,6	71,1	58,1	66,1	55,2	59,9	64,7	64,6	39,6	46,1	53,7	58,2
Arbeitslosenquote 15-24 Jahre	6,2	13,8	8,7	9,9	19,6	23,7	12,2	19,6	26,2	27,8	17,5	21,1
Quote Langzeitarbeitslosigkeit (12 Monate und Mehr)	0,9	1,4	4,1	3,4	3,5	3,9	1,4	2,5	6,3	4,1	4,0	3,9
Armutsrisiko*	10,0 (2001)	13,3	10,0	15,6	16,0	13,5	19,0	17,1	18,0	18,2	16,5 (2005)	16,4

**Personen mit einem verfügbaren Einkommen unterhalb der Armutsgefährdungsschwelle*

Zusammenstellung des Autors, Zahlen: Eurostat

Aufgaben

1. a) Beschreiben Sie die dänische Arbeitsmarktpolitik (M 7) als Umsetzung des „Flexicurity"-Konzeptes (M 8) und

   b) ordnen Sie diese in die Ziele und Instrumente der Europäischen Beschäftigungsstrategien (EBS) (M 9, M 10) ein.

2. Erläutern Sie die Bedeutung einer (vergemeinschafteten) europäischen Beschäftigungspolitik vor dem Hintergrund der innereuropäischen Disparitäten (M 1) und dem Selbstverständnis der EU als „soziales Europa" (M 2, M 3).

3. Charakterisieren Sie – aus der Perspektive Betroffener – (mögliche) Veränderungen in den Arbeitsmarktstrukturen ausgewählter EU-Mitgliedstaaten (M 11).

   Vorschlag: Gestalten Sie Flyer / Informationsbroschüren von Arbeitsloseninitiativen aus Dänemark, Deutschland, Großbritannien und Italien, die über die Folgen der (veränderten) Arbeitsmarktpolitik für Betroffene (Sicherung der Grundbedürfnisse, Arbeitssuche, Weiterbildungsmöglichkeiten) berichten.

4. a) Analysieren Sie die Wirksamkeit der Europäischen Beschäftigungspolitik (M 11).

   b) Überprüfen Sie am Beispiel der EBS, inwieweit sich die Herausbildung eines europäischen Sozialstaates abzeichnet.

4.2.4 Brauchen wir einen europäischen Sozialstaat?

M 12 Kontrovers diskutiert: EU-Sozialpolitik – Garant oder „Totengräber" europäischer Solidarität?

a) SPD: Die EU-Sozialpolitik ausbauen!

Unter dem Titel „Neuer Fortschritt für ein starkes Europa" hat die SPD auf ihrem Bundesparteitag im Dezember 2011 ihre europapolitischen Leitlinien formuliert, die sich auch auf ihre Vorstellungen über ein „soziales Europa" beziehen:

Wenn wir wollen, dass die Menschen nicht weiter Vertrauen in die Europäische Union und ihre Institutionen verlieren, darf Europa nicht als Wegbereiter für einen Kapitalismus erscheinen, der soziale Rechte und Standards aushebelt, anstatt sie als Vorteile für gerechtes Wirtschaften, qualitatives Wachstum und gemeinsamen Fortschritt anzuerkennen.

Die europäische Sozialunion muss ihr Fundament in einer sozialen Werteordnung mit starken sozialen Grundrechten haben, wie sie bereits in der EU-Grundrechtscharta angelegt sind. Diese dürfen jedoch nicht den Marktfreiheiten im europäischen Binnenmarkt untergeordnet werden, sondern müssen ihnen vorgehen. Mit einer sozialen Fortschrittsklausel wollen wir dieses Prinzip vertraglich im europäischen Primärrecht festschreiben. Politisch ausgestaltet werden muss die europäische Sozialunion vor allem dadurch, dass soziale Ziele und Mindeststandards europäisch verbindlich vereinbart werden.

Konkret wollen wir, dass in einem europäischen sozialen Stabilitätspakt gemeinsame Ziele und Vorgaben für nationale Sozial- und Bildungsausgaben festgelegt werden, die sich an der jeweiligen wirtschaftlichen Leistungsfähigkeit der EU-Staaten orientieren. Bei steigender wirtschaftlicher Leistungsfähigkeit eines Landes wäre dieses demnach auch zu höheren Ausgaben in Bildung und sozialen Sicherungssystemen verpflichtet. Auf diese Weise kann gemeinsamer sozialer Fortschritt durch koordinierte Zukunftsinvestitionen in Bildung und einen verbesserten sozialen Schutz erreicht werden, ohne zugleich die Eigenständigkeit der nationalen sozialstaatlichen Sicherungssysteme in Frage zu stellen. Hinzutreten müssen als ein weiteres Element des sozialen Stabilitätspaktes existenzsichernde Mindestlöhne in allen EU-Mitgliedstaaten, gemessen an dem Durchschnittslohn der Mitgliedstaaten. Sie sind konstitutive Voraussetzung für gute Arbeit in Europa und ein wirksamer Schutz gegen Lohndumping in Europa. [...]

Sozialdemokratische Partei Deutschlands, Neuer Fortschritt für ein starkes Europa, Beschluss Nr. 3 des Ordentlichen SPD-Parteitags vom 4.-6.12.2011 in Berlin, S. 11f.

b) CSU: Sozialpolitik in nationalstaatlicher Verantwortung

Die europäische Integration gewährleistet den Menschen in Bayern Frieden und Freiheit in Sicherheit und Wohlstand. Das ist ein großer historischer Erfolg. [...]

Die Soziale Marktwirtschaft zählt zu den gemeinsamen Grundwerten, auf denen die Europäische Union gegründet ist. Nur die Soziale Marktwirtschaft gibt die richtigen Antworten auf die Herausforderungen der globalen Wirtschaftskrise und das Scheitern von Sozialismus und Spekulationskapitalismus. Beide haben Wohlstand gefährdet und Arbeitsplätze vernichtet.

Nur eine eindeutige Ausrichtung auf die Prinzipien der Sozialen Marktwirtschaft sichert wirtschaftliche Leistungsfähigkeit und gewährleistet gleichzeitig den notwendigen sozialen Ausgleich. Gerade in Zeiten der wirtschaftlichen Krise müssen die politischen Maßnahmen Vorrang haben, die Arbeitsplätze sichern und neue schaffen. Die Europäische Union muss Impulse für ein gesundes Wirtschaftswachstum geben. [...]

Wir wollen, dass die Rechte und der notwendige Schutz der Arbeitnehmer, die mit ihrer Arbeit die Grundlagen unseres Wohlstandes erwirtschaften, gewährleistet bleiben. Die europäische Politik schafft in ihrem Zuständigkeitsbereich einen sozialen Rahmen und liefert hierdurch eine wichtige Antwort auf die Globalisierung. Die EU bietet den Arbeitnehmerinnen und Arbeitnehmern Schutz und sorgt für faire Arbeitsbedingungen. Eine generelle europäische Zuständigkeit in der Sozialpolitik lehnen wir jedoch ab, da die soziale Absicherung in den EU-Mitgliedstaaten äußerst unterschiedlich ist. Eine europäische Zentralisierung in der Sozialpolitik würde zwangsläufig zu Lasten unserer im europäischen Vergleich hervorragenden deutschen sozialen Sicherungssysteme gehen. Gemeinsame europäische Sozialkassen lehnen wir aus diesem Grund ebenfalls ab.

Wir stehen für die Gleichberechtigung aller Bürger und sprechen uns klar gegen jede Form der Diskriminierung aus. Weiteren Antidiskriminierungsvorgaben der EU erteilen wir jedoch eine klare Absage. Wir wollen entschlossen und auf allen Ebenen das in Europa nach wie vor zwischen Männern und Frauen bestehende inakzeptable Lohngefälle bekämpfen. Zur Steigerung der Wettbewerbsfähigkeit gehört für uns auch eine moderne Gleichstellungspolitik. Hierzu bedarf es aber keiner neuen Regeln aus Brüssel. [...]

Christlich-Soziale Union, Europawahlprogramm 2009. Beschluss des CSU-Parteiausschusses vom 9.5.2009, S. 1, 6 f.

Aufgaben

1. Arbeiten Sie (arbeitsteilig) die Positionen der SPD bzw. der CSU (M 12) zur EU-Sozialpolitik sowie ihre jeweiligen Argumente, Werthaltungen und Vorstellungen hinsichtlich der europäische Integration heraus.

   Vorschlag: Stellen Sie die Ergebnisse tabellarisch gegenüber.

2. Vergleichen Sie diese Positionen mit dem sozial- und beschäftigungspolitischen Selbstverständnis der EU (M 2, M 3, M 8 - M 10).

3. Nehmen Sie – ausgehend von den in M 12 vorgestellten Positionen – zur EU-Sozialpolitik Stellung. Berücksichtigen Sie dabei auch die von der EU selbst gesteckten gesellschaftspolitischen Ziele (vgl. M 2).

   Vorschlag: Führen Sie hierzu eine Pro-Kontra-Debatte mit folgenden Sachverständigen durch: Pro: Andrea Nahles (Generalsekretärin der SPD), Lázló Andor (EU-Kommissar für Beschäftigung, Soziales und Integration, Ungarn) – Kontra: Emilia Müller (Bayerische Staatsministerin für Bundes- und Europaangelegenheiten, CSU), Annette Groth (MdB, Die Linke). Recherchieren Sie hierfür über das vorliegende Material hinaus weitere Informationen und Positionen.

ORIENTIERUNGSWISSEN

Ein soziales Europa?
M 1, M 2

Die EU verpflichtet sich im Vertrag von Lissabon nicht nur zur politischen und wirtschaftlichen Integration, sondern auch zur Gewährung sozialer Rechte und zum Ausgleich sozialer Ungleichheiten, auch und insbesondere über Staatsgrenzen hinweg.
Aufgrund der zum Teil erheblichen sozioökonomischen Unterschiede zwischen den 27 Mitgliedstaaten sowie ihrer wohlfahrtsstaatlichen Traditionen ist fraglich, inwieweit die EU in der Lage ist, diese Ziele durch eine solidarische Politik zu erreichen.

Regional- und Strukturpolitik der EU
M 4

Die ersten politischen Aktivitäten, die der Erreichung dieser Ziele dienen, sind dem Politikfeld der Regional- und Strukturpolitik zuzuordnen. Hierbei gewährt die EU Fördermittel, um Infrastrukturprojekte u.Ä. in Regionen mitzufinanzieren, die den Anforderungen des Binnenmarktes noch nicht gerecht werden können oder mit besonderen sozialen Problemen zu kämpfen haben. Insofern ist die Regional- und Strukturpolitik funktional auf die wirtschaftliche Integration der EU bezogen.

Sozialpolitik der EU – im Werden
M 9, M 10

Dies gilt auch für die europäische Sozialpolitik, die vor allem Arbeitnehmerpolitik ist. Mit der „Lissabon-Strategie" hat sich die EU eine aktivere Rolle im Bereich der Beschäftigungspolitik verordnet, die in allen Mitgliedstaaten zu einer Ausweitung der Beschäftigungsquote, vor allem von Risikogruppen, führen und somit auch das allgemeine Ziele der Förderung des sozialen Zusammenhalts unterstützen soll.
Normatives Leitbild der Europäischen Beschäftigungsstrategie ist dabei das „Flexicurity"-Konzept, das zu einem Ausbalancieren von sozialer Sicherheit für Individuen und der Flexibilität von Arbeitsmärkten führen soll.
Die beschäftigungspolitische Praxis der Mitgliedstaaten zeigt, dass dieses Konzept mit unterschiedlichen Schwerpunktsetzungen umgesetzt wird. Die arbeitsmarktpolitische Bilanz fällt aber insgesamt nüchtern aus: Zwar konnte die Beschäftigungsquote innerhalb der EU gesteigert werden, jedoch ist diese Steigerung bis 2010 aufgrund der globalen Wirtschaftskrise gering ausgeprägt. Demgegenüber zeigt sich, dass in vielen Mitgliedstaaten die sozialen Ungleichheiten am Arbeitsmarkt nicht überwunden werden konnten, sondern sich zum Teil noch weiter verfestigten.

EU-Sozialpolitik kontrovers
M 12

Das sozialpolitische Engagement der EU wird von gesellschaftlichen und politischen Gruppen unterschiedlich bewertet. Kritische und euroskeptische Positionen betonen eine Aushöhlung nationaler wohlfahrtsstaatlicher Traditionen, da EU-Regeln oft nur Mindeststandards seien, die zumindest für westeuropäische Wohlfahrtsstaaten das bisher Erreichte ignorierten. Unterstützer sehen demgegenüber einen erhöhten sozialpolitischen Handlungsbedarf, der angesichts der Binnenmarktintegration nur gemeinschaftlich bewältigt werden könne.

Annette Groth (Die Linke): Die EU-Sozialpolitik unterhöhlt die Errungenschaften nationaler Wohlfahrtssysteme

Der Kahlschlag in der Sozial- und Bildungspolitik in der Bundesrepublik ist vor allem die Folge der europäischen Wirtschafts- und Wissenschaftspolitik. Ihren „theoretischen Überbau“ finden die sogenannten „Reformpakete“ in der im März 2000 von europäischen Staats- und Regierungschefs beschlossenen Lissabon-Strategie, derzufolge die EU bis 2010 der „wettbewerbsfähigste und dynamischste wissensbasierte Wirtschaftsraum in der Welt“ sein soll.

Dieses Ziel soll erreicht werden durch die Schaffung bzw. Vollendung des Binnenmarkts für Dienstleistungen, die Öffnung bisher abgeschirmter und geschützter Sektoren, d. h. Privatisierung öffentlicher Dienstleistungen und Güter und stärkere Unternehmerfreundlichkeit, u. a. durch niedrigere Steuern für Unternehmen. Den Arbeitnehmerinnen und Arbeitnehmern wird eine Verlängerung der Arbeitszeit und mehr „Eigenverantwortung“ der Einzelnen für Gesundheit und Rente abverlangt, was durch die Steigerung der Flexibilität und Anpassungsfähigkeit auf dem Arbeitsmarkt [...] verstärkt wird. [...]

Der EU-Kommissionspräsident Barroso versprach der UNICE – die europäische Vereinigung der Industrie- und Arbeitgeber und einer der bedeutendsten Lobbyverbände in Brüssel – das Vorantreiben der Lissabon-Strategie sei höchstes Ziel seiner Regierungsmannschaft. Als sein Stellvertreter bei der Koordination des Vorhabens fungiert [der damalige deutsche] Industrie-Kommissar Günter Verheugen. Bei der Anhörung durch das EU-Parlament führte Verheugen aus, dass „die Kommission sämtliche Instrumente einsetzen werde, um allen Unternehmen so günstige Rahmenbedingungen zu schaffen, dass sie auf dem Weltmarkt mithalten können“. [...]

In ihrem Abschlusscommuniqué des EU-Gipfels im März 2005 betonte die EU-Kommission, dass „der Lissabonner Strategie unverzüglich neue Impulse zu geben und die Prioritäten auf Wachstum und Beschäftigung auszurichten“ sind: „[...] Der Europäische Rat ersucht die Mitgliedstaaten, zusätzlich zu einer aktiven Wettbewerbspolitik das allgemeine Niveau der staatlichen Beihilfen weiter zu senken [...].“ Mit der Einführung von Hartz IV und der Rente mit 67 Jahren hat Berlin die Vorgaben aus Brüssel bislang gut erfüllt. [...]

Dass die „Senkung der staatlichen Beihilfen“ auch dem Ziel dient, die EU zum „wettbewerbsfähigsten Wirtschaftsraum in der Welt“ zu machen, wissen die meisten Hartz IV-Empfängerinnen und -Empfänger wohl nicht, aber Gewerkschaften und Linke sollten öffentlich gegen die Lissabon-Strategie Stellung beziehen. Höchste Zeit also, die Lissabon-Strategie öffentlich zu diskutieren, um weitere „Reformen“ als das zu brandmarken, was sie sind: Eine Umverteilung von unten nach oben [...].

Annette Groth, Sozialabbau im europäischen Kontext, in: ak – analyse & kritik (Nr. 509), 15.9.2006
Die Autorin ist Diplom-Soziologin und seit 2009 Bundestagsabgeordnete der Fraktion „Die Linke“.

Aufgaben

1. Stellen Sie die Konturen eines „sozialen Europas“ anhand der normativen Grundlagen sowie des politischen Handelns der EU dar.
2. a) Fassen Sie Annette Groths Position zur Wirtschafts- und Sozialpolitik der EU zusammen und

   b) ordnen Sie diese in die Debatte um das „soziale Europa“ ein.
3. Nehmen Sie zur Position Groths begründet Stellung.

Titelbild von:
Der Spiegel, 2002, Heft 1

5

Der Euro – Chancen und Grenzen der Gemeinschaftswährung

Am 1. Januar 2002 löste in zwölf Ländern der Europäischen Union der Euro die nationalen Währungen als Bargeld ab. Im Jahr 2012 ist er in 17 (von 27) EU-Staaten als Zahlungsmittel eingeführt. Viele Erwartungen wurden in den Euro gesetzt, z.B. eine Verringerung und Stabilisierung der Inflationsrate in „Euro-Land" insgesamt und eine Erleichterung des zwischenstaatlichen Handels durch fehlende Umtauschkosten und Wechselkursschwankungen. Ende des Jahres 2009 geriet mit Griechenland der erste Euro-Staat in größte Schwierigkeiten, sich an den internationalen Finanzmärken Geld zu leihen und damit die laufenden Staatsausgaben zu decken; die Staatspleite drohte (kurz danach auch Irland und Portugal). Es wurden massive finanzielle Unterstützungsmaßnahmen durch die nationalen Regierungen und Parlamente der Euro-Staaten sowie durch die Europäische Zentralbank beschlossen. Zunächst können Sie ermitteln, welche Folgen ein Staatsbankrott für die Bevölkerung haben könnte, um im Anschluss die einzelnen Positionen in der kontroversen Debatte über die Ursachen der Griechenland-Krise zu überprüfen (Kapitel 5.1). Anschließend können Sie Orientierungswissen zu den Aufgaben und zur Zusammensetzung der Europäischen Zentralbank erwerben und die Politik der EZB in der Euro-Krise beurteilen. Zuletzt erarbeiten Sie sich die von den Euro-Ländern getroffenen Maßnahmen zur Krisenintervention und können sich an der Debatte beteiligen, ob sich die EU zu einer Fiskal- und Transferunion vertiefen sollte (Kapitel 5.2).

KOMPETENZEN

Am Ende dieses Kapitels sollten Sie Folgendes wissen und können:

... mögliche Ursachen und Folgen der sowie Gegenmaßnahmen gegen die Euro-Krise (Dimension *policy*) sowie die Aufgaben und die Struktur der Europäischen Zentralbank (Dimension *polity*) wiedergeben.

... volkswirtschaftliche Argumentationen (zu Krisenursachen) erläutern und auf makroökonomische Daten beziehen.

... politische Positionen (zu einer finanzpolitischen Vertiefung der EU) kategorial und mehrperspektivisch bewerten.

... mögliche Szenarien zur finanz- und haushaltspolitischen Zukunft der EU anschaulich konstruieren.

Was wissen Sie schon?

1. Analysieren Sie die jeweilige Bildsymbolik.
2. Vergleichen Sie die (möglichen) Aussagen der beiden Abbildungen.
3. Stimmen Sie eher der Aussage des Bildes im Vordergrund oder der Abbildung im Hintergrund zu? Positionieren Sie sich auf einer Meinungslinie und begründen Sie Ihre Haltung.

5.1 Der Euro in seiner ersten Krise

5.1.1 Staatspleite in Euro-Land. Was bedeutet ein Staatsbankrott für die Bevölkerung?

M 1 ● Finanzierungskrise Griechenlands im Nachrichtenticker

+++ Zinsen für griechische Staatspapiere steigen weiter +++ Aktien- und Devisenmärkte angespannt: Kursverluste des Euro befürchtet +++ Staatschefs der Euro-Zone schnüren Rettungspakete +++ Europäische Zentralbank stützt Griechenland und andere Staaten +++ Harte Sparmaßnahmen von EU gefordert und von griechischer Regierung durchgesetzt +++ Massenproteste gegen soziale Einschnitte in Athen +++ Deutsches Boulevardblatt titelt: „Verkauft doch eure Inseln, ihr Pleite-Griechen... und die Akropolis gleich mit!“ +++ Droht ein Auseinanderbrechen der Euro-Zone? +++ Auch Irland, Portugal und vielleicht bald Italien in Zahlungsschwierigkeiten +++ Banken stimmen teilweisem Schuldenerlass für Griechenland zu +++ Neue Regierungen in Griechenland, Italien und Spanien an der Macht

M 2 ● Staatsbankrott! – Wie es dazu kommen kann und was er bedeutet

Willkommen in Musterland! Musterland liegt in Europa, es ist EU-Mitglied. In Musterland stehen mehrere große Banken vor dem Ruin – und zahllose Unternehmen. [...] Musterland [...] konnte problemlos den Kapitalmarkt anzapfen – die Investoren konnten ja sicher sein, ihr Geld zurückzubekommen. [...] Das ist jetzt anders. Die Agenturen (vgl. Infobox Rating-Agenturen) stufen Musterland herab. Die Investoren machen plötzlich einen Bogen um die bislang so beliebten Staatspapiere. [...]
Musterlands Schuldentitel werden wöchentlich im Rahmen einer Auktion angeboten, zu den Käufern gehören Banken, Pensionsfonds*, Privatinvestoren. Es ist auch das Geld der Sparer, das auf dem Spiel steht. Die letzte Auktion wird mangels Bieterinteresse verschoben. Musterland geht das Geld aus. [...] Der Staat hat sich viele Hundert Milliarden Dollar geliehen, ein Großteil davon im Ausland. Jedes Jahr werden Kredite fällig, die verlängert werden müssen. Jedes Jahr muss Musterland die Kapitalmärkte davon überzeugen, dass es sich rechnet, ihm Geld zu geben.
Der Finanzminister telefoniert mit den großen Investoren. Er erklärt ihnen die Stärken seines Landes [...]. Doch die Investoren bleiben skeptisch. Wer soll Steuererhöhungen durchsetzen, wenn jetzt immer mehr Menschen immer weniger haben? Die Regierung will die Investoren mit höheren Zinsen

Info

Funktionen eines modernen Staates

Dem modernen (Verfassungs-)Staat werden drei Aufgaben zugewiesen: Klassischerweise muss der Staat erstens die *Sicherheitsfunktion* für seine Bürger erfüllen. Diese Bedeutung wies ihm bereits der englische Philosoph Thomas Hobbes (1588-1679) zu. Hierzu gehören schon immer die Verteidigung der Außengrenzen und die innere Sicherheit, hinzugekommen ist die Versorgungssicherheit für existenzielle Güter (Wärme, Nahrung, ggf. Licht). Moderne Staaten üben in einem mehr oder minder starken Maße auch die Wohlfahrtsfunktion aus. Sie sorgen also für die Daseinsfür- und -vorsorge der Bevölkerung (z. B. durch öffentliches Bildungswesen, gesetzliche Sozialversicherung u. a.). Demokratien müssen dazu drittens noch in erheblichem Maße die *Legitimitäts- und Rechtsstaatsfunktion* erfüllen (Ermöglichen politischer Beteiligung sowie Zusicherung von Menschen- und Bürgerrechten, Rechtsgleichheit und -sicherheit sowie Verhältnismäßigkeitsgrundsatz u. Ä.).

Autorentext

locken. Doch diese wissen genau, dass die höhere Zinslast den Etat zusätzlich belastet. Dass der Staat dann noch weniger fähig sein wird, seine Schulden zu bedienen. Musterland ist in einer Abwärtsspirale gefangen.

Eine hitzige Debatte bricht los. War die Schuldenlast schlicht zu groß, oder hat erst die Panik der Investoren – „Spekulanten" werden sie jetzt in Musterland genannt – den Absturz ausgelöst? Fest steht: Das Land hat immer weniger Geld für seine Schulen, für den Straßenbau, für das soziale Netz. [...]

Die Regierung wendet sich an den Internationalen Währungsfonds (IWF). Der hält eine Art Sicherheitsnetz für die Weltwirtschaft bereit. [...] [Gemeinsam mit der EU schnürt der IWF ein Rettungspaket, damit Musterland die Zinsen für seine Kredite aufbringen kann. Dafür wird die musterländische Regierung wirtschaftspolitisch „entmündigt" und muss harte Sparpakete in der eigenen Bevölkerung bedingungslos durchsetzen.] [Dennoch] ziehen Scharen von Investoren ihr Kapital ab, die Zinsen steigen. Die Wirtschaft stürzt ab. Die Preise fallen. Tödlich ist das für das hoch verschuldete Land. Wenn die Preise sinken, steigt der Wert der Verbindlichkeiten. [...] Die Anleihen von Musterland gelten jetzt an den Finanzmärkten als junk, als Schrott. Niemand will sie mehr haben. [...]

Die Staatskasse leert sich jetzt immer schneller. Innerhalb weniger Wochen wird das Geld so knapp, dass die Regierung vor der Wahl steht, wie immer am Monatsende die Löhne an die Beamten auszuzahlen oder die Kredite ausländischer Gläubiger zu bedienen. Sie entscheidet sich für die Beamten. Musterland bezahlt seine Schulden nicht mehr fristgerecht. So wie Russland im Jahr 1998, Argentinien 2002 oder Island 2008. Musterland ist pleite.

An den Finanzmärkten gilt es jetzt als Paria [= Ausgestoßener], es bekommt kein Geld mehr. Der Kapitalverkehr wird streng kontrolliert, damit wenigstens das Geld, das noch da ist, im Land bleibt. [...] Die Besonnenen im Land machen sich Sorgen um anderes, um Größeres. Wie werden die Menschen auf das Desaster reagieren? Werden die Demonstrationen zu Krawallen ausarten? Wann brennen die ersten Autos? Werden die Leute bei der Wahl die Extremen stärken, rechts wie links – oder werden sie einfach zu Hause bleiben? Aus Frust, aus Enttäuschung, weil sie an nichts mehr glauben. Nicht an die Politik, nicht an die Wirtschaft, nicht an den Markt – und auch nicht an die Demokratie. [...]

Nach: Peter Dausend, Mark Schieritz, Staatsbankrott! In: Die Zeit vom 5.3.2009

* *Pensionsfonds: angelegter Geldbestand zur betrieblichen Altersvorsorge von Mitarbeitern, finanziert von Arbeitgebern und ggf. Arbeitnehmern*

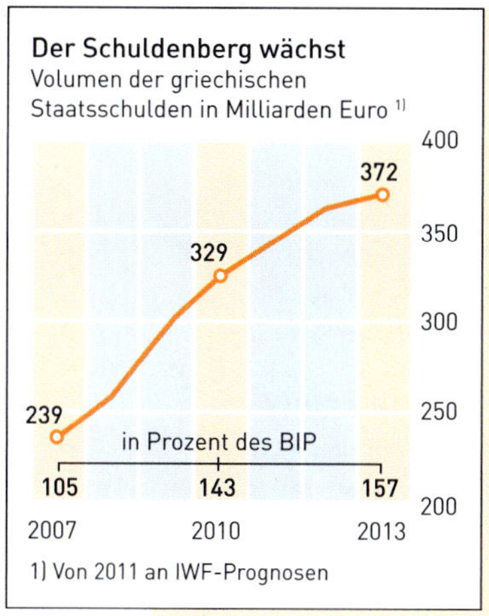

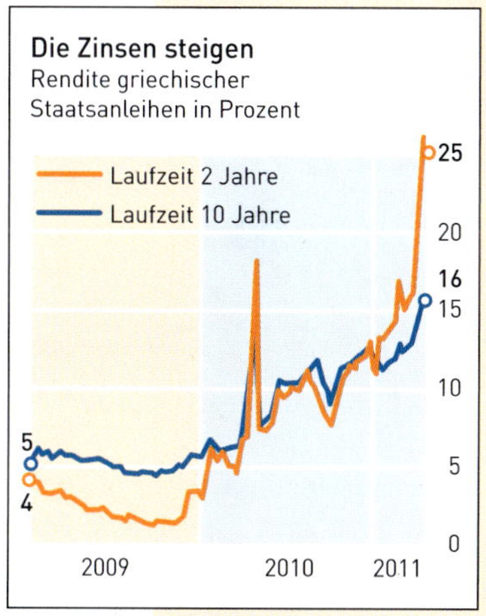

Zahlen: IWF, Eurostat, in: Frankfurter Allgemeine Zeitung, 1.5.2011

Aufgaben

1. Visualisieren Sie das Zustandekommen der Schwierigkeiten „Musterlands" (M 2).
2. Erläutern Sie die Problematik eines zu starken Anstiegs der zu zahlenden Zinsen für Staatsanleihen (M 2 und Grafiken in der Randspalte).
3. *„Die Banken wären [im Falle eines Staatsbankrotts] umringt von Menschen, die ihr Geld abheben wollen. Die Armee müsste die Geldinstitute mit Panzern schützen, weil die Polizeikräfte nicht mehr ausreichen würden. Im ganzen Land gäbe es Aufstände."* (Theodoros Pangalos, griechischer Vizeregierungschef, am 25.6.2011) Gestalten Sie – dieses Zitat berücksichtigend – ein möglichst wirklichkeitsnahes und konkretes Bild der Lebensumstände in Griechenland nach einem Staatsbankrott. Beziehen Sie sich dabei auch auf die Funktionen, die ein moderner Staat erfüllen sollte (M 2, Infobox).

Vorschläge

Verfassen Sie eine kurze Reportage eines in Griechenland lebenden Deutschen für eine deutsche Wochenzeitung oder entwerfen Sie einen Text für einen 3-minütigen Nachrichtenbeitrag über die Zustände in Griechenland.

5.1.2 Ist eure Krise auch unsere Krise?

Hedge-Fonds
Oft sehr große Investmentfonds mit einer häufig sehr spekulativen und damit risikoreichen Anlagestrategie

Private Equity
Geld zum Handel an ungeregelten Märkten (also außerhalb von Börsen). Kapitalgeber (z. B. Privatpersonen, Fonds, Versicherungen …) gründen zu diesem Zweck oftmals eigene sog. Kapitalgesellschaften.

M 3 ● Ansteckungsgefahr! Destabilisierung von Euro-Staaten durch Finanzmarkt-Anleger?

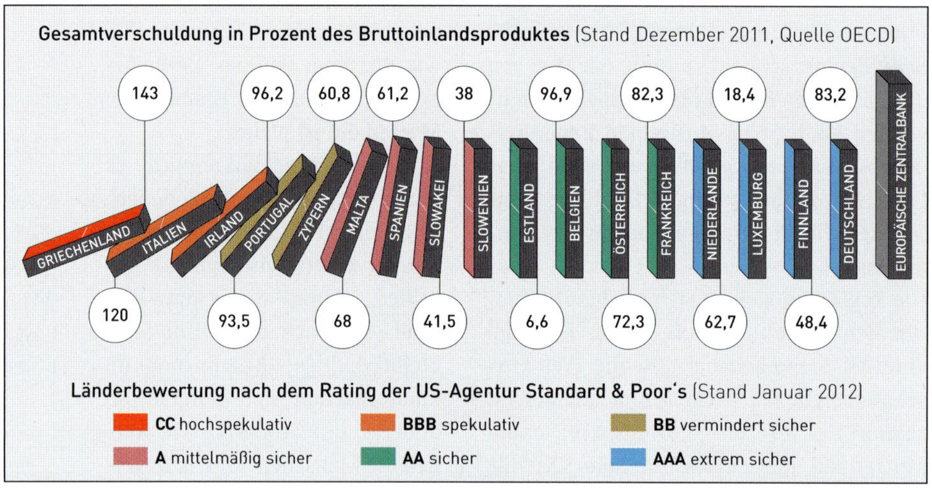

Nach: Der Freitag, Nr. 4, 21.1.2012, S. 8

Seit Ende 2009 sprechen die Märkte nur über eins: „Griechenland". […] Es ist noch keine Panik ausgebrochen, aber weit ist man nicht davon entfernt, wie die Banken feststellen, die auf die ängstlichen Fragen ihrer Kunden antworten müssen (es handelt sich um institutionelle Anleger, Hedge-Fonds, Private Equity, Unternehmen …). […] Wenn man Milliarden Euro investiert, will man keine Risiken eingehen: Man muss wissen, auf was man setzt, und ein chinesischer Fonds weiß nicht unbedingt, wie die Lage in Griechenland oder in der Euro-Zone aussieht. Überhäuft mit schlechten Nachrichten angelsächsischer Agenturen und Zeitungen, die für den Euro keine übermäßige Zuneigung hegen, sind die Märkte innerhalb weniger Wochen von Wachsamkeit zur Ängstlichkeit übergegangen, was die Zinsen in die Höhe trieb und den Euro schwächte. […] Zwar macht Griechenlands Wirtschaft nur 3 Prozent des BIP der Euro-Zone aus, einen sehr geringen Anteil also, doch die Märkte sorgen sich um die Stabilität der anderen Länder der Euro-Zone. Denn auch Italien, Irland, Portugal und Spanien sind hoch verschuldet (auf Englisch nennt man sie mit ihren Initialen, was „Piigs" ergibt, ein Wortspiel zu „pigs", Schweine …). Die meisten dieser Länder […] wurden herabgestuft und müssen nun höhere [Zinsen] zahlen. Kurzum, die gesamte Euro-Zone scheint infiziert zu sein, und es kommen langsam Fragen auf über eine mögliche Explosion der Euro-Zone. […] Die Nervosität der Märkte wird zum Teil von Spekulationen geschürt. So haben bestimmte Investoren, die vor der Krise CDS (Credit default Swap) auf griechische Staatsanleihen erworben haben, wodurch sie sich gegen das Ausfallrisiko eines Staates absichern, jedes Interesse, Griechenland in den Bankrott zu treiben. Sie verdienen vorerst Geld, indem sie Kapital zu immer höheren Zinsen verleihen, und im Fall eines Ausfalls bringen ihnen ihre billig erworbenen CDS ein Vermögen ein.

Jean Quatremer, Die Krise nimmt ihren Anfang, auf: www.arte.tv vom 5.11.2010

Jean Quatremer ist Redakteur der französischen Tageszeitung Libération.

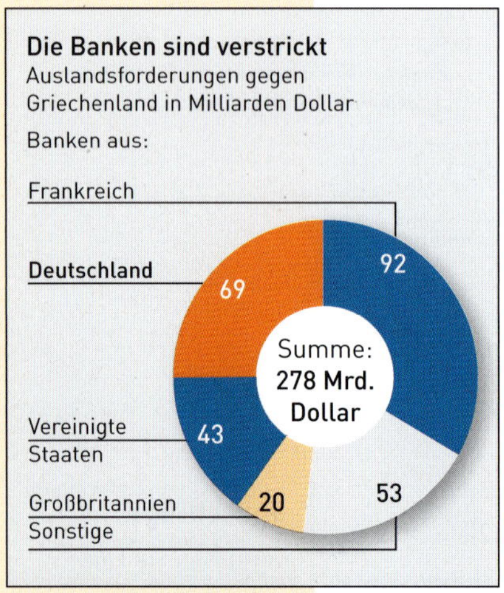

Zahlen: IWF, Eurostat, in: Frankfurter Allgemeine Zeitung, 1.5.2011

M 4 Keine Abwertung – Problem einer Gemeinschaftswährung

Wenn Griechenland bankrott ist, könnten nicht nur Irland und Portugal in die Pleite rutschen – sondern auch Spanien, Italien oder Belgien. Aber wie genau verbreitet sich dieses „Pleitevirus"?
Der renommierte belgische Ökonom Paul De Grauwe [...] vergleicht Spanien und Großbritannien, die beide stark steigende Staatsschulden aufweisen. [...] Großbritannien muss [2011] für eine 10-jährige Staatsanleihe nur eine Rendite von 3,1 Prozent bieten. Bei Spanien sind es 5,5 Prozent. Die Anleger schätzen also das Risiko deutlich höher ein, dass Spanien zahlungsunfähig wird. Aber warum?
[...] Angenommen, die Investoren würden befürchten, dass Großbritannien demnächst pleite ist. Dann würden sie ihre Staatsanleihen verkaufen, dafür Pfund erhalten – und dieses Geld in eine andere Währung umtauschen, wo sich bessere Anlagemöglichkeiten bieten. Dieser Ausverkauf britischer Staatsanleihen würde aber ziemlich bald enden, denn der Kurs des Pfundes würde so stark sinken, dass es für die Investoren attraktiver wäre, im Pfund zu bleiben. [...] Sie würden entweder die britischen Staatsanleihen behalten oder aber die Verkaufserlöse wieder in Großbritannien anlegen. Es käme nicht zu Liquiditätsengpässen [= Zahlungsschwierigkeiten]. Zudem würde das sinkende Pfund dafür sorgen, dass die britische Wirtschaft international wettbewerbsfähiger wird. [...] Investoren würden erneut britische Staatsanleihen kaufen. Zudem könnte auch noch die britische Zentralbank einspringen, falls sich kein Anleger findet – und einfach selbst Staatsanleihen erwerben. Eine britische Staatspleite ist also faktisch ausgeschlossen. Völlig anders stellt sich die Lage in Spanien, Italien oder Belgien dar. Wenn die Investoren dort nervös werden [s. Infobox „Rating-Agenturen"] und ihre Staatsanleihen abstoßen, erhalten sie Euros, die sie ohne Umtausch außer Landes schaffen können, um sie etwa in Deutschland anzulegen. Es kommt zu einem echten Liquiditätsengpass in den gefährdeten Staaten. Zudem bleibt der Euro-Kurs bei diesen Transaktionen stabil, sodass auch die Wettbewerbsfähigkeit der betroffenen Länder nicht steigt. Es ist ein Teufelskreis: Weil die Investoren einen Staatsbankrott erwarten, tritt er auch ein.

Ulrike Herrmann, Achtung, Ansteckungsgefahr! In: die tageszeitung, 23.6.2011

Info

Rating-Agenturen

Rating-Agenturen sind private Unternehmen, die die Kreditwürdigkeit [= Bonität] von Unternehmen oder Staaten aufgrund einer ständig aktualisierten Analyse betriebs- bzw. volkswirtschaftlicher Daten einschätzen.
Ein höheres Risiko muss von den Kreditnehmern in der Regel mit einem höheren Zins für geliehenes Geld vergütet werden.
Das von der Finanzwelt lange anerkannte System der Rating-Agenturen ist in den letzten Jahren kritisiert worden: Erstens verfügen die drei großen Agenturen (Moody's, Standard & Poor's, Fitch Rating) über eine Art faktisches Rating-Oligopol und damit über die Macht, ganze Unternehmen oder Staaten in Zahlungsschwierigkeiten zu bringen. Zweitens sind diese mächtigen Agenturen Privatunternehmen und unterliegen damit trotz ihres Einflusses auf ganze Volkswirtschaften einer eher geringen öffentlichen Kontrolle. Drittens waren sie am Entstehen der Finanzkrise 2007 nicht unbeteiligt, da sie Wertpapiere als sehr investitionswürdig einschätzten, die bereits äußerst risikobehaftet waren.
Autorentext

Aufgaben

1. Charakterisieren Sie das Interesse von Finanzmarktakteuren an griechischen Staatsanleihen und die Folgen für deren Verzinsung sowie für andere Euro-Staaten (M 3).
2. Arbeiten Sie das Interesse der Euro-Staaten an der Stabilisierung ihrer Währung heraus (M 3, Grafik in der Randspalte).
3. Erläutern Sie, warum eine nationale Währung eher vor einem Staatsbankrott schützt als die Zugehörigkeit zu einem Währungsgebiet wie dem Euro-Raum (M 4, Infobox).

Abwertungswettlauf
Konkurrenz zwischen Staaten um Geldentwertung, um die eigenen Exporte gegenüber den Handelspartnern zu verbilligen und damit den Absatz anzuheizen sowie um sich durch die Ausweitung der Geldmenge auf Kosten anderer zu entschulden

Deflation
Wertsteigerung des Geldes mit dem großen Nachteil der Einnahmerückgänge von Unternehmen durch Preisverfall

Depression
schweres und meist lang anhaltendes Konjunkturtief

Protektionismus
Schutz der im Land hergestellten Güter vor Wettbewerbern aus dem Ausland, z. B. durch Importzölle

5.1.3 Der Euro – eine Erfolgsgeschichte?

M 5 ● Roman Herzog über die Bedeutung des Euro

Die Zeit der nationalen Wirtschaften ist lange vorbei. Die deutschen Bürger, die fürchten, ihre harte Mark in der Währungsunion zu verlieren, argumentieren durchaus aus einer berechtigten Position. Aber sie müssen sich auch sagen lassen, dass die Härte dieser Mark schon heute nicht allein in der Hand der Deutschen Bundesbank liegt. Sie hängt auch von der Offenheit ausländischer Märkte für deutsche Exporte ab, die allein 30 % des deutschen Bruttosozialprodukts ausmachen. Und mehr als zwei Drittel aller deutschen Exporte gehen wiederum in europäische Länder. Mit anderen Worten: Die Härte der DM war stets auch ein Gewinn, der der wirtschaftlichen Integration Europas zu verdanken war. [...]

Ich will auch sagen, was droht, wenn wir diesen Weg [zur Gemeinschaftswährung] nicht gemeinsam finden. Es drohen Abwertungswettläufe, Handelskriege, Protektionismus, Renationalisierung der Wirtschaftspolitik, Deflation, vielleicht sogar Depression.

Roman Herzog (damaliger Bundespräsident) vor dem Europäischen Parlament in Straßburg, 10.10.1995

M 6 ● Was soll die Gemeinschaftswährung bringen?

Die Währungsunion soll der Europäischen Union ökonomische und politische Vorteile bringen. Das naheliegendste ökonomische Argument liegt im Wegfall der Kosten beim Umtausch von Währungen. Die einheitliche Währung spart Auslandsreisenden und Unternehmen im Außenhandel Zeit, Geld und Mühe. Dieser Vorteil ist nicht trivial, aber das zentrale ökonomische Argument für die Währungsunion ist ein anderes: die Ergänzung des einheitlichen Binnenmarkt (vgl. Kap. 4.1.1). [...] Die Währungsunion vervollkommnet den Binnenmarkt, denn sie sorgt endgültig für stabile und klare Währungsverhältnisse in Europa.

- Die EU-Länder wickeln den größten Teil ihres Außenhandels untereinander ab. Dieser Teil des Außenhandels wird durch die EWU für immer vom Wechselkursrisiko befreit. Aber nicht nur der Handel, auch Investitionen werden durch die gemeinsame Währung erleichtert. Die Planungssicherheit für Unternehmen steigt, Investitionsentscheidungen werden innerhalb des EWU-Raums nicht mehr von schwer berechenbaren Wechselkursentwicklungen beeinflusst.
- Die gemeinsame Währung macht den Binnenmarkt unabhängig von stets möglichen Turbulenzen auf den Weltdevisenmärkten. Massive Wechselkursveränderungen vor allem zwischen dem US-Dollar und der D-Mark haben in den 70er-, 80er- und frühen 90er-Jahren immer wieder Unruhe in das europäische Wirtschaftsgeschehen hineingetragen. Selbstverständlich kann der Euro gegenüber dem US-Dollar stark schwanken, aber innerhalb des Euro-Raums bleiben die Währungsverhältnisse dann unverändert, weil von Lappland bis Sizilien der Euro gilt.
- Die gemeinsame Währung erhöht die Markttransparenz im Binnenmarkt. [...] Der [dadurch] vermehrte Wettbewerb kommt auch der Preisstabilität zugute,

da er die Preiserhöhungsspielräume der Unternehmen begrenzt – ein unmittelbarer Vorteil für die europäischen Verbraucher.

- Durch die Währungsunion steigt auch die Leistungsfähigkeit der Kapitalmärkte. Die vormals nationalen Aktien- und Anleihemärkte wachsen zusammen, Marktbreite und -tiefe nehmen zu. Für Sparer erweitert sich das Spektrum der Anlagemöglichkeiten ohne Wechselkursrisiko beträchtlich. Kapitalnachfragern – das heißt vor allem Unternehmen – wird die Kapitalaufnahme durch das leichtere Ausgeben von Aktien und Anleihen erleichtert.
- [Dadurch, dass die EWU-Staaten eine gemeinsame Währung besitzen, kann es nicht mehr zu sog. „Abwertungswettläufen“ kommen.]

Die wirtschaftlichen Vorteile der Währungsunion sind überwiegend langfristiger Natur. Niemand sollte sich Wunderdinge vom Euro erwarten. [...] Für die Währungsunion werden neben den ökonomischen auch politische Gründe geltend gemacht.

- Sie soll die Mitgliedstaaten zusammenschweißen und die europäische Einigung gegen Rückfälle in Nationalismus absichern.
- Nicht zuletzt soll der Euro die EU als globalen Akteur gegenüber gegenwärtigen Großmächten wie den USA und Japan sowie gegenüber künftigen Großmächten wie China und Indien stärken.

Holger Sandte, Die Europäische Währungsunion, in: Europa – Auf dem Weg zur Einheit, Hannover 2000, S. 52f.

Referieren

Stellen Sie den Prozess der Entscheidung für die Einheitswahrung Euro sowie für eine einheitliche Geldpolitik durch die Europäische Zentralbank (EZB) dar.
Erläutern Sie in diesem Zusammenhang, warum vor allem deutsche Finanzpolitiker wie Theo Waigel Geldwertstabilität als oberstes Ziel für die EZB durchsetzten.

M 7 ● Euroland ≠ EU

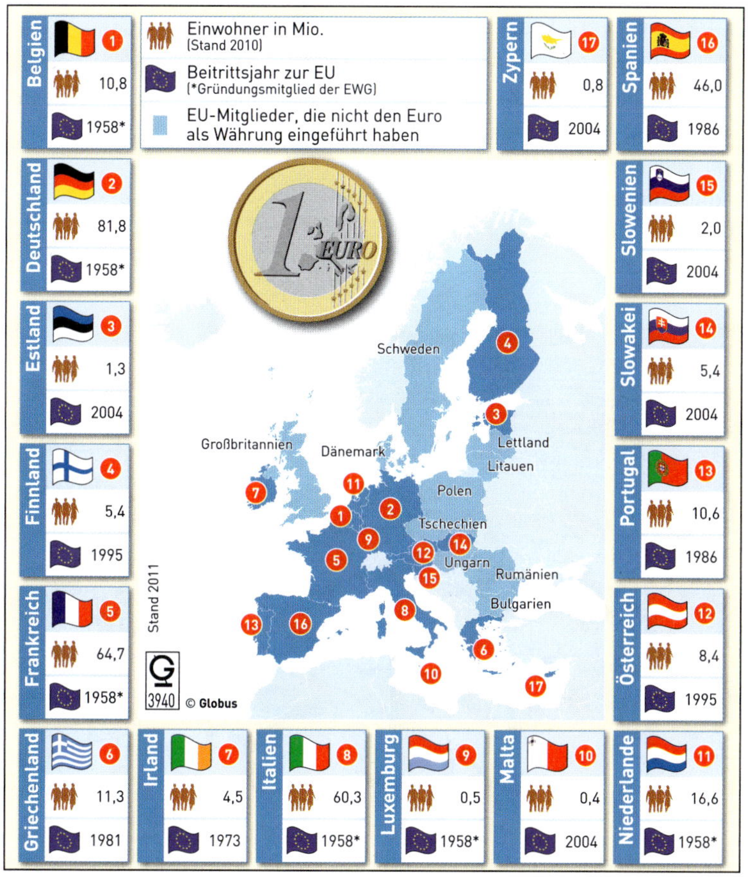

Konvergenz

Annäherung, Aufeinanderzustreben; hier: Annäherung der in den Kriterien erfassten Wirtschaftsdaten

M 8 ● Konvergenzkriterien nach Maastricht – die Bedingungen zur Euro-Einführung

Im Vertrag von Maastricht (1991) wurde von den damals 12 Mitgliedstaaten der Europäischen Union u. a. die Einführung der gemeinsamen Währung „Euro" beschlossen. Alle Länder der EU sollten (unabhängig von der Währung) die vier sogenannten „Konvergenzkriterien" erfüllen:

- jährliche Neuverschuldung max. 3 % des BIP, Staatsverschuldung gesamt max. 60 % des BIP
- Inflationsrate nicht mehr als 1,5 % über denen der drei preisstabilsten Mitgliedstaaten
- Wechselkursänderung der alten Währung zum Euro zwei Jahre vor dessen Einführung max. 15 %
- Zinssatz langfristiger Staatsanleihen max. 2 % über dem der drei Mitgliedstaaten mit der niedrigsten Inflation

Diese Regelung ist in § 140 des Vertrags über die Arbeitsweise der EU (AEU) aufgegangen und beruht auf § 126 AEU, wonach alle „Mitgliedstaaten [...] übermäßige öffentliche Defizite" vermeiden müssen. Bei mehrfachem Verstoß gegen die Konvergenzkriterien kann die Europäische Kommission einen Plan zum Defizitabbau verlangen und Sanktionen verhängen (u. a. Strafzahlungen zwischen 0,2 und 0,5 % des BIP an die EU). Diese Sanktionen müssen vom Ministerrat mit qualifizierter Mehrheit (seit 2007: 55 % der Mitgliedstaaten, die mindestens 65 % der Bevölkerung repräsentieren müssen) gebilligt werden, wobei das betroffene Land kein Stimmrecht besitzt.

Der Euro soll in allen 27 EU-Ländern automatisch die alte Währung ablösen, die die Konvergenzkriterien erfüllen. Allerdings sicherten sich Großbritannien und Dänemark eine sog. „Opt-out-Möglichkeit", d. h. sie können trotz (damals) erfüllter Kriterien ihre alte Währung behalten. Der Euro wurde 1999 als Buch- und 2002 als Bargeld eingeführt. Zurzeit [2012] besteht die Euro-Zone aus 17 EU-Staaten.

Ausgegeben wird der Euro allein von der 1998 gegründeten Europäischen Zentralbank (EZB). Oberstes Ziel der Notenbank ist Preisniveaustabilität.

Autorentext

Karikatur: Pit Flick

M 9 ● Der Euro – ein eingelöstes Stabilitätsversprechen?

a) Euro = Teuro? Verbraucherpreisentwicklung in ausgewählten Euro-Ländern

Jahresdurchschnittlicher Anstieg der Verbraucherpreise in Prozent

Im Zeitraum von	In nationaler Währung 1960 bis 1970	1970 bis 1980	1980 bis 1990	1990 bis 1998	Verbraucherpreisanstieg 2010	Nach der Euro-Einführung 1999 bis 2009
Deutschland	**2,7**	**5,1**	**2,6**	**2,6**	**1,2**	**1,6**
Frankreich	4,1	9,6	6,3	1,9	1,7	1,7
Niederlande	4,2	7,4	2,5	2,6	0,9	2,2
Italien	3,9	13,9	9,6	4,1	1,6	2,3
Portugal	4,5	18,6	17,1	5,4	1,4	2,6
Spanien	6,0	15,3	9,3	4,1	2,0	3,0
Irland	4,7	13,7	7,7	2,3	-1,6	3,1
Griechenland	2,1	14,3	19,0	9,3	4,7	3,1

Zahlen: Eurostat und Institut der deutschen Wirtschaft Köln 2010

b) Stabilität nach außen? Der Wechselkurs des Euro zum Dollar

Aufgaben

1. Fassen Sie die Funktionen des Euro als Gemeinschaftswährung zusammen (M 5, M 6).
2. Charakterisieren Sie die Euro-Einführung als Vertiefungsschritt der EU bzw. der EWWU (M 5 - M 8, Kap. 2).
3. Überprüfen Sie, inwieweit der Euro als „Erfolgsgeschichte" zu bezeichnen ist (M 5 - M 9, Kap. 5.1.2).

5.1.4 Wer ist verantwortlich für die Euro-Krise?

M 10 ● Griechenland und der Euro in der Karikatur

Karikatur: Jan Tomaschoff/Baaske Cartoons

Referieren

Stellen Sie den Verlauf sowie die Weltfinanz- und Wirtschaftskrise ab 2007 dar und beurteilen Sie, welchen Einfluss diese auf die Staatsschuldenkrise in der Euro-Zone seit 2010 hatte.

M 11 ● Kontrovers diskutiert: Die Ursachen der Euro-Krise

a) Tricks, Strukturunterschiede, fehlende Haushaltsdisziplin

Die zunehmenden Spannungen im Euro-Raum sind auf drei Ursachen zurückzuführen: nicht sanktionierte Tricksereien beim Eintritt in die Euro-Zone, divergierende wirtschaftliche Entwicklungen zwischen Nord- und Südländern und fehlende Haushaltsdisziplin vieler Regierungen. Die Aufnahme Spaniens und Portugals in den Gründungsclub des Euro war – angesichts des noch deutlichen Entwicklungsrückstands gegenüber bspw. Frankreich, den Niederlanden oder Deutschland – eine überwiegend politische Entscheidung. [...] Die Aufnahme Griechenlands zum 1.1.2001 erfolgte auf der Grundlage von „geschönten" Angaben zu Staatsverschuldung, die danach mehrfach nach oben korrigiert werden mussten. Als besonders fatal erwies sich die Aufweichung des Stabilitäts- und Wachstumspakts im Jahre 2005. Nachdem mehrere Staaten – zuerst Portugal, später dann auch Frankreich und Deutschland – über längere Zeit nachhaltig und nicht nur vorübergehend aus konjunkturpolitischen Gründen (das ist erlaubt) gegen das Drei-Prozent-Schuldenkriterium verstoßen hatten, ohne dass es zu den im „Defizitverfahren" vorgesehenen Sanktionen kam, wurde der Katalog von Ausnahmen und zur Rechtfertigung von Überschreitungen des Kriteriums erheblich erweitert und die Anwendung von Sanktionen weiter verwässert. [...]

[Die] Wettbewerbsfähigkeit der südeuropäischen Euro-Länder Portugal, Italien, Griechenland und Spanien [...] hat sich gegenüber den mittel- und nordeuropäischen Mitgliedsländern und auch aus globaler Sicht verschlechtert. Abzulesen ist diese Entwicklung an mehreren Indikatoren: relativ hohe Inflationsraten, steigende Lohnstückkosten, negative Leistungsbilanzen, (zu) niedrige Realzinsen. Die Geldpolitik der EZB bescherte der Euro-Zone insgesamt im Durchschnitt eine niedrige Inflationsrate von ca. 2 Prozent. Insbesondere in den Südländern konnte die vorher hohe Inflation erfolgreich reduziert werden. Der Durchschnitt verdeckt allerdings unterschiedliche Raten in einzelnen Ländern. [...] Der Preisanstieg in den PIIGS-Staaten ist überdurchschnittlich, in den Nordstaaten liegt er unter dem Durchschnitt der EU. Vergleichsweise starker Preisanstieg, niedrige Kreditzinsen (s.u.) und eine rasch wachsende Wirtschaft sorgten für hohe Lohnsteigerungen in den Südländern, die allerdings deutlich über den Produktivitätsanstieg hinausgingen und zu einem starken Anstieg der Lohnstückkosten führten. Stiegen z. B. in Deutschland bei vergleichsweise zurückhaltender Lohnentwicklung und deutlichem Produktivitätszuwachs die Lohnstückkosten von 2000 = 100 auf 2009 = 108, so stiegen sie im gleichen Zeitraum in Portugal auf 129, in Spanien auf 130, in Italien auf 133 und in Griechenland auf 134 – also jeweils rund um ein Drittel! Ein solcher Anstieg der Lohnstückkosten wirkte sich natürlich negativ auf die internationale Wettbewerbsfähigkeit dieser Länder aus. [...]

In Griechenland betrug der Saldo der Leistungsbilanz in Prozent des BIP im Jahre 2009 -13,1 Prozent, in Portugal -10,5 Prozent, in Spanien -5,1 Prozent und in Italien -3,2 Prozent. Bereits 1999 wiesen diese Länder Defizite auf, aber seit 1999 sind sie gewachsen – vor allem, weil die Griechen, Portugiesen, Spanier und Italiener Konsum- und Investitionsgüter aus den (preisstabileren) übrigen Euro-Ländern vermehrt gekauft haben. Deutschland gehört hier eindeutig zu den Gewinnern, es wickelt den größten Teil seines Außenhandels zu Euro-Konditionen ab und konnte seinen Leistungsbilanzüberschuss deutlich vergrößern.

Klaus-Peter Kruber, Die Zukunft des Euro – alles wird gut? In: Politische Bildung 44 (2011) H. 1, S. 49-58

Kruber ist Professor für Politik/Wirtschaft und ihre Didaktik an der Christian-Albrechts-Universität zu Kiel.

b) Leistungsbilanzunterschiede und fehlende politische Integration

Süddeutsche Zeitung: Wie könnte [...] eine dauerhafte Lösung für den Euro aussehen?

Fritz Scharpf: Man müsste zwei Probleme lösen. Da sind zum einen die Ungleichgewichte zwischen den Euro-Staaten: Leistungsbilanzdefizite bei den anderen, Überschüsse bei uns; die überbewerteten realen Wechselkurse der Defizitländer, der unterbewertete bei uns. Die deutschen Exporte werden dadurch mit etwa zehn Prozent subventioniert, die Exporte der Defizitländer entsprechend belastet. Solange man das nicht ändert, bleiben die Defizitländer abhängig von internationaler Kapitalzufuhr.

Was ist das zweite Problem?

Das sind die Realzinsen. Die EZB kann für die Euro-Staaten nur einheitliche Nominalzinsen vorgeben. Wenn sich aber die Inflationsraten unterscheiden, entstehen dadurch unterschiedliche Realzinsen. Das hat uns Anfang des Jahrtausends geschadet, als uns hohe Realzinsen eine tiefe Rezession bescherten, während die Südländer durch Realzinsen um null in eine Überkonjunktur getrieben wurden, was die bekannten Probleme verursachte. Jetzt ist es umgekehrt: Unsere Realzinsen sind bei null oder negativ, die der Südländer exorbitant hoch, wodurch wirtschaftlich nichts in Gang kommen kann. Wenn man daran nichts ändern kann, ist es außerordentlich schwer, sich vorzustellen, wie die Euro-Zone ins Gleichgewicht finden sollte.

Also müssen sich alle ändern, die anderen und die Deutschen?

Die EU-Kommission, das EU-Parlament und fast alle Ökonomen außerhalb Deutschlands sind der Meinung, dass in Deutschland Preise und Löhne steigen, die Importe zunehmen und die Exporte nicht mehr so wachsen sollten; für die Defizitländer gälte das Gegenteil. [...] Eigentlich müssten wir zum Beispiel die Mehrwert-

Tipp

Interviewausschnitte mit europäischen Politikern zu Ursachen der und Maßnahmen gegen die Krise: www.arte.tv → Euro-Krise → Interviews

Leistungsbilanz (LB)

Erfassung des Im- und Exports aller Güter; zusammengesetzt aus drei Teilbilanzen: der Handels- (Verhältnis der Ein- und Ausfuhr von Waren), der Dienstleistungs- und der Übertragungsbilanz (Verhältnis von Überweisungen ausländischer Arbeitnehmer in das und aus dem Land).

Am LB-Saldo lässt sich das Verhältnis der Im- und Exporte bemessen (negative LB = Importüberschuss; positive LB = Exportüberschuss).

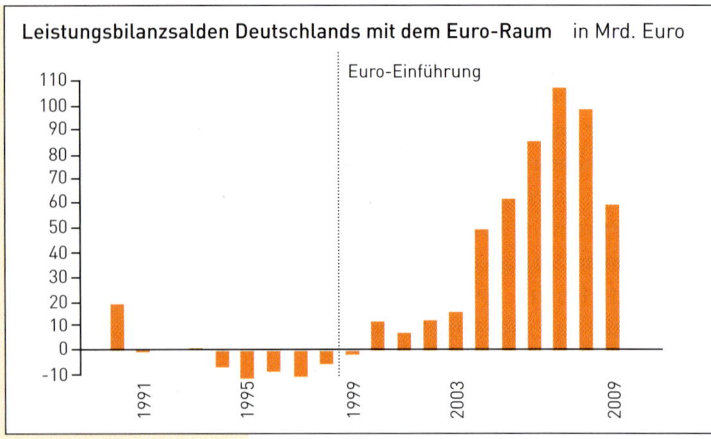

Zahlen. IMK-Report, Nr. 53, 2010

steuer deutlich senken, um den Konsum und damit die Importe anzukurbeln.

Die Deutschen sagen: Wir lassen uns nicht bestrafen für unseren Erfolg.

Da sind sich alle einig: Die Gewerkschaften wollen die wiedergewonnenen Arbeitsplätze nicht riskieren, die Arbeitgeber nicht ihre Exportvorteile aufgeben. In einer Währungsunion können aber nicht alle Exportüberschüsse erzielen. Das ist ein Nullsummenspiel. Es gibt gegensätzliche Interessen: Wir verlangen etwas von den Defizitländern, was diese nicht erreichen können, wenn wir unsere Überschüsse nicht reduzieren. [...]

Wir müssen erst einmal die Entstehung der Probleme verstehen und überlegen, wie man einem Gleichgewicht in der Euro-Zone näher kommt. Über Geldpolitik wird leider nicht diskutiert. Aber da liegt der Kern. Die einzelnen Ökonomien der Währungsunion sind sehr heterogen. Eine einheitliche Geldpolitik treibt die einen in die Überkonjunktur, die anderen in die Rezession. Helfen könnte nur eine differenzierte Geldpolitik.

Wie könnte die aussehen?

Das weiß noch keiner so recht. Es gibt in der Literatur Andeutungen, dass die EZB unterschiedliche Mindestreserven für Banken in verschiedenen Ländern festsetzen könnte. [...]

Was bedeutet das für die Europa-Politik?

[...]

In der nationalen Politik wird die Wirtschaftsentwicklung üblicherweise mit vier Instrumenten beeinflusst: Geldpolitik, Währungspolitik, Fiskal- und Lohnpolitik. Sie werden alle miteinander eingesetzt, um gleichzeitig Inflation zu verhindern, stetiges Wachstum zu ermöglichen, ein außenwirtschaftliches Gleichgewicht zu erhalten. [...]

Die einheitliche Geldpolitik [der EZB] hat Schaden angerichtet: Überkonjunktur hier, Rezession dort. Geld- und Wechselpolitik wurden zentralisiert, die anderen Instrumente verblieben bei den Mitgliedstaaten, reichten aber nicht, um die Fehlsteuerungen durch die Geldpolitik zu korrigieren.

Das Interview führte Thomas Kirchner, in: Süddeutsche Zeitung vom 23.12.2011

Der Politikwissenschaftler Fritz Scharpf leitete bis zu seiner Emeritierung 2003 das Max-Planck-Institut für Gesellschaftsforschung in Köln.

Karikatur: Reinhard Alff, 2010

M 12 Volkswirtschaftliche Rahmendaten ausgewählter Euro-Staaten zu Beginn der Krise

	Deutschland	Frankreich	Griechenland	Irland	Italien	Portugal	Spanien
Staatsquote (2008)	43,4	52,5	43,2	39,6	48,3	46,3	39,7
Renteneintrittsalter gesetzlich/ faktisch (2009)	65 (67) / 61,6	60 (62) / 59,3	65 (Männer), 60 (Frauen) / 61,4	65 / 64,1	65 (Männer), 60 (Frauen) / 60,8	65 / 62,6	65 / 62,2
Anteil der in der öffentlichen Verwaltung Beschäftigten in % der Gesamtbevölkerung (2009)	3,4	4,2	3,4	2,3	2,3	3,2	3,0
Durschn. Netto-Jahresverdienst in Euro/Jahr (2010)	24.909	20.257	11.221	21.903	20.257	10.863	15.861
Arbeitslosenquote in % der Arbeitsbevölkerung (2009)	7,8	9,5	9,5	11,9	7,8	9,8	18,0
Staatsverschuldung in % des BIP (2010)	83,2	81,7	142,8	96,2	119,0	93,0	60,1
Neuverschuldung in % des BIP (2010)	3,3	7,0	10,5	32,4[1]	4,6	9,1	9,2
Entwicklung der nominellen Lohnstückkosten 2000-2009 (2000 = 100)	106,9	121,9	137,5	134,0	133,2	127,0	131,7
Leistungsbilanzsaldo 2010 in % des BIP	5,6	-1,5	-11,0	-2,9	-1,9	-10,7	-5,2

Zahlen: Staatsquote: OECD, Economic Outlook 84, Paris 2008; Rentenalter: Michaela Hutterer, Franzosen arbeiten nur bis 59, in: Focus vom 12.8.2010; Verwaltungbeschäftigte: BMI, Daten zur Personalstruktur 2011, S. 11; Netto-Jahresverdienst: Eurostat; Arbeitslosenquoten: Wirtschaftskammer Österreich; Staats- und Neuverschuldung: Europäische Kommission, euroindikatoren, 60/2011; Lohnstückkosten: Thema Wirtschaft Nr. 125, Institut der deutschen Wirtschaft Köln; Leistungsbilanzsalden: OECD Statistics, 21.2.2012

1) Irland hatte überproportional hohe Ausgaben für Bankenrettung in der Finanzkrise 2008/09 zu verkraften.

Staatsquote
Anteil der staatlichen Aktivität an volkswirtschaftlicher Gesamtleistung

Aufgaben

1. Fassen Sie die unterschiedlichen Überlegungen zum Zustandekommen der Griechenland- bzw. der Euro-Krise zusammen (M 11). Visualisieren Sie dazu die Ursache-Wirkung-Beziehungen nach Kruber bzw. Scharpf.
2. Vergleichen Sie die Wirtschaftsstruktur der in Finanzierungsschwierigkeiten geratenen Länder der Euro-Zone (Griechenland sowie Portugal und Irland, ggf. Spanien und Italien) mit den ökonomisch stabilen Euro-Staaten (M 9, M 12).
3. Überprüfen Sie die Aussagen Krubers und Scharpfs zum Zustandekommen der Griechenland- bzw. Euro-Krise. Beziehen Sie sich dabei auch auf die Ergebnisse Ihrer vergleichenden Analyse der Wirtschaftsstrukturen (M 11, M 12).
4. Entwickeln Sie als ein Wirtschaftspolitiker Maßnahmen gegen die strukturellen Ursachen der Euro-Krise – entweder auf der Grundlage der Analyse Krubers oder auf der Scharpfs.

ORIENTIERUNGSWISSEN

Ziele der Euro-Einführung und Konvergenzkriterien in der Europäischen Währungsunion („Euro-Zone")
M 6, M 7, M 8

Der 1999 als Buch- und 2002 als Bargeld eingeführte Euro sollte erstens den Geldwert in der Euro-Zone insgesamt stabilisieren. Zweitens sollten sich verschuldete Staaten nicht mehr durch Abwertung ihrer Heimatwährung ihrer Schulden in anderer Währung entledigen können (sog. „Abwertungswettläufe"). Zudem war drittens eine Vereinfachung des innereuropäischen Waren- und Finanzhandels beabsichtigt. Alle (zunächst 12, zurzeit 17) Euro-Länder wiesen zwischen 2002 und 2009 eine niedrigere und stabilere Inflationsrate auf als zuvor. Der innereuropäische Handel nahm stetig zu.

Um den Euro stabil zu halten wird von den EU-Staaten sowohl vor als auch nach der Euro-Einführung das Einhalten der sog. (wirtschaftlichen) Konvergenzkriterien verlangt, die erstmals im Vertrag von Maastricht (1992) formuliert wurden:

- jährliche Neuverschuldung max. 3 % des BIP, Staatsverschuldung gesamt max. 60 % des BIP
- Inflationsrate nicht mehr als 1,5 % über denen der drei preisstabilsten Mitgliedstaaten
- Wechselkursänderung der alten Währung zum Euro zwei Jahre vor dessen Einführung max. 15 %
- Zinssatz langfristiger Staatsanleihen max. 2 % über dem der drei Mitgliedstaaten mit der niedrigsten Inflation

Beim (wiederholten) Verstoß gegen eine oder mehrere dieser Anforderungen kann die EU-Kommission (u. a. finanzielle) Sanktionen gegen den entsprechenden Mitgliedstaat verhängen.

Folgen der Griechenland- bzw. Euro-Krise
M 3

Sollte Griechenland tatsächlich bankrottgehen, würden wohl Staaten wie Portugal, Spanien und Italien auf den Finanzmärkten nur noch zu hohen Zinsen an Kredite kommen, um ihre laufenden Ausgaben zu decken. Kaum zu leistende Interventionsmaßnahmen („Rettungspakete") der Euro-Zone wären notwendig. Die Euro-Zone droht zu zerbrechen, schnelle Geldentwertung könnte die Folge sein. Daneben haben vor allem französische aber auch deutsche Banken dem griechischen Staat Geld geliehen, das sie z. T. bereits verloren haben („Schuldenschnitt") und das sie bei einer Pleite vollständig abschreiben müssten.

Ursachen der Griechenland- bzw. Euro-Krise
M 11

Punktuelle Ursache war die Fälschung von makroökonomischen Statistiken durch Griechenland, um die Erfüllung der Euro-Konvergenzkriterien vorzutäuschen. Drei strukturelle Ursachen sind festzuhalten: Erstens wurden die Konvergenzkriterien faktisch dadurch ausgehöhlt, dass sie von vielen Staaten (z. B. auch Deutschland) mehrfach, von der Europäischen Kommission ungeahndet, übertreten wurden. Zweitens bestehen zwischen den Staaten der europäischen Währungsunion massive wirtschaftsstrukturelle Unterschiede (BIP/Kopf, Produktivität, Durchschnittseinkommen, Lohnentwicklung). Dadurch ist es außerordentlich schwierig, den Euro stabil zu halten, ohne durch zu hohe Leitzinsen die Konjunktur „abzuwürgen" oder durch zu niedrige Leitzinsen die Kredite für waghalsige Spekulationen zu „billig" zu machen. Drittens profitiert(e) Deutschland als Exportnation von einer nur langsamen Lohnsteigerung im eigenen Land bei gleichzeitig schnellen Lohnsteigerungen anderswo.

Gerhard Hankel 1998: Europa wird am Euro scheitern

Eigentlich müsste der Euro „Ikarus" heißen, denn er wird wie dieser abstürzen. Dem antiken Fluggerät fehlte das seine Flügel zusammenhaltende Bindemittel, es löste sich bei zu starker Sonneneinwirkung auf. Dem Euro fehlt das sowohl monetäre wie soziale Bindemittel zwischen den autonom und souverän verbleibenden Nationalstaaten der EU. In der Euro-Zone wird es [keine] Wechselkurse geben, die das Strukturgefälle zwischen seinen [...] monetär verbundenen Volkswirtschaften ausgleichen und bei Bedarf abfedern. Und im Währungsverbund dieser Staaten wird es keinen Finanzausgleich zwischen den Zonen hoher und geringerer Produktivität und Leistungskraft geben, wie in einem normalen, föderativ verbundenen Staatensystem, das zusammenhalten und -bleiben will. Deswegen ist der Euro als das Gemeinschaftsgeld einer Staatengruppe, die sich zwar auf gemeinsame Geld-, nicht aber gemeinsame Beschäftigungs-, Sozial- und Strukturpolitik geeinigt hat, doppelt bedroht: von innen durch die unterschiedlichen Ziele und Konflikte in und zwischen den Mitgliedstaaten, denen der – demokratische – Primat der [nationalen] Innenpolitik immer wichtiger sein und bleiben wird als die Unterwerfung unter das unpolitische Regime der EZB-Manager. [...] Zugleich ist der Euro von außen bedroht, denn [die Geldfunktion der „Wertaufbewahrung" kann] [...] weder verordnet noch politisch durchgesetzt werden [...]. Diese kann nur durch die Märkte der Sparer, Investoren, Kapitalanbieter und -nutzer [...] zuerkannt werden. [...] [An] der Außenfront muss [die EZB] Vertrauenswerbung für ihr Geld-Produkt, den Euro, betreiben. Und wie? Indem sie dessen Fremdheit und Risikoeinschätzung mit möglichst attraktiven Zinsen ausräumt bzw. herunterstuft. [...] Der Euro wird so bewusst als weiche Binnenmarkt- sowie exportorientierte [...] Währung[1] gestartet werden – der Arbeitsplätze wie der damit zu erringenden Weltmarktanteile wegen. [...] Der weiche Euro hat [...] einen leider nicht wegzudiskutierenden Preis: Er erhöht die inneren Preis-, Kosten- und Zinserhöhungsspielräume und nimmt somit an inneren Realeinkommenszuwächsen weg, was er einer Handvoll exportorientierter Welt-Unternehmen als Bonus (oder Exportsubvention) gewährt. Die Wenigen gewinnen, die Vielen verlieren. [...]

Politische Integration ist grundsätzlich etwas anderes als wirtschaftliche. Erstere zielt auf die Verlagerung von Kompetenzen, letztere auf die Öffnung von Grenzen. [...] Mit EZB und Euro werden zwar die monetären und in ihrem Schlepptau auch die fiskalischen Grenzen in der EU aufgehoben, [...] dennoch bleiben die Staaten samt ihren Organen voll in der demokratischen und politischen Verantwortung ihrer nationalen Verfassungen und Bürger. Sie müssen – EZB, Euro, Stabilitätspakt her oder hin – ganz prosaisch im politischen Alltag der Nation für stabile Konjunkturen, ausreichende Beschäftigung und sozialen Ausgleich sorgen. [...] Die Währung ist eine schwache Integrationsklammer, keine starke, wenn es den politischen Systemen nicht mehr gelingt, mit „Real"-Vorteilen zu überzeugen: Gerechtigkeit, Sicherheit, Lebenschancen und gemeinsamen Werten.

Gerhard Hankel, Europa wird am Euro scheitern, in: Der Kampf um den Euro. Wie riskant ist die Währungsunion?, Hamburg 1998, S. 140-155

1) weiche Währung: Währung, die gegenüber anderen (tendenziell) an Wert verliert (Wechselkurs) und in deren Gebiet eine relativ hohe Inflation herrscht

Aufgaben

1. Fassen Sie Hankels Euro-Kritik zusammen.
2. „In der Euro-Zone wird es [keine] Wechselkurse geben, die das Strukturgefälle [...] ausgleichen." Erklären Sie diese Aussage Hankels.
3. Überprüfen Sie Hankels Euro-Kritik von 1998 aus heutiger Sicht.

5.2 Akteure und Entwicklungstendenzen des Euro-Raums

5.2.1 Die Europäische Zentralbank – Stabilitätsanker für den Euro?

M 1 ● Die Aufgabe der EZB

Karikatur Martin Erl, 2008

Mario Draghi, EZB-Präsident seit November 2011

M 2 ● Die rechtliche Grundlegung der Europäischen Zentralbank

Vertrag über die Arbeitsweise der Europäischen Union (AEU-Vertrag)

§ 125

(1) Die Union haftet nicht für die Verbindlichkeiten der Zentralregierungen, der regionalen oder lokalen Gebietskörperschaften oder von anderen öffentlich-rechtlichen Körperschaften, sonstiger Einrichtungen des öffentlichen Rechts oder öffentlicher Unternehmen von Mitgliedstaaten und tritt nicht für derartige Verbindlichkeiten ein [...]. Ein Mitgliedstaat haftet nicht für die Verbindlichkeiten der Zentralregierungen, der regionalen oder lokalen Gebietskörperschaften oder anderen öffentlich-rechtlichen Körperschaften, sonstiger Einrichtungen des öffentlichen Rechts oder öffentlicher Unternehmen eines anderen Mitgliedstaats und tritt nicht für derartige Verbindlichkeiten ein [...].

§ 127

(1) Das vorrangige Ziel des Europäischen Systems der Zentralbanken (im Folgenden „ESZB“) ist es, die Preisstabilität zu gewährleisten. Soweit dies ohne Beeinträchtigung des Zieles der Preisstabilität möglich ist, unterstützt das ESZB die allgemeine Wirtschaftspolitik in der Union [...]. Das ESZB handelt im Einklang mit dem Grundsatz einer offenen Marktwirtschaft mit freiem Wettbewerb [...].

(2) Die grundlegenden Aufgaben des ESZB bestehen darin,

- die Geldpolitik der Union festzulegen und auszuführen,
- Devisengeschäfte [...] durchzuführen [zur Steuerung des Euro-Wechselkurses zu anderen Währungen],
- die offiziellen Währungsreserven der Mitgliedstaaten zu halten und zu verwalten,
- das reibungslose Funktionieren der Zahlungssysteme zu fördern. [...]

§ 282

(1) Die Europäische Zentralbank und die nationalen Zentralbanken bilden das Europäische System der Zentralbanken (ESZB). Die Europäische Zentralbank und die nationalen Zentralbanken der Mitgliedstaaten, deren Währung der Euro ist, bilden das Euro-System und betreiben die Währungspolitik der Union. [...]

(3) Die Europäische Zentralbank besitzt Rechtspersönlichkeit. Sie allein ist befugt, die Ausgabe des Euro zu genehmigen. Sie ist in der Ausübung ihrer Befugnisse und der Verwaltung ihrer Mittel unabhängig. Die Organe, Einrichtungen und sonstigen Stellen der Union sowie die Regierungen der Mitgliedstaaten achten diese Unabhängigkeit. [...]

Zitiert nach: http://dejure.org/gesetze/AEUV (Stand: 24.1.2012)

M 3 ● Die Entscheidungsstrukturen in der EZB

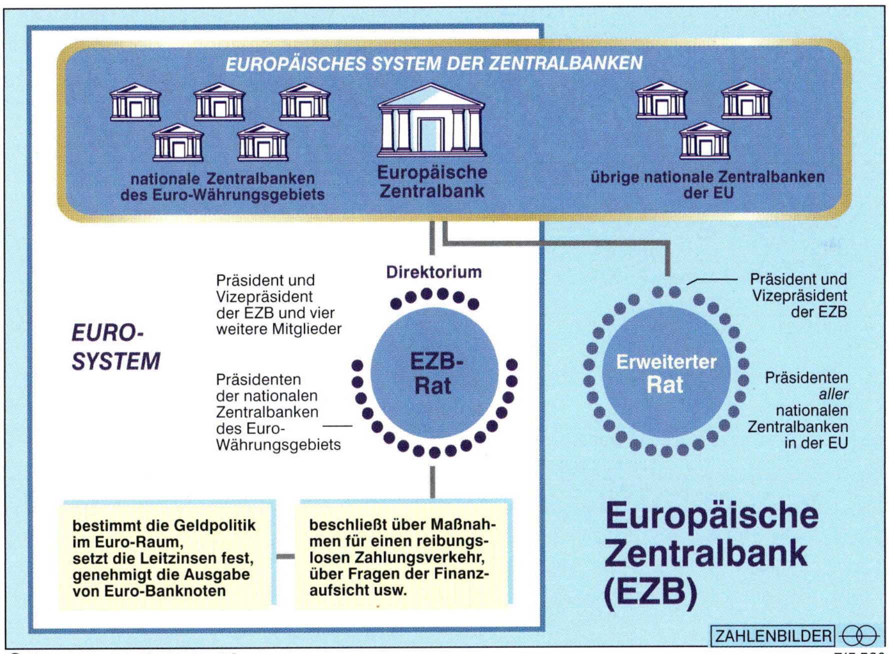

 715 560

Politisch: Sie ist an keine Weisungen von EU-Organen oder Staaten gebunden.

Institutionell: Alle im EZB-Rat vertretenen nationalen Notenbanken müssen mit Beginn der Währungsunion selbst unabhängig sein.

Personell: Die Mitglieder des Direktoriums werden für eine lange Amtsdauer (8 Jahre) berufen, Wiederwahl ausgeschlossen. Die nationalen Notenbankpräsidenten für 5 Jahre, Wiederwahl möglich.

Operativ: Die EZB ist bei Auswahl und Einsatz der geldpolitischen Instrumente frei.

Bail-out

(engl.: aus der Klemme helfen): Schuldenübernahme für andere durch direkte Tilgung oder Haftung

Preis(niveau)-stabilität

Stabilität der durchschnittlichen Preise eines vorher festgelegten Güterbündels (zumeist Verbrauchsgüter); Stabilität herrscht nach EZB-Definition bei einer jährlichen Inflationsrate von unter, aber nahe 2 % Teuerung.

Tipp

Kurze Videos der EZB über ihre Geschichte und die Bedeutung von Preisstabilität: www.ecb.int → Educational → Videos (Stand: 24.1.2012)

Referieren

Vergleichen Sie Geschichte, Aufgaben und Selbstverständnis der EZB und der amerikanischen Notenbank Federal Reserve (Stichworte: Konjunkturförderung, Beschäftigungspolitik).

M 4 ● Das klassische geldpolitische Instrumentarium der EZB

Zur Wahrung ihrer Aufgaben stehen der EZB verschiedene geldpolitische Instrumente zur Verfügung. Diese werden vorrangig darauf ausgerichtet, die Volkswirtschaften einerseits ausreichend mit Geld auszustatten, andererseits Preisniveaustabilität zu gewährleisten. Die EZB kann ihre geldpolitischen Ziele aber nur indirekt erreichen. Das bedeutet: Will ein Unternehmen investieren oder ein privater Haushalt ein Auto anschaffen, wird meist ein Kredit bei einer Bank aufgenommen. Um Kredite gewähren zu können, müssen sich die Banken aber selbst mit Geld versorgen, d.h., sie müssen sich „refinanzieren" – und das können sie bei der Zentralbank. Und wie bei jeder Kreditgewährung werden auch hier Zinsen fällig.

Genau da setzt die EZB mit ihrem Instrumentarium an. Erhöht sie die Zinsen, zu denen sie Zentralbankgeld an die Banken abgibt, verteuert sie deren Kreditaufnahme. Die Banken geben aber ihre höheren Geldbeschaffungskosten an die privaten Kreditnehmer – Unternehmen und private Haushalte – weiter, indem sie höhere Zinsen für deren Bankkredite verlangen. Manche kreditfinanzierte Investition wird für Unternehmer jetzt unrentabel, weil die höheren Kreditkosten sich im Vergleich zum erwarteten Gewinn nicht rechnen. Auch mancher Bauherr oder Autokäufer wird angesichts höherer Zinsen seine kreditfinanzierten Bau- oder Kaufpläne erst einmal nicht realisieren. Gleichzeitig sorgen steigende Zinsen dafür, dass die Sparneigung zunimmt. Diese Maßnahme der EZB wirkt also doppelt: Sie dämpft die kreditfinanzierte Nachfrage und trägt durch Sparanreize dazu bei, dass dem Wirtschaftskreislauf Geld entzogen wird und auch auf diesem Wege die Nachfrage nach Waren

M 5 ● EZB-Geldpolitik konkret

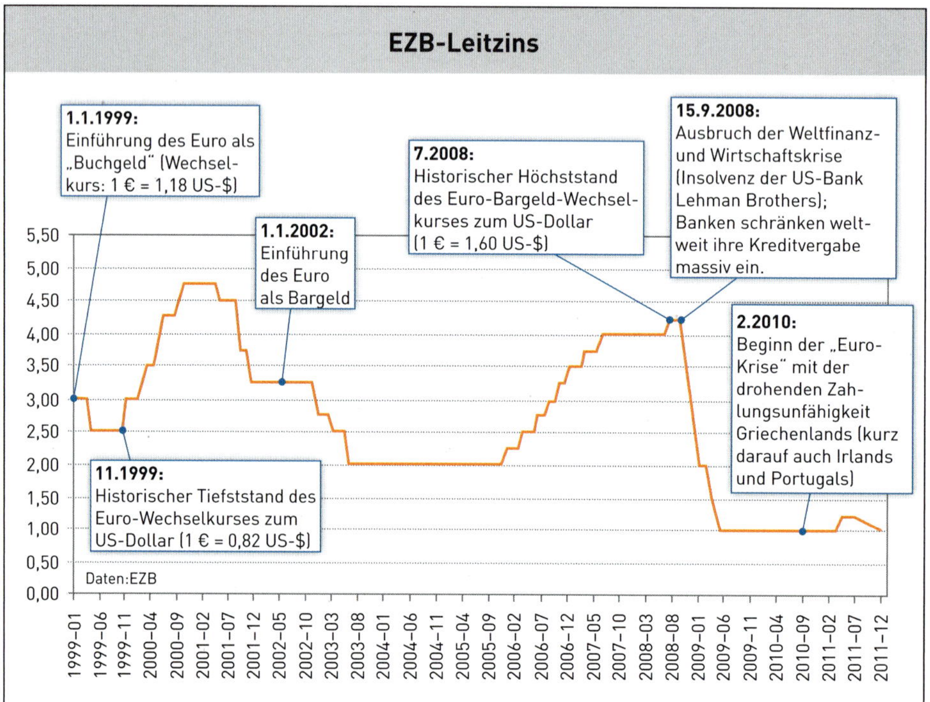

Zahlen: www.wfinanz.de/charts/zinssatz-der-ezb-fuer-hauptrefinanzierungsgeschaefte (Stand: 21.8.2011)

und Dienstleistungen zurückgeht, damit sich der Preisanstieg verlangsamt. Über die Variation des Zinssatzes kann die Zentralbank das Zinsniveau in den Volkswirtschaften steuern. Der Bedeutung entsprechend spricht man daher vom Leitzins. Inflation hängt letztlich immer auch mit einer Zunahme der nachfragewirksamen Geldmenge zusammen. Die EZB kann daher zur Inflationsbekämpfung neben der Erhöhung der Zinsen auch den Umfang der Kreditvergabe an die Geschäftsbanken einschränken. Umgekehrt kann die Zentralbank aber auch die Kreditspielräume der Geschäftsbanken erweitern und über günstige Konditionen das Zinsniveau in den Volkswirtschaften senken, um einen umgekehrten Prozess in Gang zu setzen.
Der Wirksamkeit geldpolitischer Maßnahmen sind Grenzen gesetzt. Internationale Finanzströme können ebenso die Inflation fördern wie zu hohe Lohnabschlüsse der Tarifparteien. Daneben können selbst steigende Zinsen die Investitions- und Konsumbereitschaft nicht dämpfen, wenn eine optimistische Grundstimmung herrscht.

Max Bauer, in: Kompendium Politik, Bamberg 2009, S. 139 ff.

M 6 ● Die Maßnahmen der EZB im Rahmen der Euro-Krise

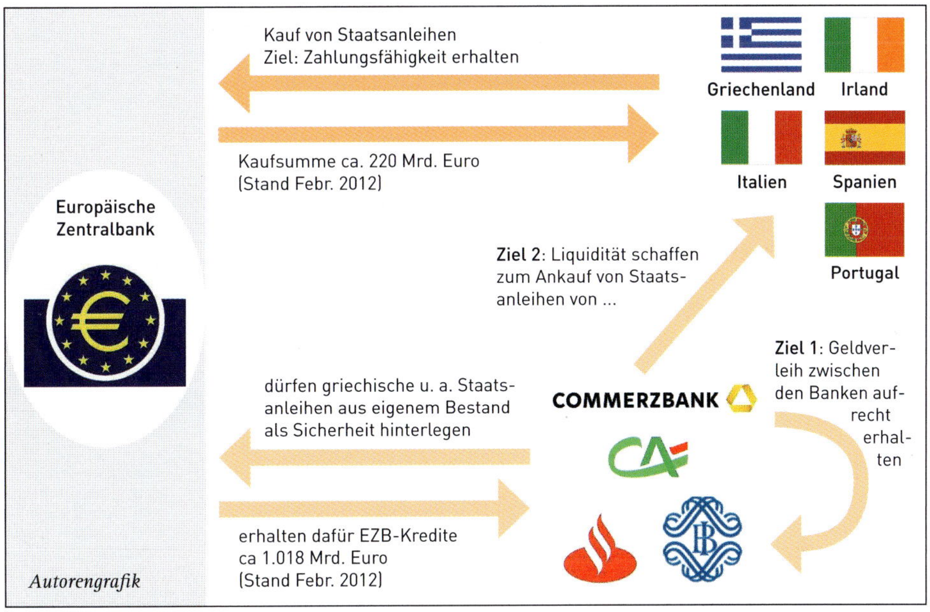

Autorengrafik

Aufgaben

1. Stellen Sie die Aufgaben, Instrumente und Entscheidungsstrukturen der EZB zusammenfassend dar (M 1 - M 6).
2. Erläutern Sie, warum die Maßnahmen der EZB im Rahmen der Griechenland-Hilfe als Erweiterung ihres eigentlichen Instrumentariums zu verstehen sind (M 1, M 2, M 4 - M 6).
3. Analysieren Sie, in welchem Maß sich die EZB-Maßnahmen mit den Interessen der EU insgesamt sowie denen Deutschlands, Frankreichs, Griechenlands und der großen europäischen Geschäftsbanken decken (M 7, Kap. 5.1.2).
4. Diskutieren Sie die EZB-Maßnahmen in der Krise. Beachten Sie dabei auch die Bestimmungen im AEU-Vertrag sowie die bisherige Geldpolitik der EZB (M 2, M 3, M 5, M 6, Kap. 5.1.3).

5.2.2 Euro-Rettung durch Nationalstaaten – die EU auf dem Weg zu einer Transferunion?

M 7 ● Stimmen europäischer Finanzpolitik

Karikatur: Klaus Stuttmann (2.5.2010)

M 8 ● Von der Griechenland-Hilfe zum dauerhaften Europäischen Stabilitätsmechanismus

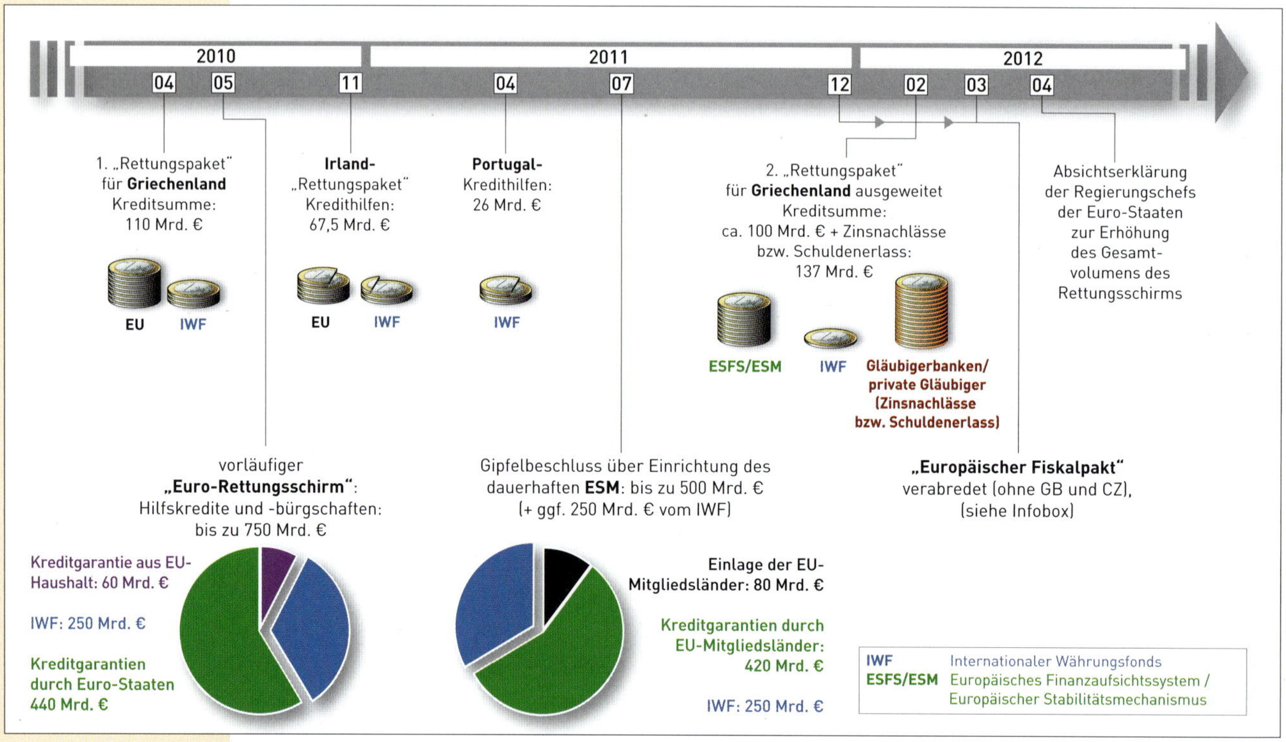

Autorengrafik

M 9 Bedingungen der EU für Notkredite – Sparprogramme in Griechenland

	Sparpaket I – Mai 2010	Sparpaket II – Juni 2011	Sparpaket III – Februar 2012
Steuern	• z. B. Anhebung der Mehrwertsteuer um 2 % (neu 21 %) • Erhöhung von Steuern • Sondersteuer von 1 % auf Verdienste über 100.000 Euro	• z. B. Angestellte/Beamte: „Solidaritätssteuer" von 1 - 4 % je nach Einkommenshöhe • Senkung des Steuerfreibetrags • Sondersteuer beim Kauf von Immobilien über 200.000 Euro	
Löhne und Gehälter	• Aussetzen der Rentenerhöhungen • Kürzung der Zulagen im öffentlichen Dienst (machen bis zur Hälfte des Verdienstes aus) um 12 % • Kürzung des 13. und 14. Monatsgehalts um 30 %	• Ankündigung weiterer Gehaltssenkungen und von Arbeitsplatzabbau im öffentlichen Dienst	• Senkung der Löhne in der Privatwirtschaft um 20-30 % • Abbau von 150.000 Stellen im öffentlichen Dienst bis 2015
Staatsbesitz		• Verkauf von bis zu einem Sechstel des griechischen Staatsbesitzes (Schätzwert: 50 Mrd. Euro)	• Kürzung von Rüstungsausgaben • Streichung von Subventionen (u. a. für Medikamente) und Zuschüssen für Kommunen

Zusammenstellung des Autors

M 10 Rettungsschirm für den Euro?

Karikatur: Nel, 8.4.2011

Info

Europäischer Fiskalpakt

Der [Anfang 2012 beschlossene] Fiskalpakt dient vor allem der Disziplinierung der EU-Staaten: Die Unterzeichner [alle EU-Staaten mit Ausnahme Großbritanniens und Tschechiens] verpflichten sich, nahezu ausgeglichene Haushalte anzustreben. Das jährliche, konjunkturbereinigte Staatsdefizit eines Landes darf demnach 0,5 Prozent der Wirtschaftskraft nicht übersteigen. Es sei denn, und das werten Kritiker als Hintertür, es liegen ungewöhnliche Umstände vor. Um eine möglichst hohe Verbindlichkeit zu erreichen, verankern die Staaten eine nationale Schuldenbremse in ihrer Verfassung oder auf vergleichbarer Ebene. [...] Verschuldet sich ein Staat zu sehr, wird automatisch ein Defizitverfahren ausgelöst. Anders als bisher können Sanktionen nur noch von einer Zwei-Drittel-Mehrheit der EU-Finanzminister gestoppt werden. Verstößt ein Land gegen die Haushaltsdisziplin, kann der Europäische Gerichtshof (EuGH) eine Geldstrafe von bis zu 0,1 Prozent der Wirtschaftsleistung verhängen. [...] Ein weiterer wichtiger Aspekt des Sparpaktes ist dessen Verknüpfung mit dem dauerhaften Rettungsschirm ESM. So sollen nach einer Übergangszeit nur noch jene Staaten Hilfen aus dem ESM bekommen, die den Fiskalvertrag unterzeichnet haben.

Claudia Heine, Merkeln am Euro, in: Das Parlament vom 5.3.2012

Fiskalpolitik

Finanzpolitik, Steuerung von Einnahmen (v.a. Steuern) und Ausgaben eines Staates

M 11 ● Kontrovers diskutiert: Soll sich die EU zu einer Transferunion entwickeln?

a) Jörg Krämer:
Die Transferunion als Problem

Die Märkte hatten die mit [Staats-]Anleihen [Griechenlands, Portugals u.a.] verbundenen Risiken bis zum Ausbruch der Finanzkrise massiv unterschätzt [...]. Mittlerweile steht für die EU in Griechenland zu viel auf dem Spiel. Wir sagen deshalb seit langem, dass die Staatengemeinschaft Griechenland im Fall des Falles helfen würde. [...] Mit dieser [...] Hilfszusage haben die Staats- und Regierungschefs den Charakter der Währungsunion verändert. Europa hat sich wegbewegt von einer durch den Maastricht-Vertrag geprägten Währungsunion hin zu einer Transferunion: [...] Man kann [...] die [...] Hilfszusage an Griechenland als einen ersten Schritt in Richtung einer europäischen Fiskalunion deuten. Ähnlich wie bei der Geldpolitik könnten die Europäer in ferner Zukunft eine gemeinsame Fiskalpolitik betreiben. Nationale Steuern würden durch eine EU-Steuer ergänzt. In einer solchen Fiskalunion würden wohl die reicheren Staaten die finanziell schwächeren Staaten auf Dauer mit direkten Transfers unterstützen – ähnlich wie beim Länderfinanzausgleich in Deutschland. In einer Fiskalunion wäre [...] der Bankrott eines einzelnen Staates de facto ausgeschlossen. [...] Aber das Risiko ist hoch, dass die Aussicht auf Hilfen die Anreize der Peripherieländer auf Dauer schwächt, ihre wirtschaftlichen Probleme nach dem Vorbild Irlands selbst zu lösen. Dagegen könnte man einwenden, dass die EU den Griechen jetzt schon Auflagen macht. So verlangt sie, das griechische Budgetdefizit von 12,7 % im Jahr 2009 [...] bis 2012 auf unter 3 % zu senken. Befolgt Griechenland die Auflagen nicht, könnte der EU-Rat [...] Strafzahlungen verhängen. Letztlich erschweren es solche Strafen Griechenland, seine Budget-Probleme zu lösen. Aber an der Lösung dieser Probleme ist Europa interessiert, ein Zahlungsausfall Griechenlands wäre mit zu vielen Risiken verbunden. Verstöße Griechenland gegen die Auflagen, stände Europa im Widerspruch, gleichzeitig helfen und strafen zu wollen. Deshalb sind Sanktionen bei Verstößen gegen die Hilfsauflagen nicht sonderlich glaubhaft. Letztlich kann ein Staatenbund wie die EU einem souveränen Mitgliedsland eine solide Haushaltspolitik nicht aufzwingen. [...] [Der] „Druck im Kessel“ Währungsunion [würde] steigen. Würde er irgendwann zu hoch, könnte die politische Unterstützung für die Währungsunion schwinden, auf die das gesamte Projekt letztlich fußt. So könnte sich die Bevölkerung in den Kernländern weigern, die Peripherieländer zu unterstützen. Oder die Wähler in den Peripherieländern empfinden die mit den Hilfen verbundenen Auflagen als zu hart und verzichten von sich aus auf die Hilfen.

Jens Krämer, Von der Maastricht-Union zur Transfer-Union, auf: blog.handelsblatt.com/handelsblog vom 22.2.2010
Jens Krämer ist Chefvolkswirt bei der Commerzbank.

Jens Krämer ist Chefvolkswirt bei der Commerzbank.

b) Thomas Straubhaar: Die EU muss eine Transferunion werden

Tages-Anzeiger: In der EU spitzt sich die Schuldenkrise weiter zu. Können Länder wie Griechenland, Irland oder Portugal die angehäuften Schulden überhaupt jemals zurückzahlen?

Straubhaar: Nein. Es ist ausgeschlossen, dass Griechenland, Irland, Portugal und mit hoher Wahrscheinlichkeit auch Italien und Spanien in absehbarer Zukunft ihre Schulden aus eigener Kraft zurückzahlen können. [...]

Die Krise hat Mängel am System offengelegt: Der Einfluss der EU auf die Politik ihrer Mitgliedstaaten ist gering. Die Einheitswährung bremst eine raschere Erholung der hoch verschuldeten Länder, da diese nicht von einer Abwertung profitieren und ihre Exporte erhöhen können. Ist der Euro nicht am Ende?

Nein, aber der Geburtsfehler des Euro tritt jetzt zutage. Er besteht darin, dass in der Währungsunion eine Fiskal- und Transferunion fehlt. Bei der Gründung hofften die Verantwortlichen, dass sich die ökonomischen Unterschiede in den EU-Ländern ausgleichen würden. Das Gegenteil ist passiert. Der Euro hat die Differenzen zwischen einem leistungsschwachen Süden und einem leistungsstarken Norden nicht verringert, sondern verschärft. Er hat die enorme Wettbewerbsüberlegenheit Deutschlands nicht beseitigt, sondern erhöht. [...]

Welche Folgen hatte der Geburtsfehler?

Die offensichtlich dramatischen Leistungsunterschiede zwischen Deutschland und Griechenland führten dazu, dass Griechenland sehr viel aus Deutschland importierte, aber wenig exportierte. Mit Schulden konnte Griechenland das zunächst vertuschen. Jetzt geht das nicht mehr, weil die Kreditzinsen dramatisch nach oben geschnellt sind. [...]

Wenn die EU weiter mit dem Euro leben will, dann muss sie also eine Transferunion schaffen. Also etwas wie der schweizerische Finanz- und Lastenausgleich.

Genau. Es gibt auch in der Schweiz gewaltige Leistungsunterschiede, zum Beispiel zwischen dem Jura und Zürich. Das hat nichts mit den einzelnen Menschen zu tun, sondern mit geografischen oder historischen Begebenheiten. Es braucht ein System, um diese Unterschiede wenigstens teilweise auszugleichen. Kurz: Eine Währungsunion ohne solchen Transfermechanismus ist nicht stabil und kann nicht lange existieren. Es gibt keine Marktfreiheit ohne Transferunion. [...] Die europäische Transferunion ist nichts anderes als die völlig natürliche und logische Weiterentwicklung eines langen Entwicklungsprozesses. Jedes föderative Land ist eine Transferunion.

Das Interview führte Bernhard Kisling, in: Tages-Anzeiger vom 26.7.2011

Thomas Straubhaar ist Direktor des Hamburger Weltwirtschaftsinstituts.

Aufgaben

1. Interpretieren Sie die Karikatur (M 7).
2. Werten Sie die Maßnahmen zur Bekämpfung von Krisenauswirkungen und Ursachen aus (M 8, M 9, Infobox).
3. a) Analysieren Sie, inwieweit mit dem „Europäischen Fiskalpakt" auf die möglichen strukturellen Krisenursachen reagiert wird (M 8, Infobox, Kap. 5.1.4).
   b) Überprüfen Sie, ob es sich beim „Europäischen Fiskalpakt" um eine politische Vertiefung der Europäischen Union handelt (Infobox).
4. Erörtern Sie, ob sich die Euro-Zone zu einer „Transferunion" oder sogar zu einer „Fiskalunion" entwickeln sollte und entwickeln kann. Berücksichtigen Sie hierbei unter anderem die Perspektiven der Bürger, der nationalen Regierungen und Parlamente sowie die Ergebnisse Ihrer Karikaturinterpretation (M 7 - M 11).

Die Szenario-Technik

Alles Handeln und Planen ist auf die Zukunft gerichtet. Entscheidend bei der Zukunftsplanung im Privaten wie im Gesellschaftlichen ist es, dass man von prinzipiell möglichen Vorstellungen über die Zukunft ausgeht, um auf dieser Basis strategische Überlegungen anzustellen. Mit Hilfe der Szenario-Technik – einer Methode, die auf dem militärischen, politischen und wirtschaftlichen Sektor vielfach eingesetzt wird – kann man erkennen, wie Zukunft von Staaten, Gesellschaften oder der internationalen Gemeinschaft prinzipiell gestaltbar ist.

Was sind Szenarien? Eine Definition

Die Szenario-Technik ist eine Methode, mit der mögliche *„Zukünfte“* ganzheitlich erfasst werden können, wodurch sie sowohl sinnlich als auch gedanklich nachvollziehbar werden. Szenarien sind also weder (genaue) Zukunftsprognosen auf der Grundlage quantitativer Informationen aus Gegenwart und Vergangenheit noch realitätsferne Utopien.

Mit der Szenario-Technik werden vielmehr quantitative Daten und Informationen mit qualitativen Informationen, Einschätzungen und Meinungen verknüpft, so dass als Ergebnis detaillierte Beschreibungen oder plastische Schilderungen einer bzw. mehrerer möglicher Zukunftssituationen entstehen. Es werden zwei, manchmal drei Grundtypen von Szenarien entwickelt:

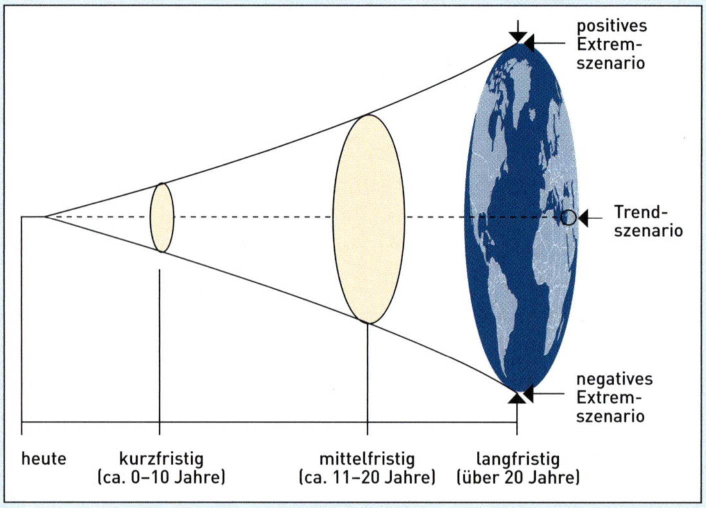

Typen der Szenarien

- ein **positives Extremszenario**: Dieses bezeichnet die best-mögliche Zukunftsentwicklung (*best-case-scenario*).
- ein **negatives Extremszenario**: Dieses bezeichnet den schlechtest-möglichen Entwicklungsverlauf (*worst-case-scenario*).
- u. U. ein Trend-Szenario: Dieses beinhaltet die Fortschreibung der heutigen Situation (*Trend-Extrapolation*).

Szenarien werden nach einem Phasenschema entwickelt:

Phase 1 **Problemanalyse**	Ausgangspunkt eines jeden Szenarios ist ein *gesellschaftliches bzw. politisches Problem*, d. h. ein von einer größeren Anzahl von Gesellschaftsmitgliedern als dringend lösungsbedürftig angesehener, genau definierter Sachverhalt. Dieses Problem wird sachlich, zeitlich und räumlich eingegrenzt. Besonders wichtig ist festzuhalten, wer von diesem Problem in welcher Weise (besonders) betroffen ist.
Phase 2 **Einflussanalyse und Deskriptorenbestimmung**	Nunmehr sind alle *Einflussbereiche* zu identifizieren, die unmittelbar auf das Untersuchungsfeld einwirken. Diese Bereiche werden durch die Bestimmung von Einflussfaktoren für jeden Bereich weiter ausdifferenziert. Um die Entwicklungsdynamik der Einflussfaktoren beschreiben zu können, sind sog. *Deskriptoren* bzw. Kenngrößen zu bestimmen. Dabei unterscheidet man zwischen quantitativen und qualitativen Deskriptoren: • *Beispiele für quantitative Deskriptoren:* Entwicklung der Bevölkerung; Einkommensentwicklung, Menge der aufzufindenden Bodenschätze etc. • *Beispiele für qualitative Deskriptoren:* Interessen von Staaten oder Konzernen und deren Durchsetzungsmacht; Wertehaltungen oder Gewöhnung an Gewalt in einer Gesellschaft etc.

Phase 3 **Szenarienentwicklung und -interpretation**	Diese Phase ist der Höhepunkt der Szenariotechnik, da nun aus den durchgeführten Analysen aus dem Problembereich ausführliche Szenarien, d. h. *ganzheitliche „Zukunftsbilder"* erstellt werden, die **in anschaulicher Weise mögliche Zukunftsentwicklungen und ihre Konsequenzen sichtbar machen**. In die Szenarien sollen alle in den vorangegangenen Phasen entwickelten Einflussfaktoren und Deskriptoren eingehen. Diese Elemente werden *fantasievoll* (etwa mit Beispielen) angereichert und daraus stimmige *Situationsbeschreibungen* zweier möglicher Zukünfte erstellt, nämlich einer best-möglichen und einer schlechtest-möglichen (Extremszenarien). Dabei müssen die Grenze zur Utopie erreicht werden, ohne diese Grenze zu überschreiten! Die Szenarien präsentieren Sie allen Kursteilnehmer/inne/n möglichst lebendig. Sie müssen bei der Erstellung der Szenarien besonders darauf achten, dass diese nicht bei der Änderung eines Faktors in sich zusammenbrechen (*Konsistenzprüfung*).
Phase 4 **Gewichtung der Einflussfaktoren und Analyse von Wirkbeziehungen**	In dieser Phase analysieren Sie, welche (Kombination von) Einflussfaktoren in besonderer Weise extrem positive bzw. extrem negative Entwicklungen in der Zukunft hauptsächlich bedingt haben. Wichtig ist es dabei, die Wechsel- bzw. Wirkbeziehungen in den Blick zu nehmen (z.B. Verstärkung, gegenläufige Tendenzen, Wirkungsneutralität).
Phase 5 **Maßnahmen und Handlungsmöglichkeiten**	In der abschließenden Phase knüpfen Sie an die Gewichtung der Einflussfaktoren an. Dabei haben Sie die Aufgabe, nunmehr Konsequenzen aus den entwickelten Szenarien zu ziehen und *Handlungs- bzw. Gestaltungsstrategien* zu entwickeln, die dazu dienen, gewünschte Entwicklungslinien zu unterstützen sowie unerwünschten Entwicklungen entgegenzuwirken bzw. sie abzuschwächen. Sie erarbeiten also gemeinsam einen Maßnahmenkatalog, um sich möglichst dem positiven Extremszenario anzunähern. Dabei sollten Sie sich die Frage stellen, was gesellschaftliche Akteure zur Zielerreichung beitragen können, z. B.: • Was kann ich, kann jeder Einzelne tun? • Was können wir gemeinsam in Gruppen tun (Verbände, Parteien, Vereine, Bürgerinitiativen …)? • Was können/sollten Unternehmen tun? • Was können/sollten die großen Verbände (z. B. Gewerkschaften, Wirtschaftsverbände …) und Nichtregierungsorganisationen tun? • Was kann/sollte der Staat tun? • Was können/sollten supranationale Verbünde (z. B. die EU) und die internationale Staatengemeinschaft tun?

Autorentext

Aufgaben

1. Gestalten Sie positive wie negative Extremszenarien zur Zukunft der Europäischen Währungsunion (bis zum Jahr 2025).
2. Entwickeln Sie auf der Grundlage Ihrer Szenarien Möglichkeiten zur Weiterentwicklung der Europäischen Währungsunion.
3. Beurteilen Sie die von Ihnen herausgearbeiteten Entwicklungsmöglichkeiten (insb. hinsichtlich des Kriteriums der Wirksamkeit).

Aufgaben und Struktur der Europäischen Zentralbank
M 2, M 4

Die – von politischen Weisungen unabhängige – Europäische Zentralbank (EZB) verfolgt das Hauptziel, den Geldwert in der Euro-Zone stabil zu halten (Inflation unter, aber nahe an 2 % Geldentwertung im Jahr). Die Geldwertstabilität ist deshalb von übergeordneter Bedeutung, da durch Preisanstiege die Kaufkraft sinkt; denn Löhne, Gehälter und Renten steigen nur mit Verzögerung und ggf. nicht im gleichen Maße, wie die Preise steigen (Reallohnverlust). Ebenso büßen dadurch (langfristige) Geldanlagen – wie z. B. private Rentenverträge – an Wert ein. Das Geld verlöre seine Wertaufbewahrungsfunktion.
Als wichtigstes Instrument steht der EZB der Leitzins zur Verfügung. Zu diesem können sich Banken bei der EZB Geld leihen. Bei niedrigem Leitzins wird tendenziell mehr Geld in Umlauf gebracht, die Geldmenge steigt; umgekehrt bei höheren Leitzinsen.

Die Politik der EZB in der Krise
M 6

Zur Bekämpfung der Euro-Krise wich die EZB von ihrem eigentlichen Vorgehen ab und „kaufte" griechische u. a. Staatsanleihen, um die Staaten liquide zu halten. Dadurch (und durch eine massive Ausweitung des Kreditvolumens an Banken) erhöhte sie aber – faktisch mit sehr risikobehafteten Sicherheiten – die Geldmenge im Euro-Raum, was die Gefahr inflationärer Tendenzen birgt. Zudem existiert im EU-Vertragswerk auch die sogenannte „No-bail-out-Klausel" (§ 125 AEU-Vertrag), die besagt, dass kein Mitgliedsland oder eine andere EU-Körperschaft für die Schulden eines anderen Mitglieds haftet. Kritiker sprechen davon, dass die EZB gegen diesen Passus verstoßen habe.

Maßnahmen zur Stabilisierung der Staatsfinanzen und des Euro
M 9

Um Griechenland liquide zu halten und damit zur Stabilisierung ihrer Währung ergriffen die Euro-Staaten umfängliche Maßnahmen (Notkredite) gemeinsam mit der EZB (s. o.) und dem Internationalen Währungsfonds (IWF). Auch wurden Griechenland Schulden durch private Gläubiger (Banken, Fonds) erlassen. Zur langfristigen Absicherung wurde ein ständiger Europäischer Stabilitätsmechanismus (ESM) verabschiedet. Ziel dieser Einrichtungen ist es, in Zahlungsschwierigkeiten geratene Euro-Länder (gegen harte Sparauflagen) mit zinsgünstigen Krediten zu versorgen und so die Zahlungsfähigkeit zu sichern. Es findet also (hinsichtlich der Geldflüsse, nicht der Steuern) eine fiskalische Vertiefung der Euro-Länder statt.
Daneben ist es zu einer weiteren haushaltspolitischen Vertiefung der Euro-Zone gekommen, als im Dezember 2011 eine Schuldenbremse (max. 0,5 % strukturelles Haushaltsdefizit/Jahr) vereinbart und mit automatischen Sanktionen versehen worden ist („Fiskalpakt"). Problematisiert werden diese Beschlüsse von Kritikern hinsichtlich ihrer Verbindlichkeit (aus konjunkturellen Gründen kann die Neuverschuldung doch höher ausfallen; Sanktionsautomatismus kann mit absoluter Ländermehrheit gestoppt werden) und der Tatsache, dass andere EU-Staaten (insb. Großbritannien) aufgrund divergierender Interessen diesen Vereinbarungen (noch) nicht zugestimmt haben.

Joschka Fischer: „Eine ‚Eurokammer' wird unverzichtbar"

Die Euro-Zone steht im Zentrum der globalen Finanzkrise. Warum gerade Europa? Weil nur hier [...] die Finanzkrise nicht auf einen Staat mit angemessen großer Macht trifft, sondern lediglich auf eine schwache „Struktur". [...] Der eigentliche Kern der Finanzkrise besteht in der Euro-Zone aus einer politischen Krise, die dem gesamten europäischen Projekt die Existenzfrage stellt. Scheitert die Währungsunion, dann wird auch vom gemeinsamen Markt und den europäischen Institutionen und Verträgen nicht allzu viel übrig bleiben. [...]

Der Kern der europäischen Krise liegt [...] in der Politik. Genauer: im Fehlen einer gemeinsamen europäischen Regierung. Als sich zu Beginn der neunziger Jahre die Mehrheit der EU-Mitgliedstaaten dazu entschloss, eine europäische Währungsunion mit gemeinsamer Währung und Zentralbank zu bilden, traute man sich damals die gemeinsame Regierung nicht zu. Sie sollte später folgen. Die Währungsunion blieb deshalb ein unfertiges Gebäude, dem im Krisenfalle die politische Statik und damit Stabilität fehlen musste. Die Währungssouveränität wurde zwar vergemeinschaftet, die unerlässliche Macht zu ihrer Ausübung blieb aber in den nationalen Hauptstädten.

Man glaubte damals, vertraglich verpflichtende Prinzipien in Gestalt von Stabilitätskriterien würden ausreichen, aber dies erwies sich als Trugschluss, denn Prinzipien müssen immer machtgestützt sein, um in der Realität zu funktionieren. Die Währungsunion war und ist deshalb also eine Konföderation souveräner Staaten mit gemeinsamer Währung und gemeinsamen Prinzipien und Mechanismen geblieben. Ein solch loser Verbund von Staaten ist aber in einer Krise nicht ausreichend handlungsfähig und verliert aufgrund seiner Schwäche das wichtigste Gut einer Währung, nämlich das in sie gesetzte Vertrauen. Europa muss daher von einer Konföderation zu einer Föderation werden, wenn es sich nicht selbst ruinieren will. Die Konsequenz heißt: die Europäisierung der tatsächlichen politischen Macht. [...]

Das entscheidende politische Defizit der Währungsunion [muss] jetzt angegangen [werden], indem man über eine Fiskalunion (gemeinsame Wirtschafts-, Steuer- und Haushaltspolitik und auch gemeinsame Haftung!) zu einer echten politischen Föderation vorangeht, den Vereinigten Staaten von Europa. [...]

Joschka Fischer (Bündnis 90/ Die Grünen) war von 1998-2005 Bundesaußenminister.

Die Euro-Gruppe braucht eine Regierung, und das können nach Lage der Dinge nur deren Staats- und Regierungschefs sein. Und genau diese Entwicklung findet gegenwärtig ja bereits ganz praktisch in ihren ersten Anfängen statt! Und es wird keine Fiskalunion ohne gemeinsam ausgeübte Budgetpolitik geben können. Das heißt, dass nichts ohne die nationalen Parlamente gehen kann. Also wird eine „Eurokammer" unverzichtbar, entsprechend ihrer Stärke proportional aus den Führungen der nationalen Parlamente zusammengesetzt, beginnend als beratendes Gremium bei Beibehaltung der Entscheidungskompetenz bei den nationalen Parlamenten. Später aber, auf der Grundlage eines zwischenstaatlichen Vertrages, müsste sie ein echtes parlamentarisches Kontroll- und Entscheidungsorgan bilden, zusammengesetzt aus den entsandten Mitgliedern der nationalen Parlamente.

Und selbstverständlich bedürfte ein solcher Vertrag, der eine weitgehende Souveränitätsübertragung auf europäisch-zwischenstaatliche Institutionen bedeuten würde, einer direkten Legitimation durch die Völker, durch Volksentscheide in allen Mitgliedstaaten, auch und gerade in Deutschland.

Joschka Fischer, in Süddeutsche Zeitung vom 31.10./1.11.2011

"... ihrer Körpersprache nach bedankt sie sich für zuverlässige Energielieferungen!"

Karikatur: Götz Wiedenroth, 2.9.2008

Die Europäische Union als globaler Akteur

6

Auch nach dem Vertrag von Lissabon (2009) bleibt die GASP das am schwächsten vergemeinschaftete Politikfeld der Europäischen Union, weil die energie-, regional- und geopolitischen Interessengegensätze der EU-Staaten teilweise erheblich sind. Dennoch wird der Anspruch an die Union als globaler Akteur geäußert – sowohl von den Mitgliedstaaten selbst, als auch von internationalen Akteuren. Dieses Handlungsfeld gilt es auf verschiedenen Ebenen zu beleuchten:
Sie nehmen eine exemplarische Analyse der Probleme und möglichen Zukunftschancen der GASP am Verhalten der EU im Konflikt zwischen Georgien und Russland 2008 vor (Kap. 6.1).
Eine intensivere Zusammenarbeit findet sich bei stärkerer Überschneidung der nach außen gerichteten Nationalinteressen auf engeren Politikfeldern, wie am Beispiel der Flüchtlingspolitik zu erkennen ist. Sie problematisieren hier das gemeinsame Vorgehen der EU gegen Flüchtlinge aus Afrika und Asien als die Uneinigkeit der Mitgliedstaaten (Kap. 6.2).
Auch im Bereich der Außenhandelsfragen liegt das Problempotenzial weniger in inneren Konflikten der EU als in den Folgen, die das ökonomische (und politische) Machtungleichgewicht zwischen dem zurzeit leistungsstärksten Wirtschaftsraum der Welt (EU) und den wirtschaftlich viel schwächeren Entwicklungsländern haben könnte. Diese Problematik erarbeiten Sie sich konkret am Beispiel der Verhandlungen der EU mit den ärmsten Staaten der Welt über Freihandelszonen (Kap. 6.3).

Was wissen Sie schon?

1. Analysieren Sie die Karikatur.
2. Stellen Sie Hypothesen auf über
   a) die Interessen und Ziele an einer Gemeinsamen Außen- und Sicherheitspolitik.
   b) die Möglichkeiten und Grenzen der gemeinsamen Außen- und Sicherheitspolitik in Bezug auf den in der Karikatur dargestellten Konflikt.

KOMPETENZEN

Am Ende dieses Kapitels sollten Sie Folgendes wissen und können:

... auch mittels mediengestützter mündlicher Präsentationen die GASP (inkl. ESS), die EU-Energiepolitik und die Rolle der EU im Georgien-Konflikt 2008 beschreiben und erläutern.

... politische Sachverhalte – hier die GASP (inkl. ESS), die Energiepolitik und die EU als Akteur in internationalen Konflikten – multiperspektivisch und bezogen auf verschiedene Betrachtungsebenen kategorien- und kriterienorientiert bewerten.

... die EU als sich nach außen abgrenzenden Raum, ihre Rolle als Wirtschaftsmacht und als Akteur der Weltwirtschaftspolitik analysieren.

... flüchtlings- und außenhandelspolitische Strategien der EU vor dem Hintergrund ihres Selbstverständnisses als Wirtschaftsmacht und Wertegemeinschaft kategoriengeleitet beurteilen.

6.1 Die EU als Akteur der internationalen Sicherheitspolitik – Garant für Frieden und Sicherheit?

6.1.1 Brauchen wir eine gemeinsame EU-Sicherheitspolitik?

M 1 ● Konfliktbarometer 2011: ernste Krisen und Kriege im östlichen Umfeld der EU

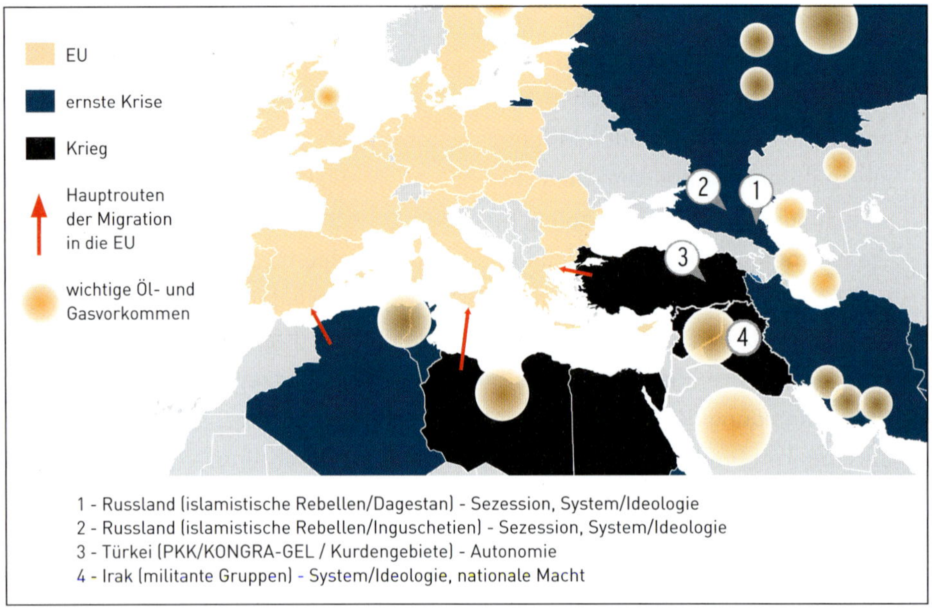

Heidelberger Institut für internationale Konfliktforschung (Hg.), Konfliktbarometer 2011, Heidelberg 2012

M 2 ● Die Europäische Sicherheitsstrategie

Das folgende Dokument wurde im Auftrag des damaligen Hohen Vertreters der EU für die Gemeinsame Außen- und Sicherheitspolitik (GASP), Javier Solana, erstellt und von ihm dem Europäischen Rat vorgelegt. Der Europäische Rat hat die Europäische Sicherheitsstrategie (ESS) auf seiner Tagung am 12. und 13. Dezember 2003 in Brüssel angenommen. In dem vorliegenden Dokument erläutert die Europäische Union (EU) ihre Sicherheitsstrategie für ein sicheres Europa in einer besseren Welt.

Das Sicherheitsumfeld: globale Herausforderungen und Hauptbedrohungen

Aufgrund der zunehmenden Globalisierung sind die internen und externen Sicherheitsaspekte untrennbar miteinander verbunden. Die Kapitalströme, die technologische Entwicklung und die demokratischen Fortschritte haben vielen Menschen Wohlstand und Freiheit gebracht. Aus der Sicht anderer jedoch steht die Globalisierung für Frustration und Ungerechtigkeit. In den meisten Entwicklungsländern gehen Sicherheitsprobleme auf Armut und Krankheiten wie AIDS zurück. In vielen Fällen ist wirtschaftliches Versagen mit politischen Problemen und Gewaltkonflikten verknüpft. Sicherheit ist eine notwenige Vorbedingung für Entwicklung. Konkurrenz um Naturressourcen ist ebenfalls ein Problemfaktor. Die Abhängigkeit Europas von Energieeinfuhren gibt in besonderem Maße Anlass zur Besorgnis.

In der Sicherheitsstrategie werden für Europa im Wesentlichen folgende Bedrohungen ermittelt:

Terrorismus: Abgestimmte europäische Maßnahmen gegen den Terrorismus sind unerlässlich. Die Ursachen von Terrorismus [...] stehen vor allem mit den Problemen der Modernisierung sowie mit kulturellen, sozialen und politischen Krisen und der Entfremdung der in fremden Gesellschaften lebenden Jugendlichen in Verbindung.

Verbreitung von Massenvernichtungswaffen (MVW): Die größte potenzielle Bedrohung besteht in der Verbreitung von MVW. [...] Die schlimmste Befürchtung ist, dass Massenvernichtungswaffen in die Hände terroristischer Gruppen gelangen könnten.

Regionale Konflikte: Regionale Konflikte können unabhängig von der geografischen Lage des Schauplatzes europäische Interessen unmittelbar oder mittelbar berühren. [...]

Zusammenbruch von Staaten: Schlechte Staatsführung – Korruption, Machtmissbrauch, schwache Institutionen und mangelnde Rechenschaftspflicht – sowie zivile Konflikte zersetzen Staaten von innen heraus. [...] Der Zusammenbruch von Staaten ist ein alarmierendes Phänomen, das die Weltordnungspolitik untergräbt und die regionale Instabilität vergrößert.

Organisierte Kriminalität: Europa ist ein primäres Ziel für die organisierte Kriminalität. [...]

Die Europäische Union konzentriert sich zur Verteidigung der Sicherheit und Verbreitung ihrer Werte auf drei strategische Ziele, und zwar:

Abwehr von Bedrohungen: Die EU beteiligt sich an der Beilegung regionaler Konflikte sowie an der Stützung der von Zusammenbruch bedrohten Staaten: Die Wiederherstellung einer geordneten Staatsführung fördert die Demokratie und ermöglicht es, gegen die organisierte Kriminalität vorzugehen. [...]

Stärkung der Sicherheit in unserer Nachbarschaft: Wir müssen darauf hinarbeiten, dass östlich der Europäischen Union und an den Mittelmeergrenzen ein Ring verantwortungsvoll regierter Staaten entsteht, mit denen wir enge, auf Zusammenarbeit gegründete Beziehungen pflegen können. [...]

Die Schaffung der EU war in der durch zwei Weltkriege während der ersten Hälfte des 20. Jahrhunderts geprägten europäischen Geschichte der wesentliche Faktor für eine bislang beispiellose Periode des Friedens, der Stabilität und des Wohlstands. Die europäischen Länder legen Unstimmigkeiten friedlich bei und kooperieren über gemeinsame Institutionen. [...]

Als Zusammenschluss von [damals bald] 25 Mitgliedstaaten mit über 450 Millionen Einwohnern ist die Europäische Union zwangsläufig ein globaler Akteur. Europa muss daher bereit sein, die Verantwortung für die globale Sicherheit und den Aufbau einer besseren Welt mit zu tragen.

Nach: EUROPA, © Europäische Union 1995-2012, Europäische Sicherheitsstrategie, auf: www.europa.eu, Stand: 3.10.2011

Javier Solana war Hoher Vertreter für die Gemeinsame Außen- und Sicherheitspolitik (GASP) 1999 - 2009.

Aufgaben

1. a) Beschreiben und analysieren Sie aus der Karte M 1 die aktuelle außen- und sicherheitspolitische Situation der EU.

   b) Beurteilen Sie die Notwendigkeit einer gemeinsamen EU-Sicherheitspolitik.

2. Erläutern Sie die sicherheitspolitischen Ziele der EU seit 2003 (ESS) (M 2).

3. Charakterisieren Sie die aktuelle sicherheitspolitische Situation der EU.

6.1.2 Das Engagement der EU in Georgien 2008 – eine sinnvolle Sicherheitspolitik?

M 3 Presseticker: Georgien im August/September 2008. Vom Konflikt zum Krieg

+++ Georgien führt Krieg gegen Südossetien +++ Georgischer Präsident Saakaschwili fordert Russland heraus +++ Russland bestraft Georgien für West-Annäherung +++ Kaukasus-Krieg schockiert die Welt +++ Kreml erklärt „Aggressor Georgien" für bestraft +++ Der Krieg gefährdet die Ölversorgung Europas +++ Russland warnt Europa vor Hilfe für Georgien +++ Georgier fordern Härte von EU +++ Putin ruft die Europäische Union zu Vernunft auf +++ Georgien stellt EU vor Zerreißprobe +++ Wladimir Putin gibt USA Schuld am Kaukasus-Krieg +++ Russland spottet über mögliche EU-Sanktionen +++ Europas Abhängigkeit von Russlands Öl und Gas +++ US-Raketenabwehr in Polen heizt Konflikt mit Russland an +++ NATO-Rat tagt in Tiflis und verärgert Russland +++ EU beschließt Blitzaktion für Georgien +++ Russland lässt Beobachter nicht nach Südossetien +++ USA wollen Ukraine vor den Russen schützen +++ Wir brauchen Alternativen zur Ostsee-Pipeline +++ Medwedew will sich von EU nicht belehren lassen +++ EU ringt um schlüssige Russland-Strategie +++

Zusammenstellung aus Überschriften, Die Welt, August/September 2008

Bevölkerungsgruppen

Nach der letzten Volkszählung von 2003 leben in Abchasien (Anteile in %):

- 43,8 % Abchasen
- 21,3 % Georgier
- 20,8 % Armenier
- 10,8 % Russen
- 0,7 % Griechen

Nach: http://de.wikipedia.org/wiki/Abchasien, Stand: 30.1.2012

M 4 Grenzen und Bewegungen im Georgien-Krieg 2008

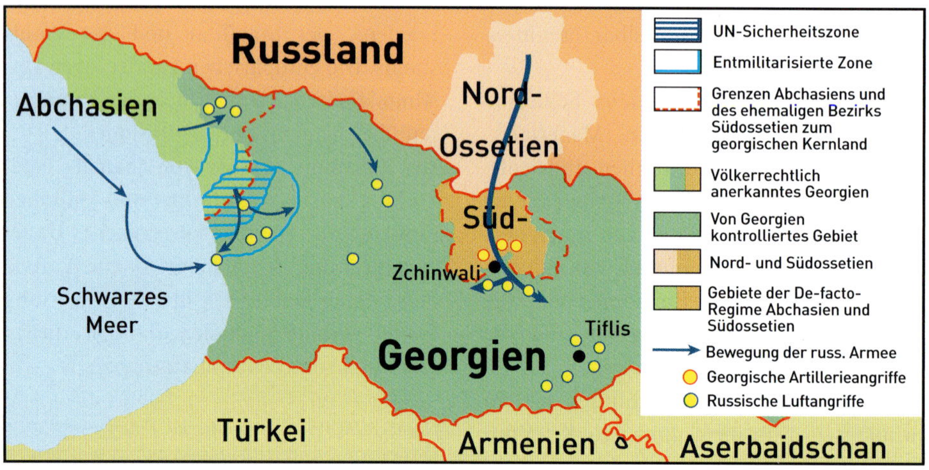

Nach: http://de.wikipedia.org/wiki/Abchasien, Stand: 30.1.2012

UN-Mission in Abchasien

Die Beobachtermission der Vereinten Nationen in Georgien (UNOMIG) wurde nach dem Bürgerkrieg in Georgien zur Durchsetzung des Waffenstillstandsabkommens vom 14.5.1994 zwischen Georgien und der abchasischen Regierung beschlossen. Die Mission war unmittelbar dem Generalsekretär der UNO unterstellt und wurde mehrfach verlängert. Am 15.6.2009 legte Russland ein Veto gegen die Verlängerung ein, damit endete UNOMIG.

M 5 Geopolitischer Machtpoker im Kaukasus

Am 8. August 2008 eskalierte der jahrelange Kleinkrieg [...] zum bewaffneten Konflikt zwischen Georgien und Russland. Der als Blitzkrieg konzipierte Vorstoß georgischer Truppen gegen die südossetische Hauptstadt Zchinwali scheiterte am Widerstand ossetischer Freiwilligenverbände und dann vor allem am Vormarsch russischer Truppen, die 12 Stunden später eingriffen. Russische Verbände vertrieben die georgischen Truppen aus Südossetien, stießen tief nach Georgien vor und zerstörten weitgehend die militärische Infrastruktur des Landes. Unbeeindruckt von westlichen Protesten ging Moskau daran, eine befestigte Sicherheitszone um Ossetien zu schaffen. Zwei Wochen nach einem durch die EU vermittelten Sechs-Punkte-Plan zur Einstellung der Militäraktionen anerkannten zuerst die beiden Kammern des russischen Parlaments [...] und danach der russische Präsident Dmitri Medwedew die beiden separatistischen Gebilde Abchasien und Südossetien als souveräne Staaten. [...] Sofort nach Beginn der Kampfhandlungen tauchte in Moskauer Expertenkreisen die Frage auf, wer wohl wem eine Falle gestellt habe. Denn im Zeitalter der Satellitenaufklärung ist es schier unmöglich, dass größere Kontingente von schweren Angriffswaffen und Truppen ohne Kenntnis der USA oder Russlands auf georgischer Seite in Stellung gebracht hätten werden können. Gleiches gilt für den russischen Aufmarsch [...] auf der anderen Seite des Roki-Tunnels in Nordossetien. Auch dies ist sicher den US-Satelliten nicht verborgen geblieben. [...] In diesem Kontext stellt sich daher die Frage, warum Washington Erkenntnisse weder an die NATO noch an Tbilissi weitergegeben und Saakaschwili von einem Angriff abgeraten hat. [...]

[Das] Vorhaben der Europäischen Union, sich den ungestörten Energiezufluss – unter Umgehung von Russland – aus [der Region] zu sichern, eventuell auch iranische Vorkommen einzubeziehen, ist gefährdet. Noch sind keine Sanktionen in Sicht und beide Seiten haben wohl kein Interesse an einer Eskalation des Konfliktes, aber sollten sich ideologische Scharfmacher, aus welchen Motiven auch immer, durchsetzen, könnte Moskau auch die logistische Versorgung der NATO-Truppen für Afghanistan erschweren und seine Kooperation bei internationalen Problemfeldern aufkündigen. [...] Ziel russischer Politik [gegenüber der Ukraine und Georgien] war die Neutralisierung ihrer Westorientierung durch die Unterstützung von pro-russischen oder wenigstens nicht explizit pro-westlichen Kräften. Besonders gegen Georgien verfolgte Moskau seit Beendigung der Bürgerkriege 1994 eine Doppelstrategie. In offiziellen Verlautbarungen wurde zwar die territoriale Unversehrtheit Georgiens bekräftigt, aber faktisch wurden die UN-Sanktionen gegen Abchasien unterlaufen und im April 2008 gänzlich ausgesetzt. [...] Die Verhandlungen um die Verlängerung bzw. Neufassung des Partnerschafts- und Kooperationsabkommens zwischen der EU und Russland wurden bis zum Rückzug der russischen Truppen aus Kerngeorgien ausgesetzt. [...] Betrachtet man die logistische Abhängigkeit der in Afghanistan eingesetzten NATO-Verbände, vor allem der Bundeswehr, vom russischen Versorgungs- und Transportnetz, so wären bei einer Eskalation des Konfliktes mit den üblichen Begleiterscheinungen von Sanktionen und Gegenmaßnahmen schwerwiegende Nachteile für die Versorgung der deutschen ISAF-Kontingente eingetreten.

Peter W. Schulze, Geopolitischer Machtpoker im Kaukasus, in: Sozialwissenschaftliche Schriftenreihe, Wien, Februar 2009, S. 13-19

Info

Der Sechs-Punkte-Plan

Mithilfe des unter der Federführung Frankreichs ausgehandelten Sechs-Punkte-Plans sollen Russland und Georgien wieder an den Verhandlungstisch zurückkehren. Das Dokument ist keine Friedensregelung, soll aber die Grundlage für einen juristisch bindenden Text bilden. Die Vereinbarung beinhaltet folgende sechs Punkte:

1. „Kein Rückgriff auf Gewalt zwischen den Protagonisten"
2. „Definitive Einstellung der Feindseligkeiten"
3. „Gewährung freien Zugangs für humanitäre Hilfe"
4. „Die georgischen Streitkräfte sollen sich auf ihre üblichen Stationierungsorte zurückziehen."
5. „Die russischen Streitkräfte sollen sich auf die Linien vor Beginn der Feindseligkeiten in Südossetien zurückziehen. In Erwartung eines internationalen Mechanismus werden die russischen Friedenstruppen vorläufig zusätzliche Sicherheitsmaßnahmen ergreifen."
6. „Eröffnung internationaler Diskussionen über die Modalitäten der Sicherheit und Stabilität in Abchasien und Südossetien"

Auf: www.bpb.de vom 25.8.2008

M 6 Die EU bezieht Position im Georgien-Krieg

Außerordentliche Tagung des Europäischen Rates vom 1. September 2008 in Brüssel: Elf-Punkte-Plan: SCHLUSSFOLGERUNGEN DES VORSITZES

1. Der Europäische Rat ist zutiefst besorgt über den in Georgien ausgebrochenen offenen Konflikt, die damit verbundene Welle der Gewalt und die unverhältnismäßige Reaktion Russlands. Dieser Konflikt hat auf beiden Seiten großes Leid verursacht. Derartige militärische Aktionen sind keine Lösung und sie sind nicht hinnehmbar. [...]
2. Der Europäische Rat verurteilt entschieden den einseitigen Beschluss Russlands, die Unabhängigkeit Abchasiens und Südossetiens anzuerkennen. Dieser Beschluss ist inakzeptabel und der Europäische Rat appelliert an die übrigen Staaten, diese Unabhängigkeitserklärungen nicht anzuerkennen und ersucht die Kommission zu prüfen, welche konkreten Konsequenzen daraus zu ziehen sind. [...]
3. Der Europäische Rat unterstreicht, dass jeder Staat in Europa das Recht hat, unter Achtung des Völkerrechts und der Grundsätze gutnachbarschaftlicher Beziehungen und der friedlichen Zusammenarbeit seine Außenpolitik und seine Bündnisse frei zu bestimmen. [...]
4. [...] Die Streitkräfte, die sich noch nicht auf die Linien vor Ausbruch der Feindseligkeiten zurückgezogen haben, müssen dies unverzüglich tun. [...] Ferner ist es vordringlich, die unter Punkt 6 des Abkommens vorgesehenen internationalen Gespräche über die Modalitäten für Sicherheit und Stabilität in Abchasien und Südossetien aufzunehmen.
5. Die Europäische Union ist bereit, sich - auch durch Präsenz vor Ort - zu engagieren, um sämtliche Bemühungen im Hinblick auf eine friedliche und dauerhafte Lösung der Konflikte in Georgien zu unterstützen. [...]
6. Die Europäische Union hat bereits Soforthilfe geleistet. Sie erklärt sich bereit, den Wiederaufbau in Georgien einschließlich der Regionen Südossetien und Abchasien zu unterstützen. [...] Ferner beschließt sie, ihre Beziehungen zu Georgien zu vertiefen, wozu auch Visaerleichterungen und die etwaige Errichtung einer uneingeschränkten und umfassenden Freihandelszone gehören können. [...]
9. Die jüngsten Ereignisse haben gezeigt, dass Europa seine Bemühungen im Bereich der Sicherheit der Energieversorgung verstärken muss, [...] insbesondere im Bereich der Diversifizierung der Energieversorgung und der Lieferwege [...].
10. Durch die Krise in Georgien stehen die Beziehungen der Europäischen Union zu Russland an einem Scheideweg. [...]
11. Wir rufen Russland auf, mit uns diese grundsätzliche Entscheidung für unsere gemeinsamen Interessen, für Verständigung und für Zusammenarbeit zu treffen. Wir sind davon überzeugt, dass es in Russlands ureigenstem Interesse liegt, sich nicht von Europa zu isolieren. [...] Wir erwarten von Russland ein verantwortungsvolles Handeln im Einklang mit all seinen Verpflichtungen. [...] Solange sich die Truppen nicht auf die Positionen zurückgezogen haben, die sie vor dem 7. August innehatten, werden die Treffen zur Aushandlung des Partnerschaftsabkommens verschoben.

Rat der Europäischen Union, Brüssel, den 6.10.2008 (überarbeitete Fassung)

Kleine Chronologie

Juni 2008: tägliche militärische Zusammenstöße in Abchasien und Südossetien zwischen der georgischen Armee und Separatisten

8.8.2008, 0.53 Uhr Ortszeit: Georgische Offensive auf die südossetische Hauptstadt.; 5.30 Uhr Ortszeit: russischer Gegenangriff

15.8.2008: Ein südossetischer Mann steht in einem zerstörten Gebäude in Zchinwali, Hauptstadt Südossetiens, vor einer russischen und einer südossetischen Flagge.

15./16.8.2008: Unterzeichnung des sogenannten Sechs-Punkte-Friedensplans zwischen Russland und Georgien, unter Vermittlung des Vorsitzenden des Europäischen Rats, des französischen Präsidenten Nicolas Sarkozy.

19.8.2008: NATO und EU drängten Russland zu einem sofortigen Abzug aus Georgien. Der russische Präsident Medwedew gab einen Truppenabzug bis zum 22. August bekannt.

M 7 Interessengegensätze innerhalb der EU

Wochenlang hatten europäische Spitzenpolitiker mit der Idee geliebäugelt, wirtschaftliche und politische Sanktionen gegen Russland zu verhängen, nachdem es Georgiens Souveränität und territoriale Integrität in Frage gestellt hatte und ein vereinbartes Friedensabkommen nicht zur Gänze umgesetzt hatte. Bei ihrem Sondergipfel [...] in Brüssel konnten sich die EU-Staats- und Regierungschefs aber nicht auf eine [...] harte Linie einigen: Zu unterschiedlich waren die Positionen im Club der 27. Unter den Hardlinern waren Länder wie Großbritannien, die baltischen Staaten, Polen oder Dänemark, die Russland zum Teil weniger verbunden sind als Staaten wie Deutschland, Italien oder Österreich, das etwa von den Olympischen Winterspielen 2014 im russischen Sotschi profitieren würde. Großbritannien hatte bis zuletzt eine Aussetzung der Verhandlungen über ein neues Partnerschaftsabkommen gefordert. Estlands Premierminister Andrus Ansip plädierte ebenfalls für ein klares Signal an Russland. „Wir können nicht so weitermachen, nach dem Motto ‚Business as usual'", sagte er. Tschechiens Außenminister Karel Schwarzenberg sprach sogar von einem „Lackmustest" für die politische Union.

Doch die Mehrheit gab sich schließlich mit einer relativ sanften Verurteilung des russischen Vorgehens zufrieden. Damit setzten sich im Kreis der Staats- und Regierungschefs die „deutlich Gemäßigteren" durch, wie Insider bestätigten. Scharfe Worte fand man am ehesten zur einseitigen Anerkennung der Unabhängigkeit Südossetiens und Abchasiens durch Russland: Dies werde „stark verurteilt", hieß es. Das Vorgehen Russlands sei „inakzeptabel", hielten die 27 EU-Staaten fest.

Österreichs Kanzler Alfred Gusenbauer (SPÖ) warnte vor einer „Radikalisierung der Sprache" und dem Androhen von Sanktionen. Man solle nicht „Öl ins Feuer gießen", sagte er laut Austria Presseagentur. Selbst die mächtige deutsche Kanzlerin Angela Merkel betonte, man solle den „Gesprächsfaden mit Russland nicht abreißen" lassen.

Regina Pöll, Georgien-Sondergipfel: EU schreckt vor Sanktionen zurück, auf: www.diepresse.com vom 1.9.2008

Sarkozy und Medwedew nahe Moskau, 8.9.2008

25.8.2008: Russland erkennt die Unabhängigkeit von Abchasien und Südossetien an.

1.9.2008: Die Staats- und Regierungschefs der EU verurteilen die russische Anerkennung von Südossetien und Abchasien.

8.9.2008: Vereinbarung zwischen Medwedew und Sarkozy zum Abzug der russischen Truppen aus dem Kerngebiet Georgiens bis Mitte Oktober.

1.10.2008: Die EU stationiert zur Garantie des Gewaltverzichts der georgischen Seite gegenüber Abchasien und Südossetien 300 Beobachter in der Region.

8.10.2008: Die georgische Seite bestätigt, dass Russland alle Truppen aus den Pufferzonen um Südossetien und Abchasien abgezogen hat, Abchasien und Südossetien bleiben bis heute – völkerrechtlich Teil Georgiens – faktisch unabhängig.

Aufgaben

1. Stellen Sie die Situation in Georgien im August/September 2008 dar (M 3, M 4).
2. a) Stellen Sie die Grundprobleme, die Konfliktparteien, ihre Interessen und jeweiligen Konfliktwahrnehmungen 2008 in Georgien dar. Erläutern Sie dabei die Positionen der EU, der NATO, der USA und Russlands (M 3 - M 5).
   b) Präsentieren Sie die Ergebnisse in einer für Ihre Gruppe geeigneten Präsentationsform (ppp, Plakat, Folie, Zeitstrahl ...).
3. a) Erläutern Sie die Beschlüsse der EU im Georgien-Konflikt und arbeiten Sie konkrete Maßnahmen heraus, die daraus folgen müssten (M 6).
   b) Überprüfen Sie, inwieweit die in der ESS formulierten Ziele durch den 11-Punkte-Plan verfolgt werden (M 2, M 6).
4. Erschließen Sie die Interessen der in M 7 genannten EU-Staaten sowie Frankreichs in der Frage des Umgangs mit Russland im Georgien-Konflikt.
5. a) Entwickeln Sie Kriterien für eine „effiziente und legitime Friedenspolitik" der EU.
   b) Nehmen Sie Stellung zur Frage: „Die EU-Außenpolitik am Beispiel Georgien 2008 – eine effiziente Friedenspolitik?"

6.1.3 Einschätzungen zum Engagement der EU in Georgien

M 8 Es hätte schlimmer kommen können

[September 2008] Die Reaktion der Europäischen Union auf die russische Invasion Georgiens wird nicht als Ruhmesblatt in die Geschichte Europas eingehen. Doch seien wir fair: Es hätte noch schlimmer kommen können. Man ist nicht stillschweigend zur Tagesordnung übergegangen. Führende westliche Politiker sind nach Tiflis, Moskau und Sotschi gefahren. Man hat protestiert oder jedenfalls seinem Missfallen Ausdruck verliehen, und man hat versprochen, bei dem Wiederaufbau in Georgien zu helfen. Da die EU weder eine gemeinsame Außen- noch eine Verteidigungspolitik hat, keine gemeinsamen Streitkräfte besitzt und auch fast nichts tut, um die Abhängigkeit von russischem (und mittelöstlichem) Erdöl und Gas zu reduzieren, war nicht mehr zu erwarten, jedenfalls gewiss keine ernsthaften Sanktionen.

[...] Welche Lehren wird man nun in Moskau ziehen? Premierminister Putin hat mehr als einmal betont, dass der Zusammenbruch der Sowjetunion die größte Katastrophe des 20. Jahrhunderts war. Wenn der Westen nun so schwächlich ist, wie die jüngsten Ereignisse gezeigt haben, dann liegt es auf der Hand, dass man den Schaden, der durch den Zusammenbruch verursacht wurde, beseitigt oder mindestens reduziert und Russland wieder zu einer Großmachtstellung verhilft. Natürlich gibt es dabei Risiken, aber sie scheinen nicht sehr groß. [...] Gazprom könnte mit einer Reduzierung oder Einstellung der Lieferungen drohen, doch das würde die Lage noch verschlimmern. Außerdem führen alle russischen Gasleitungen nach Westen. Wollte man das ändern, so würden Jahre vergehen. [...]

In manchen Kreisen in Brüssel, Paris oder Berlin herrscht immer noch der Irrglauben vor, der Westen müsste Russland helfen, die notwendigen inneren Reformen durchzuführen. Doch das Interesse an solchen Reformen ist in Russland nicht gerade groß. Ganz anders hingegen sieht es mit dem Wunsch aus, wieder eine Großmacht und stark zu werden. Dabei können und wollen Europa und die USA nur wenig helfen.

Walter Laqueur, in: DIE WELT, 13.9.2008, S. 7

M 9 Kein Ende des Kaukasus-Konflikts

[September 2008] Schon Anfang Oktober will die Europäische Union die Verhandlungen über ein neues Partnerschaftsabkommen mit Russland wieder aufnehmen. Mit Beginn des Krieges in Georgien waren die Gespräche ausgesetzt worden. Nun, da sein russischer Amtskollege Wladimir Putin zugesichert habe, auch die restlichen russischen Truppen aus Georgien abzuziehen, gebe es keinen Grund mehr, das Moratorium aufrechtzuerhalten, erklärte Frankreichs Premier François Fillon.

Sollten die europäischen Mitgliedstaaten dem zustimmen, kommt dies einer Anerkennung des Status quo gleich, den der kurze, aber heftige Krieg in Georgien geschaffen hat. Das hieße, die Sezession der völkerrechtlich zu Georgien gehörenden Gebiete Abchasien und Südossetien ist vollzogen. Die EU heißt die Anerkennung der abtrünnigen Gebiete durch Russland zwar nicht gut, findet sich aber damit ab. Es sei nicht sinnvoll, von einem russischen Abzug aus Abchasien und Südossetien zu träumen, erklärte Frankreichs Außenminister Bernard Kouchner. Derselbe Kouchner übrigens, der vor dem EU-Sondergipfel zur Lage im Kaukasus noch öffentlich über die Verhängung von Sanktionen gegen Russland spekuliert hatte. Russlands Außenminister Lawrow hatte ihm das als „krankhafte Fantasie" ausgelegt. Und bekanntlich endete der Gipfel ohne einen Sanktionsbeschluss. Dieses Ergebnis wiederum wurde vom russischen Premier Putin als „Triumph des gesunden Menschenverstandes" goutiert. Aus russischer Sicht also ein ebenso schneller wie erstaunlicher Gesundungsprozess.

Was die EU nun eigentlich erreicht zu haben meint, fasste Deutschlands Außenminister Frank-Walter Steinmeier in der Debatte des Bundestages am vergangenen Mittwoch zusammen. Er erklärte den Kaukasus-Konflikt für beendet. Ein Erfolg, der nur erreicht worden sei, „weil Europa sich der Sache angenommen hat". Und das sieht so aus: Zweihundert EU-Beobachter [...] werden den Abzug der russischen Militärs aus dem georgischen Kernland überwachen. Ein darüber hinausgehendes Mandat wird es nicht geben, weil die russische Führung es nicht will. [...] Eine Entsendung von weiteren Militärbeobachtern nach Südossetien wird es nicht geben, solange Russland sich weigert, ihr zuzustimmen. Also nie. [...] Im Umgang mit den russischen Unwägbarkeiten ist die Europäische Union hilflos. [...] Die De-facto-Anerkennung Abchasiens und Südossetiens bedeutet eines sicher nicht: ein Ende der Kaukasus-Konflikte. [...]

Katja Tichomirowa, in: Berliner Zeitung, 22.9.2008, S. 4

M 10 ● Die Situation in Georgien 2011

Der August-Krieg endete mit der Unterzeichnung eines durch die französische EU-Ratspräsidentschaft vermittelten Waffenstillstandsabkommens. Bis heute bleiben jedoch wichtige Punkte des Abkommens unerfüllt. Die russischen Truppenstärken in Abchasien und Südossetien wurden nicht, wie vorgesehen, auf das Niveau vor Ausbruch der Kampfhandlungen reduziert, und internationalen Beobachtern bleibt der Zugang zu beiden Regionen verwehrt. Die 2008 aus Südossetien vertriebenen ethnischen Georgier – insgesamt etwa 20.000 Menschen – können nicht in ihre Heimat zurückkehren. [...]

Unter anderem durch die Einrichtung einer EU-Beobachtermission (EUMM) ist eine gewisse Entspannung der Sicherheitslage entlang der Verwaltungsgrenzen zu Georgien eingetreten. Allerdings erhielt die EU-Mission dieses Mandat nur für das georgische Kernland. [Auch] ist die Zivilbevölkerung auf allen Seiten weiterhin durch Schusswechsel, Landminen und willkürliche Verhaftungen gefährdet.

Im Oktober 2008 begannen in Genf unter internationaler Vermittlung [von EU, Vereinten Nationen und OSZE] Gespräche der Konfliktparteien zur Stabilisierung der Lage in der Krisenregion. Es wurden jedoch bisher nur wenige konkrete Fortschritte erzielt. Zu den wichtigsten zählt die Einrichtung eines Mechanismus zur Prävention lokaler gewaltsamer Zwischenfälle an den Kontaktlinien zwischen Georgien und Abchasien bzw. Südossetien unter Aufsicht der EUMM. In insgesamt 16 Verhandlungsrunden wurde zu wichtigen Fragen wie der Rückkehr von Vertriebenen oder des zukünftigen politischen Status der beiden Regionen kein Durchbruch erzielt. [...]

Marion Kipiani, Konfliktportrait: Georgien, auf: www.bpb.de, 14.11.2011 (Reihenfolge verändert)

Aufgabe

1. Führen Sie eine Pro-Kontra-Debatte zum Thema „Die EU-Außenpolitik in Georgien 2008 – ein Erfolg?" (M 8 – M 10).

6.1.4 Die GASP nach dem Vertrag von Lissabon – eine effiziente EU-Außen- und Sicherheitspolitik?

M 11 ● Struktur und Organisation der GASP

Dem Bereich der Außenbeziehungen der EU wurde bei der Gründung der Europäischen Gemeinschaften kaum Aufmerksamkeit gewidmet. Im Laufe der Zeit wurde zwar die Außenpolitik in den europäischen Verträgen berücksichtigt, jedoch lag der Schwerpunkt der europäischen Einigung nach wie vor auf der wirtschaftlichen Integration. Die Außenpolitik wurde als integraler Bestandteil staatlicher Souveränität angesehen, sodass die Mitgliedstaaten ungern einer Kompetenzübertragung in diesem Bereich zustimmten.
Aus diesem Grund befinden sich die Außenbeziehungen der Union [...] im Spannungsfeld zwischen europäischen und mitgliedstaatlichen Interessen. Jedoch entwickelt sich die EU immer mehr zu einem bedeutenden globalen Machtfaktor (Global Player), was ein kohärentes und effektives Handeln nach außen erforderlich macht.
[...]
Zurzeit wird zwischen der integrierten und der intergouvernementalen Außenpolitik unterschieden [...]: Die intergouvernementale Außenpolitik ist die GASP [...]. Sie wird von den Mitgliedstaaten reguliert. [Die integrierte Außenpolitik findet Ausdruck in der Gemeinsamen Handelspolitik (vgl. Kap. 6.3).]
Dennoch ist es Ziel der EU, zwischen der integrierten und der intergouvernementalen Außenpolitik eine Verbindung herzustellen.

Manazha Nawparwar, Die Außenbeziehungen der Europäischen Union zu internationalen Organisationen nach dem Vertrag von Lissabon, in: Beiträge zum Europa- und Völkerrecht, Heft 4/2009, Halle 2009, S. 5 ff.

Lady Catherine Ashton (* 20.3.1956, Upholland, England) ist seit 2009 die Hohe Vertreterin der EU für Außen- und Sicherheitspolitik und Erste Vizepräsidentin der Europäischen Kommission. Zudem ist sie Mitglied des britischen Oberhauses.

M 12 ● Anspruch der GASP nach Lissabon

Die Einrichtung des Amtes des Hohen Vertreters der Union für Außen- und Sicherheitspolitik ist eine wichtige institutionelle Neuerung des Vertrags von Lissabon. Der Hohe Vertreter bekleidet zwei Ämter: Einerseits ist er Beauftragter des Rates für die Gemeinsame Außen- und Sicherheitspolitik (GASP) und andererseits Vizepräsident der Kommission für die Außenbeziehungen. Er vertritt die Union und die GASP auf internationaler Bühne. Dabei wird er durch einen Europäischen Auswärtigen Dienst unterstützt.
Durch den Lissabon-Vertrag (1.12.2009) wird die GASP zur Gemeinsamen Sicherheits- und Verteidigungspolitik (GSVP) ausgebaut: Sie legt die gemeinsame Verteidigungspolitik fest, die sowohl die Neutralität bestimmter Mitgliedstaaten achten als auch mit der NATO-Zugehörigkeit anderer Mitgliedstaaten kompatibel sein soll. Entscheidungen können jedoch erst nach einstimmigem Beschluss des Europäischen Rates getroffen werden. Außerdem gibt es ab 2010 eine Europäische Verteidigungsagentur, die die Rüstungspolitik der Mitgliedstaaten koordinieren soll, die Rüstungsausgaben effizienter einsetzen und den Aufbau unnötiger Mehrfachkapazitäten in den einzelnen Mitgliedstaaten verhindern soll. [...]
Die Europäische Union erhält Rechtspersönlichkeit und vergrößert dadurch ihre Verhandlungsmacht, sodass sie auf internationaler Ebene effizienter auftreten kann und für Drittländer und internationale Organisationen als Partner greifbarer wird.

Nach: EUROPA, Das Portal der Europäischen Union, Der Vertrag von Lissabon auf einen Blick, auf: http://europa.eu (Stand: 30.1.2012)

M 13 Die Protagonisten der GASP

Karikatur: Horst Haitzinger, 21.11.2009

Zu den Personen in der Karikatur:
Im Vordergrund stehen links Angela Merkel, deutsche Bundeskanzlerin, und rechts Nicolas Sarkozy, französischer Präsident.

M 14 Europäische Akteure im Einsatz gegen Libyen

[18.3.2011] Der EU-Ratsvorsitzende Van Rompuy und die Außenbeauftragte Ashton begrüßten die UN-Resolution im Namen der EU und erklärten sich bereit, an ihrer Umsetzung mitzuwirken, sofern die Kompetenzen der EU das ermöglichten. Das würde einen militärischen Beitrag ausschließen, denn diese Zuständigkeit liegt bei den Mitgliedstaaten, worauf vor allem Deutschland pochen dürfte. Diplomaten berichteten, im Mittelpunkt der derzeit noch nicht sonderlich detaillierten Planungen der EU stehe neben den Sanktionen vor allem humanitäre Hilfe. Frau Ashton sagte, auch wenn [der damalige libysche Staatschef] Gaddafi eine Waffenruhe habe verkünden lassen, müsse er zurücktreten. Die Außenminister der EU-Mitgliedstaaten beraten am Montag [21.3.2011] in Brüssel über die Lage.

[19.3.2011] [...] Frankreich, die Vereinigten Staaten und Großbritannien haben unter Berufung auf die UN-Resolution [bei der sich Deutschland der Stimme enthalten hatte] eine internationale Militäraktion gegen das Gaddafi-Regime begonnen. Die französische Luftwaffe bombardierte nahe Benghasi Panzer der libyschen Regierungstruppen, Amerika griff die libysche Luftabwehr mit Marschflugkörpern an. [...] [Es] sollten damit weitere Angriffe auf Zivilisten und Oppositionsgruppen vor allem in und um Benghasi verhindert werden. [...] Deutsche Soldaten würden sich zwar nicht beteiligen. Aber Berlin sei bereit, die NATO bei der Flugüberwachung zu entlasten, „indem wir zusätzliche Anforderungen in Afghanistan übernehmen", sagte die deutsche Kanzlerin.

www.faz.net vom 18.3.2011 und 19.3.2011

Aufgaben

1. a) Erstellen Sie ein Organigramm der EU-Außenpolitik (M 11, M 12).
   b) Erläutern Sie die EU-Außenpolitik in einer Präsentation.
2. Erläutern Sie mögliche Konfliktfelder der EU-Außenpolitik (M 11, M 12).
3. Analysieren Sie die Karikatur (M 13).
4. Erörtern Sie die Frage „Bieten die GASP und die ESS die Möglichkeit zu einer effizienten EU-Außenpolitik?" (M1 - M 14).

Politische Probleme, Strukturen und Argumentationen visualisieren

Die Fertigkeiten, sinnvolle Darstellungsstrukturen zu finden, braucht man im gesellschaftswissenschaftlichen Unterricht immer wieder. Zum Beispiel kann man politische, wirtschaftliche oder soziale Ursache-Wirkungs- oder Auslöser-Folge-Beziehungen bildlich darstellen oder ein Thema übersichtlich nach über- und untergeordneten Aspekten ordnen. Abgebildet werden können auch (z. B. in der Vorbereitungszeit auf die mündliche Abiturprüfung) Argumentationsstrukturen von politischen Kommentaren oder Reden oder komplexe Beziehungen (z. B. zwischen Institutionen in verschiedenen politischen Systemen).

Darstellungsform

Funktion/Einsatzmöglichkeit

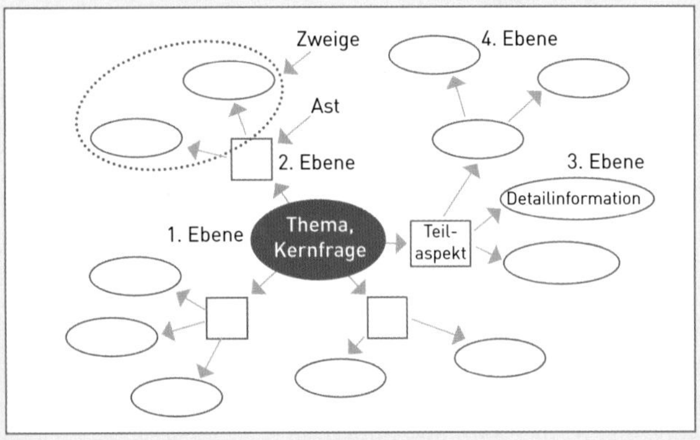

Mindmap

Die Mindmap dient zur Darstellung der Teilaspekte umfassender Themen. So können z. B. die verschiedenen Dimensionen eines komplexen politischen Problems oder die Wahrnehmung des Problems aus verschiedenen Perspektiven (politische Akteure, Betroffene) systematisiert werden.

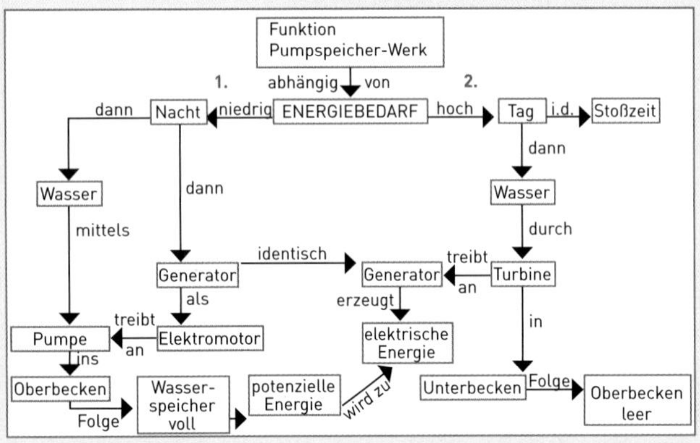

Concept-Map

Die Concept-Map eignet sich zur Visualisierung struktureller Zusammenhänge. So können z. B. die institutionellen Verflechtungen (mit Befugnissen der einzelnen Organe) politischer Systeme veranschaulicht werden oder auch zunächst mögliche (unerwartete) Folgen politischer oder wirtschaftlicher Entscheidungen.
Beispiele: Ordentliches Gesetzgebungsverfahren der EU, Wirtschaftskreislauf

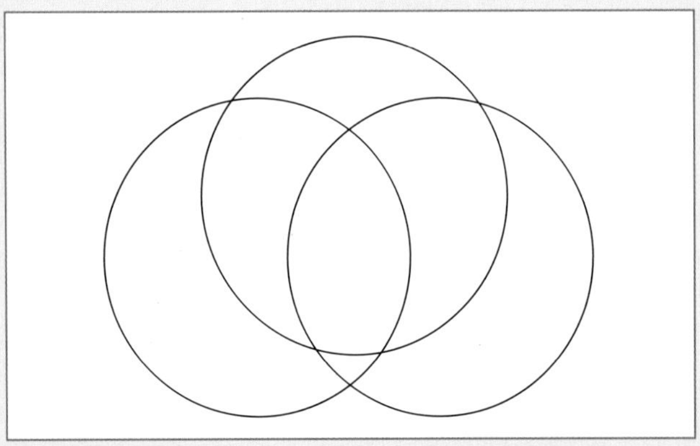

Venn-Diagramm

Das Venn-Diagramm kann eingesetzt werden, um die Gemeinsamkeiten und Unterschiede verschiedener Gegenstände oder Aussagen strukturiert abzubilden. In die Überschneidungsfelder der Kreise werden dabei stichwortartig die Gemeinsamkeiten eingetragen. So können z. B. politische Lösungsvorschläge oder Argumentationen in Kommentaren oder politischen Analysen miteinander verglichen werden.

Kreislaufdiagramm

Häufig kommt es in Gesellschaften zu Zuständen, die die Tendenz haben, sich selbst zu reproduzieren oder sich sogar selbst zu verstärken. Solche kann man in einem Kreislaufdiagramm darstellen. Man setzt sich damit aber der Gefahr aus, die Zustände für ausweglos oder naturgegeben – und somit für apolitisch – zu halten.
Beispielthemen: Armut, Geschlechterrollen, soziale Herkunft und Bildungschancen

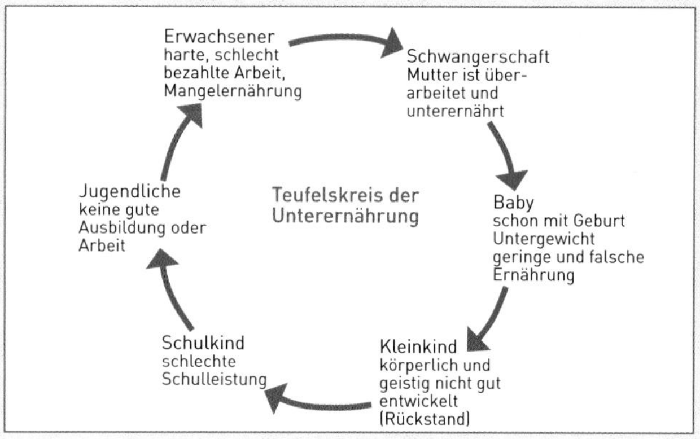

Baumdiagramme

Baumdiagramme dienen der Darstellung von einfacheren Ursache-Wirkungs- bzw. Auslöser-Folge-Beziehungen. Auch die Argumentationsstruktur argumentativer Texte kann man mit ihrer Hilfe knapp versinnbildlichen.

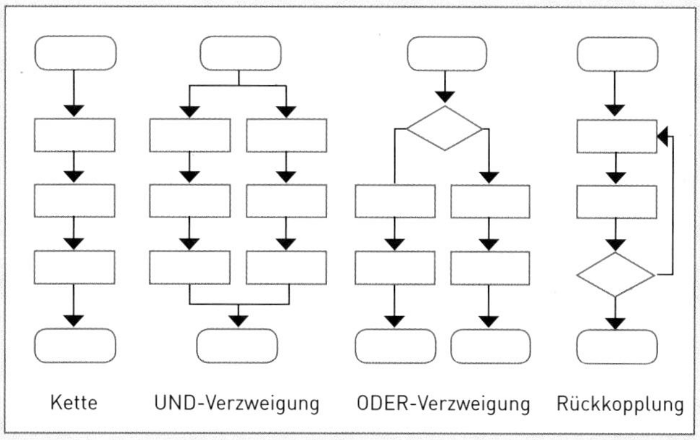

Fischgrät-Diagramm

Für die Abbildung komplexerer Ursache-Wirkungs- bzw. Mittel-Zweck-Beziehungen steht das Fischgrät-Diagramm zur Verfügung. Hierin sind auch beispielsweise Teilursachen abbildbar.

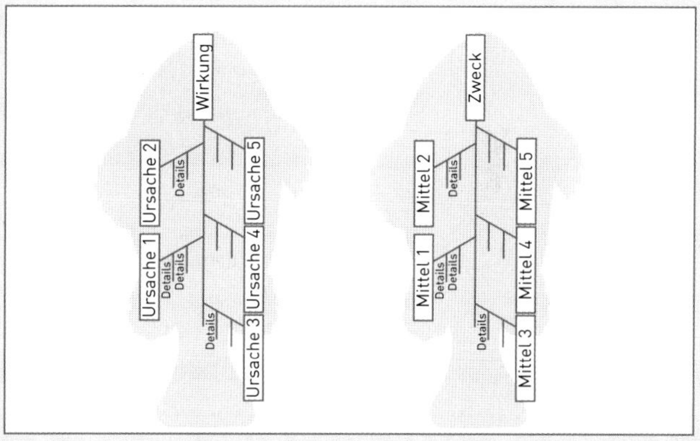

Matrix / Tabelle

Die Matrix (Spalten und Zeilen) bzw. die Tabelle (Spalten) dient der Systematisierung von Gesichtspunkten (Argumenten, Teilaspekten ...) unter Oberbegriffen.
Gefahr: „Unbeweglichkeit" nach einmal erfolgter Zuordnung

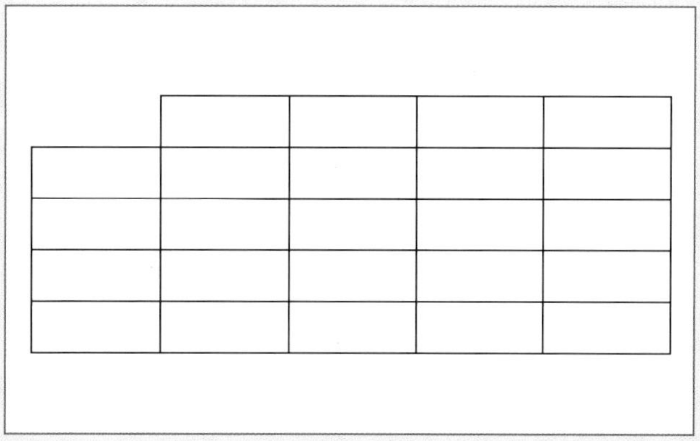

Abbildungen nach: Ludger Brüning, Tobias Saum, Erfolgreich unterrichten durch Visualisieren, Essen 2009

6.1.5 Die Sicherung der europäischen Energieversorgung. Können Abhängigkeiten verringert werden?

M 15 Streit um russische Gaslieferungen

Am Neujahrstag hatte [der russische Erdgaskonzern] Gazprom die Gaslieferungen an die Ukraine eingestellt. Seit Dienstag (6.1.2009) kommt auch in EU-Staaten kein russisches Gas mehr aus den durch die Ukraine verlaufenden Pipelines an. In vielen europäischen Ländern ist es durch den Lieferstopp zu Versorgungsengpässen gekommen. Hintergrund sind Streitigkeiten der Nachbarländer Russland und Ukraine über den Gaspreis, Transitgebühren und offene Rechnungen. [...] Die Slowakei beschloss am Samstagabend, trotz eines EU-Verbots ein Ende 2008 stillgelegtes Atomkraftwerk wieder in Betrieb zu nehmen. In Bulgarien, das zu 100 Prozent auf russisches Gas angewiesen ist, können 15.000 Haushalte nicht beheizt werden.

www.bpb.de, Hintergrund aktuell, 12.1.2009

Anteile an weltweiten Erdgasreserven

1. Russland	25,4 %
2. Iran	15,0 %
3. Katar	14,4 %
4. Turkmenistan	4,0 %

bpb, 2009

M 16 Bedeutung von Erdgas im zukünftigen Energiemix

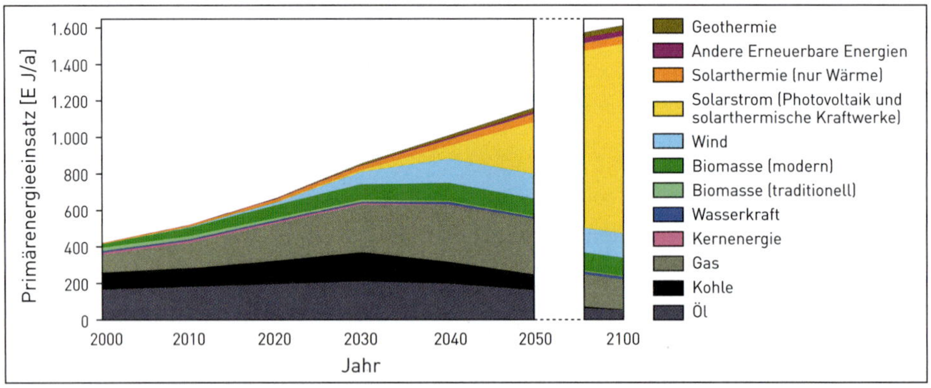

Wissenschaftlicher Beirat der Bundesregierung Globale Umweltveränderungen 2003

M 17 Aktionsplan für Energieversorgungssicherheit und -solidarität

Dieser Aktionsplan wurde am 13.11.2008 von der Europäischen Kommission verabschiedet und am 20.11.2008 als Mitteilung an das Europäische Parlament, den Rat, den Europäischen Wirtschafts- und Sozialausschuss und den Ausschuss der Regionen weitergeleitet.

Die EU importiert derzeit 54 % ihrer Energie. Sie will daher eine neue Energie- und Umweltpolitik einleiten. Diese Politik wurde im März 2007 vom Europäischen Rat gebilligt. Im September desselben Jahres wurde das dritte Legislativpaket „Energiebinnenmarkt" vorgelegt. Damit können langfristig die Ziele in den Bereichen Nachhaltigkeit, Wettbewerbsfähigkeit und Versorgungssicherheit erreicht werden.
Sicherheit und Solidarität sind die Grundpfeiler einer effizienten Energiepolitik. Die Europäische Union will ihre Energiepolitik auf diese beiden Werte konzentrieren. Bis 2020 sollen der Energieverbrauch um volle 15 % und die Energieeinfuhren um 26 % reduziert werden. Der von der Europäischen Kommission 2008 vorgelegte Plan,

der fünf Schwerpunkte umfasst, soll zur Erreichung dieser Ziele beitragen. So sollen die kohlenstoffintensiven Energien bis 2050 vollständig durch erneuerbare Energien ersetzt werden.

Infrastrukturbedarf und Diversifizierung der Energieversorgung
Die EU plant erhebliche Änderungen der Energieinfrastruktur [...]. Sie schlägt sechs vorrangige Maßnahmen vor:

- Anbindung noch isolierter Energiemärkte in Europa;
- Einrichtung eines südlichen Gaskorridors für die Versorgung mit Erdgas aus Quellen im kaspischen Raum und im Nahen Osten;
- Nutzung von Flüssigerdgas für die Flexibilisierung und Diversifizierung der EU-Märkte;
- Verbindung Europas mit dem südlichen Mittelmeerraum über Strom- und Gasverbundleitungen;
- Ausbau des Nord-Süd-Gas- und -Stromverbunds mit Mittel- und Südeuropa;
- Aufbau eines Verbunds der Elektrizitätsnetze in Nordwesteuropa zur verbesserten Windkraftnutzung in der Nordsee.

Außenbeziehungen im Energiebereich
Die wechselseitige Abhängigkeit zwischen den Staaten nimmt extrem zu. Deshalb muss die Energieversorgung in den internationalen Beziehungen Priorität haben. Die Energiegemeinschaft bildet in Südosteuropa einen integrierten Energiemarkt. Dieser Markt unterliegt den Rechtsvorschriften der Europäischen Union. Die geplante Integration von Ländern wie der Ukraine, der Republik Moldau und der Türkei wird zur Anwendung des gemeinschaftlichen Besitzstands im Energiebereich und zur Versorgungssicherheit in diesen Ländern beitragen. Russland ist ein wichtiger strategischer Partner im Energiebereich. Diese Partnerschaft gilt es auszubauen und zu festigen. Das derzeit verhandelte neue Partnerschafts- und Kooperationsabkommen sollte rechtsverbindliche Bestimmungen für den Energiebereich enthalten.

Auch die energiepolitischen Beziehungen mit Nordafrika sollten angesichts des Energiepotenzials dieser Region intensiviert werden. In diesem Zusammenhang ist der Bau einer Trans-Sahara-Gaspipeline beabsichtigt.

Nach: EUROPA, Das Portal der Europäischen Union, Aktionsplan für Energieversorgungssicherheit und -solidarität, auf: http://europa.eu (Stand: 30.1.2012)

M 18 ● Energiekonflikte auf dem „Eurasischen Schachbrett"

Da das fossile Energieregime an seine Grenzen stößt, ohne dass bisher durchsetzbare Alternativen erkennbar wären, erfahren die erdöl- und erdgasreichen Regionen in den geoökonomischen und geopolitischen Strategien der Zentrumsstaaten eine starke Aufwertung. Energiesicherung wird zur Zielgröße strategischer Außen(wirtschafts)politik – der Geostrategie. [...] Im Mittelpunkt steht dabei in erster Linie die sog. „strategische Ellipse", die den Nahen und Mittleren Osten, den Kaukasus sowie große Teile Russlands und Zentralasiens umfasst. Hier konzentrieren sich etwa 70 % der konventionellen Weltölreserven und ca. 68 % der Weltgasreserven. Für die absehbare Zukunft bedeutet dies, dass insbesondere die Rolle der Russischen Föderation im Mittelpunkt der US-amerikanischen und europäischen strategischen Überlegungen stehen wird. [...]
Für die Europäische Union hat der ungefährdete Zugriff auf Öl- und Gasreserven eine besonders hohe Bedeutung, die in den letzten Jahren noch einmal stark zugenommen hat. Die EU ist heute bereits der weltgrößte Importeur von fossilen Energieträgern (allen voran Erdöl und Erdgas); dabei stammen derzeit etwa 40 % aller europäischen Energieimporte aus der Russi-

schen Föderation (und werden zu 80 % durch die Ukraine transportiert). Die Europäische Kommission geht jedoch sogar davon aus, dass sich „die Abhängigkeit von Gasimporten […] bis 2030 voraussichtlich von 57 % auf 84 %“ und „die Abhängigkeit von Ölimporten von 82 % auf 93 %“ erhöhen werden. […]

Die durch die EU angestrebte Diversifizierung in der Energieversorgung wurde bislang insbesondere durch zwei (komplementäre) Unterprogramme des TACIS-Programms (Technical Assistance to the Commonwealth of Independent States) vorangetrieben […]. Zum einen handelt es sich dabei um das Programm INOGATE (Interstate Oil and Gas Transport to Europe), das seit 1994 mittels des Auf- und Ausbaus eines Pipelinenetzes kaspisches Öl und Gas an den europäischen Markt anschließen soll. Zum anderen existiert das TRACECA-Programm (Transport Corridor Europe-Caucasus-Asia), das auf die Entwicklung eines alternativen Transportkorridors zu der traditionellen Handelsroute durch Russland ausgerichtet ist. Die Russische Föderation ist als einziger Staat des eurasischen Raumes nicht Mitglied in dem Programm.

Stephan Heidbrink, Energiekonflikte auf dem „Eurasischen Schachbrett“, in: Wissenschaft & Frieden, 4/2009, S. 6 ff.

M 19 ● Gasverteilung und Pipelinesysteme zur EU

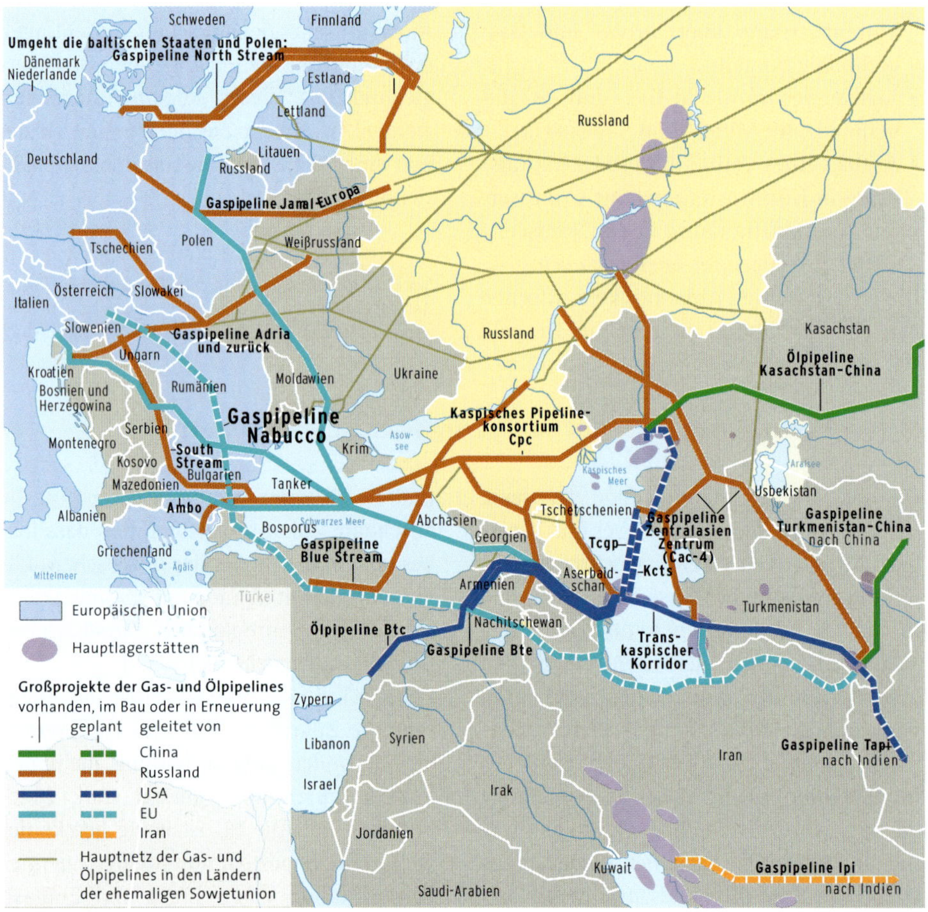

Le monde diplomatique (Hg.), Atlas der Globalisierung, Berlin 2009, S. 85

M 20 Außenpolitische Interessen und Strategien Russlands

Im Osten Europas kündigt sich ein Ereignis an, von dem – sollte es eintreten – eines Tages die Geschichtsbücher erzählen werden. Sollte es dazu kommen, dann wird diese Weichenstellung in einer Reihe stehen mit der Gründung der Montanunion 1952. [...] Die Gemeinschaft, von der heute die Rede ist, nennt sich auf Russisch „Tamoschennyj Sojus", Zollunion. Auch diesmal geht es um Kohle und Stahl und um vieles mehr: Es geht um die Union, die Russland mit der Ukraine, Weißrussland und Kasachstan aufbauen will. Drei Viertel der Bevölkerung des alten Sowjetstaats wären in diesem Bund versammelt. Über weitere Integrationsschritte wird gesprochen. [...]

Weißrussland und Kasachstan haben bereits ihr Jawort gegeben: Seit vorigem Jahr gibt es die Zollunion, sind einige Binnenschranken gefallen und Außenzölle angeglichen worden - zumeist an das russische Niveau. Nur das Schwergewicht unter den Partnern, die Ukraine, zeigt Moskau die kalte Schulter. Die Ukraine hat [...] die europäische Integration zur Priorität erhoben. Das Land steht in Verhandlungen mit der EU über ein Freihandelsabkommen und ist außerdem der WTO beigetreten.

Eine gemeinsame (Zoll-)Union, verkündete Wladimir Putin, werde „die geopolitischen Umrisse des gesamten eurasischen Raums grundsätzlich ändern". In Kiew legte Putin Zahlen auf den Tisch, die belegen sollten, dass das Wachstum der Ukraine bis zu zwei Prozentpunkte zulegen könne, wenn das Land seinem Werben nachgebe. Wenn die Ukraine allerdings nicht nachgebe, müsse Russland die Zollschranken wieder höher ziehen. [...]

Aleksej Miller, der Chef des russischen Erdgasmonopolisten Gazprom, erklärte in Brüssel, jährlich 20 Milliarden Kubikmeter Gas für die EU würde man gerne umleiten, von der Transitleitung durch die Ukraine hin zur Ostsee-Pipeline. Das würde dem Transitland [Ukraine] schon einmal ein Fünftel der Transitgebühren entziehen, Hunderte Millionen Dollar. Der Zeitpunkt ist gut gewählt: Kiew, das ohnehin höhere Preise zahlen muss als etwa der Vorzugskunde Deutschland, verhandelt gerade mit Moskau über eine Senkung des Gaspreises. Gazproms Antwort: Preissenkungen nur bei einem Eintritt in die Zollunion.

Nach: Gerhard Gnauck, Eine neue Sowjetunion?, in: DIE WELT, 14.6.2011, S. 3 (sprachlich bearbeitet)

Aufgaben

1. a) Stellen Sie die Grundprobleme, die verschiedenen Interessengruppen und ihre Perspektiven auf die Energiepolitik der EU dar (M 15 - M 20).

   b) Erläutern Sie die EU-Energiepolitik mit einem für Ihre Gruppe geeigneten Präsentationsmedium (ppp, Plakat, Folie ...).

2. Arbeiten Sie die energiepolitischen Interessen von Gas-Ursprungsländern (Russland, Iran, Kasachstan u. a.), Durchleitungsländern (Ukraine, Weißrussland u. a.) und der größten Abnehmerländer (Deutschland, Österreich, China u. a.) heraus. Erläutern Sie in diesem Zusammenhang die strategische Bedeutung der „Nabucco-Pipeline" und der russischen „South Stream" für die EU-Energiepolitik (M 18 - M 20).

3. Erörtern Sie die Frage, ob der EU-Aktionsplan für Energieversorgungssicherheit und -solidarität Abhängigkeiten für die EU verringert (M 15 - M 20).

ORIENTIERUNGSWISSEN

Das Institutionengefüge der EU-Außenpolitik
M 2, M 11, M 12

Die Gemeinsame Außen- und Sicherheitspolitik (GASP) der EU ist seit dem Vertrag von Maastricht (1992) intergouvernemental. Sie wird inhaltlich von der Europäischen Sicherheitsstrategie (ESS) geleitet, die der Europäische Rat 2003 beschloss. Die ESS fokussiert vor allem regionale Konflikte, möchte den Zusammenbruch von Staaten verhindern und organisierte Kriminalität bekämpfen. Sie zielt auf eine Stärkung der Sicherheit in unserer Nachbarschaft.
Der Hohe Vertreter der Union für Außen- und Sicherheitspolitik ist (seit dem Vertrag von Lissabon 2009) Beauftragter des Rates für die GASP und bündelt die außenpolitischen Maßnahmen der Union: Er hat den Vorsitz der regelmäßigen Tagungen der Außenminister der Mitgliedstaaten inne, bekleidet das Amt des Vizepräsidenten der Kommission für die Außenbeziehungen und vertritt die Union und die GASP auf internationaler Bühne.
Der Hohe Vertreter wird durch Beamte des Rates, der Kommission und Diplomaten der Mitgliedstaaten, dem Europäischen Auswärtigen Dienst, unterstützt. Die Entscheidungen des Hohen Vertreters müssen durch den Europäischen Rat einstimmig legitimiert werden.
Die Besetzung dieses Postens mit der sowohl im Vorfeld als auch in der Amtsausübung eher unauffälligen Engländerin Catherine Ashton wurde häufig dahingehend bewertet, dass es bisher faktisch doch keine starke europäische Stimme für die vergemeinschaftete Außenpolitik gebe. In der Hinsicht hat sich die Situation im Vergleich zu den Verhältnissen vor dem Lissabon-Vertrag nicht grundsätzlich verändert.

Fallbeispiel Georgien-Krieg 2008
M 6, M 7

Der Georgien-Krieg 2008 zwischen Georgien, separatistischen Teilregionen und Russland wurde als Beispiel für die gemeinsamen Aktivitäten der EU im Bereich der Außenpolitik bearbeitet.
Zur Zeit des Georgien-Kriegs amtierte der französische Präsident Nicolas Sarkozy als Präsident des Europäischen Rats und brachte als Person eine starke Verhandlungsposition in die Gespräche mit den russischen Gesprächspartnern ein – ein Faktor, der bei diesem Fallbeispiel nicht außer Acht gelassen werden darf. Die gemeinsame EU-Resolution zum Georgien-Konflikt, der Elf-Punkte-Plan, wurde zwar einstimmig verabschiedet, aber sehr unterschiedlich bewertet.
Die heterogenen Positionen der EU-Mitgliedstaaten spiegelten sich auch im außenpolitischen Auftritt der EU wider: In der Positionierung gegenüber Russland spielte eine große Rolle, wie zentral die Orientierung an den USA wahrgenommen wird (häufig in osteuropäischen Staaten wie Polen und der Tschechische Republik) und welche Ambitionen bzgl. nationalpolitischer Alleingänge bestehen (beispielsweise in Frankreich oder Großbritannien). Andere EU-Staaten setzen eher auf mögliche multilaterale Aktionen im Rahmen der UNO.
Institutionell wird die GASP schließlich häufig als schwerfällig bewertet, da sie durch die intergouvernementale Einstimmigkeitsdoktrin oft nur zu einem Minimalkonsens fähig ist.

Die EU-Energiepolitik
M 17

Die EU-Außenpolitik wird auch gelenkt durch Interessenlagen im Bereich der Energieversorgung. Die EU importiert derzeit über die Hälfte ihrer Energie. Sicherheit und Solidarität untereinander sind die Grundpfeiler der EU-Energiepolitik. Bis 2020 sollen der Energieverbrauch und die Energieeinfuhren deutlich reduziert werden. Langfristig soll die EU-Energiepolitik nachhaltig, wettbewerbsfähig und versorgungssicher sein. Zur Erreichung dieser Ziele legte die Europäische Kommission 2008 einen Plan vor, der insbesondere auch den Infrastrukturbedarf und die Diversifizierung der Energieversorgung und die Außenbeziehungen im Energiebereich erläuterte.

Fallbeispiel Gasversorgung
M 18, M 19

Im Bereich der Gasversorgung spielt die „strategische Ellipse", die Region des Nahen und Mittleren Ostens, des Kaukasus und großer Teile Russlands und Zentralasiens, eine zentrale Rolle. Hier befinden sich gut zwei Drittel der weltweiten Gasreserven. Daher steht besonders die Russische Föderation im Mittelpunkt der europäischen strategischen Überlegungen. Derzeit stammen etwa 40 % aller europäischen Energieimporte aus der Russischen Föderation. Die Europäische Kommission geht davon aus, dass sich die Abhängigkeit von Gasimporten bis 2030 auf 84 % deutlich erhöhen wird. Die angestrebte Diversifizierung in der EU-Energieversorgung wird daher vorangetrieben.
Diese EU-Politik wird u. a. in dem Pipeline-Projekt NABUCCO deutlich, das eine von Russland unabhängige Gasversorgung von der kaspischen Region aus anstrebt. Moskau plant dagegen seit 2010 eine neue Zollunion mit der Ukraine, Weißrussland und Kasachstan. Die Ukraine steht jedoch auch mit der EU in Verhandlungen über ein Freihandelsabkommen.

NABUCCO

Karikatur: Klaus Stuttmann, 13.7.2009

Die Personen stellen den damaligen russischen Präsidenten Dmitri Medwedew (links) und den russischen Ministerpräsidenten Wladimir Putin (rechts) dar.

Die Rolle der Europäischen Union in „Zwischeneuropa"

Die Benennung von Frau Ashton zur ersten europäischen Außenministerin deutet eher darauf hin, dass Kräfte in der EU sich strikt gegen ein eigenes europäisches Profil in der Außen- und Sicherheitspolitik wenden. Trotz all dieser Rückschläge ist die EU jedoch nicht mehr die EG der 1980er Jahre des vergangenen Millenniums. Die EU hat sich nolens volens zum geopolitischen Faktor gemausert und als Akteur auch im umstrittenen „Zwischeneuropa" zu Wort gemeldet. Dies wird auch von Moskau anerkannt. Ansonsten wäre die Vermittlungsrolle des damaligen Ratspräsidenten der EU, Nicolas Sarkozy, im Konflikt zwischen Russland und Georgien wohl kaum so zügig und erfolgreich verlaufen. Schließlich war es Sarkozy, der den Sechs-Punkte-Vertrag zum Rückzug der russischen Truppen aus Georgien mit dem russischen Präsidenten Medwedew aushandelte und somit die Europäische Union als geopolitischen Akteur für die Lösung regionaler Fragen in „Zwischeneuropa" ins Spiel brachte. [...] Spätestens seit 2004 steht fest, dass der Raum zum Spielball rivalisierender geopolitischer Mächte, also der USA, Russlands und der Europäischen Union geworden ist. [...] Sehen wir einmal von den spezifischen Interessen der USA in dieser Region ab, so ergibt sich aus der Unfähigkeit dortiger nationaler Führungscliquen, diesen Raum eigenverantwortlich zu befrieden, dass „Zwischeneuropa" zwischen zwei geopolitischen Machtpolen, nämlich der Europäischen Union [...] und der Russischen Föderation [...] oszilliert. [...] Das Verhältnis der Europäischen Union zu Russland ist und bleibt die Schicksalsfrage des Kontinents und damit die Determinante europäischer Sicherheits- und Friedenspolitik.

Peter W. Schulze, Braucht Europa eine neue Charta? in: Sozialwissenschaftliche Schriftenreihe, Heft 32, 3/2010, Wien, S. 16-19

Energiepolitik mit Russland abstimmen?

Der [damalige] russische Premierminister Wladimir Putin wird in Berlin von Bundeskanzlerin Angela Merkel empfangen, November 2010.

Der russische Ministerpräsident Wladimir Putin hat die Europäische Union aufgefordert, die geplante Liberalisierung des Energiemarktes zunächst mit Russland abzusprechen. Russland sei der größte Energielieferant für die EU, sagte Putin. Es sei daher „gerechtfertigt" zu verlangen, dass die neuen Regeln im „sensiblen Bereich" Energiepolitik mit Moskau abgestimmt würden. Ansonsten drohten ständig „absurde Situationen oder Konflikte, die manchmal aus dem Nirgendwo auftauchen". Pläne der EU, die Energielieferungen aus Russland zu diversifizieren, kommentierte Putin mit einer Bemerkung, wonach die EU keine andere Wahl habe, als mit Moskau zusammenzuarbeiten. „Was werden Sie nutzen, Feuerholz?", fragte er die Zuhörer und sorgte damit für Lachen. „Sogar dann müssen Sie nach Sibirien gehen, um das Feuerholz zu bekommen." Russland ist für Europa ein wichtiger Lieferant für Erdgas und Erdöl. Putin hatte die EU-Pläne für eine Liberalisierung des Energiemarktes in der Vergangenheit wiederholt kritisiert. Die Absicht, auch kleineren Unternehmen einen Marktzutritt zu ermöglichen, gefährde die Sicherheit von Lieferungen und führe zu Preissteigerungen. Unter anderem kritisierte er die Reformpläne Litauens, die ein Ende der Monopolstellung des russischen Gasriesen Gazprom als Gasversorger des baltischen Staates bedeuten würden. [...] Der Deutsche Bank-Chef Josef Ackermann sprach sich [...] für eine langfristige Integration Russlands in den Euro-Raum aus. „Dass Russland Teil dieses Währungsraums wird, ist schon aus ureigenem europäischen Interesse, wenn man sieht, was sich in Asien entwickelt." Eine Einladung an Russland könne er nur unterstützen, „weil hier die europäische Idee auf dem Spiel steht". Auch Putin hatte gesagt, er könne sich vorstellen, dass auch Russland eines Tages Teil eines europäischen Währungsraums werde.

Auf: ZEIT ONLINE vom 26.11.2010

Aufgaben

1. Erläutern Sie die zentralen Thesen der Texte.
2. Bewerten Sie, ob die EU im geostrategischen Raum „Zwischeneuropa" mit ihrer Energiepolitik „Abhängigkeiten verringern" kann.
3. Erarbeiten Sie kriterienorientierte Lösungsansätze für eine effiziente und friedensstiftende außenpolitische Rolle der EU in Bezug auf Russland und die zwischeneuropäischen Staaten.

6.2 Abschottung oder Öffnung? Der Umgang mit Flüchtlingen an den Grenzen der EU

6.2.1 Dimensionen und Gründe für Flucht in die EU

M 1 Herkunft und Routen der Flüchtenden

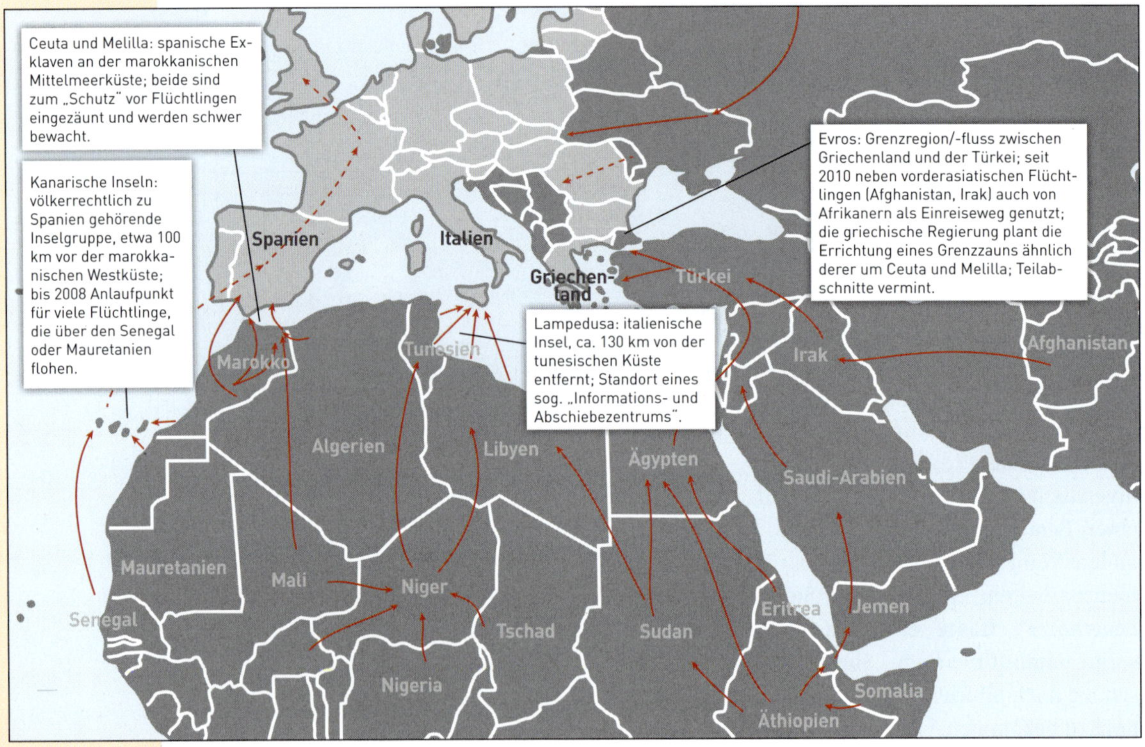

http://www.20min.ch/news/ausland/story/29358634 (23.11.2011)

Asylbewerber/innen in der EU

Alter	Prozent
0-13	20,1
14-17	7,1
18-34	51,7
35-64	20,0
65 und älter	0,7
unbekannt	0,3

männlich	Prozent
gesamt	ca. 65
Asylbewerber/innen aus Afrika	ca. 84
weiblich	**Prozent**
gesamt	ca. 35
Asylbewerber/innen aus Afrika	ca. 16

Zahlen: eurostat. Data in focus 5/2011

M 2 Erfasste „illegale" Grenzübertritte an Land- und Seegrenzen der EU

Grenzregionen	2007	2008	2009	2010	Veränderung in % 2009/10
Griechenland Seegrenzen	9.000	31.729	28.841	6.175	-79 %
griech.-türk. Landgrenze	42.980*	14.480	8.782	47.706	443 %
griech.-alban. Landgrenze		38.573	37.898	33.704	-11 %
Italien, Seegrenzen	21.580	36.947	9.570	4.400	-54 %
Spanien, Kanar. Inseln	12.478	9.181	2.244	196	-91 %
Spanien, andere Grenzen	4.080	6.500	1.639	1.567	-4 %
Malta, Seegrenzen	913	2.798	1.473	48	-97 %
Andere	k. A.	18.884	14.152	10.253	-28 %
Gesamt	**160.132**	**159.092**	**104.599**	**104.049**	**-1 %**

Zahlen: 2007-10: Frontex Risk Analysis Network; 2006: nationale Quellen (in Griechenland auch 2007)
** Die Daten zu den griechischen Landgrenzen für 2006/07 umfassen sämtliche Landgrenzen Griechenlands (in FRONTEX Press Pack, Mai 2011, S. 9-32)*

M 3 ● Push- und Pull-Faktoren für Migration aus Entwicklungsländern

Abwanderungs- bzw. Push-Faktoren aus den Herkunftsländern		Anziehungs- bzw. Pull-Faktoren der Zielländer
Bevölkerungswachstum, junge Altersstruktur Mangelnde Bildungs- und Gesundheitsvorsorge, fehlende soziale Sicherung	1. Demografische Faktoren und soziale Infrastruktur ← →	Bevölkerungsstagnation, -schrumpfung, demografische Alterung Wohlfahrtsstaatliche Leistungen, gute Bildungs- und Gesundheitsversorgung, soziale Sicherung
Arbeitslosigkeit, Niedriglöhne Armut, niedriger Lebensstandard	2. Wirtschafts- und arbeitsmarktrelevante Faktoren ← →	Arbeitskräftemangel, hohe Löhne Wohlstand, hoher Konsum- und Lebensstandard
Diktatur, schlechte Regierungsführung Krieg, Völkermord, staatliche Überwachung, Folter, Verfolgung, Enteignung, Terrorismus, Minderheitsunterdrückung	3. Politische Faktoren ← →	Demokratie, Rechtsstaatlichkeit, Pluralismus, politische Stabilität Frieden, Sicherheit, Garantie der Menschen- und Bürgerrechte, Minderheitenschutz
Umweltkatastrophen, Wüstenbildung, Ressourcenmangel, Wasserknappheit, Bodenerosion, fehlende Umweltpolitik	4. Umweltbezogene Faktoren ← →	Intaktere Umwelt, Ressourcen- und Umweltschutzmaßnahmen
Familien-, Clan-Entscheidungen Informationsflüsse, Medien, übermitteltes Bild vom Zielland	5. Migrationsströme und -bestände ← →	Ethnische Community, historische koloniale Bindungen Informationsflüsse, Medien, übermitteltes Bild vom Zielland

Susanne Schmid, Vor den Toren Europas? Das Potenzial der Migration aus Afrika (hg. vom Bundesamt für Migration und Flüchtlinge), Nürnberg 2010, S. 31

Flüchtlinge und Vertriebene (2010)

weltweit insg.: ca. 34 Mio.

davon aus Afrika: ca. 10,5 Mio.
davon aus Asien: ca. 14 Mio.

Binnenflüchtlinge (flüchten im Herkunftsland oder -kontinent): ca. 24 Mio.

Flüchtlinge aus Entwicklungs- in Industrie- oder Schwellenländer: ca. 10 Mio.

Zahlen: UNHCR, Global Trends 2010, Genf 2011

Aufgaben

1. Analysieren Sie den Umfang der Migrationsbewegungen hin zur EU (M 1 - M 2).
2. Erläutern Sie mögliche Motive für eine Flucht mit dem Ziel des (dauerhaften) Aufenthalts in der EU (M 1 - M 4).
3. Arbeiten Sie Art und Ausmaß der Probleme heraus, die für die EU und die Herkunftsländer der Flüchtenden durch die Flucht entstehen (könnten) (M 1 - M 4, Randspalte).
4. Arbeiten Sie mögliches migrationspolitisches Konfliktpotenzial zwischen den EU-Mittelmeeranrainern und anderen EU-Staaten heraus (M 2 - M 4).

M 4 ● Zu hohem Preis in die EU

Havarie eines überladenen Flüchtlingsbootes vor Lampedusa, 8.5.2011

6.2.2 Effektive Grenzkontrolle oder inhumane Abschottung? Die EU-Grenzschutzagentur Frontex

Frontex (Stand: 2011)

Sitz der Verwaltung: Warschau (Polen)
Mitarbeiter (Verwaltung): 256
Grenzkontrolleure: 500 - 600 („schnelle Eingreiftruppe"); weitere werden von Mitgliedstaaten abgestellt
Budget: ca. 88 Mio. Euro
Ausstattung: 20 Flugzeuge, ca. 22 Hubschrauber, ca. 100 Schiffe

M 5 ● Die Zielsetzung von Frontex

Aus der EU-Verordnung Nr. 2007/2004 zur Gründung der gemeinsamen Grenzkontrollagentur Frontex aus dem Jahr 2004:

(1) Die Gemeinschaftspolitik im Bereich der Außengrenzen der EU zielt auf einen integrierten Grenzschutz ab, der ein einheitliches und hohes Kontroll- und Überwachungsniveau gewährleistet; dies ist eine notwendige Ergänzung des freien Personenverkehrs innerhalb der Europäischen Union und ein wesentliches Element des Raums der Freiheit, der Sicherheit und des Rechts. [...]

(4) Die Verantwortung für die Kontrolle und die Überwachung der Außengrenzen obliegt den Mitgliedstaaten. Die Agentur [Frontex] sollte die Anwendung bestehender und künftiger Maßnahmen der Gemeinschaft zum Schutz der Außengrenzen erleichtern, indem sie die Aktionen der Mitgliedstaaten zur Durchführung dieser Maßnahmen koordiniert.

(5) Eine wirksame Kontrolle und Überwachung der Außengrenzen ist für die Mitgliedstaaten unabhängig von ihrer geografischen Lage außerordentlich wichtig. Daher muss die Solidarität zwischen den Mitgliedstaaten im Bereich des Schutzes der Außengrenzen gestärkt werden. Die Errichtung der Agentur zur Unterstützung der Mitgliedstaaten bei der Durchführung der operativen Aspekte des Schutzes der Außengrenzen [also der tatsächlichen Grenzkontrollen], einschließlich der Rückführung von Drittstaatsangehörigen, die sich illegal in den Mitgliedstaaten aufhalten, stellt einen wichtigen Schritt in diese Richtung dar.

Verordnung des Rates vom 26.10.2004, auf: http://eur-lex.europa.eu (Stand: 21.2.2012)

M 6 ● Die „Philosophie" von Frontex

[Integrierter Grenzschutz] ist eine Philosophie. Sie besagt, dass alles, was mit einer Grenze zu tun hat und sich über diese Grenze hinwegbewegt, im Zusammenhang gesehen werden muss: also Tourismus, Verkehr, Kriminalität, Schmuggel, illegale Einwanderung, terroristische Bedrohung. Es muss darauf verschiedene Antworten geben, die sich aber aufeinander beziehen. Das heißt, der unbescholtene Reisende soll sich möglichst frei und ungehindert über die Grenzen hinwegbewegen können. Alle, die es nicht verdienen und die man nicht auf seinem Territorium haben will, müssen aufgehalten werden. Und das sollte an den Außengrenzen der EU-Staaten möglichst nach denselben Regeln ablaufen.

Ilkka Laitinen, „Ich weiß, für einige sind wir die bad guys", in: Süddeutsche Zeitung vom 6.12.2007
Der Finne Ilkka Laitinen ist seit 2005 Chef der EU-Grenzkontrollagentur Frontex.

Info

Staat (Minimaldefinition)

Als die einen Staat minimal ausmachenden Merkmale können seit dem Entstehen „moderner" Staaten in Europa (Westfälischer Friede 1648) ein Staatsgebiet (= von Grenzen umgebenes Territorium), ein Staatsvolk (= Summe der als staatsangehörig Definierten) und eine Staatsgewalt (Gewaltmonopol des Staates, ausgeübt durch Institutionen) angesehen werden. Die Staatsgewalt hat u. a. die Aufgaben, das Staatsvolk und das Staatsgebiet zu schützen. Erstmals explizit formulierte der deutsche Staatsrechtler Georg Jellinek (1851-1911) diese Minimaldefinition in seiner „Drei-Elemente-Lehre".

Autorentext

M 7 Ist die Flüchtlingspolitik der EU legitim?

a) Abschreckung

Die Menschenrechtsorganisation amnesty international (ai) berichtet über die Frontex-Strategie an der griechisch-türkischen Grenze.

Mithilfe von Frontex versucht der griechische Grenzschutz in der Evros-Region seit November 2010 eine neue umstrittene Strategie. „Sobald wir illegale Immigranten lokalisieren", erklärt [der örtliche Polizeichef] Georgios Tournakis, „bilden wir eine menschliche Mauer auf dieser Seite und versuchen sie mit Autoscheinwerfern und unangenehmen Geräuschen zu vertreiben. Zugleich rufen wir das türkische Militär zur Festnahme herbei." Nach inoffiziellen Angaben einzelner Frontex-Beamter gehört zur Abschreckung gelegentlich auch eine Gewehrsalve in die Luft. Im Januar [2011] kletterte ein Immigrant aus Verzweiflung über die Umzäunung in ein abgesperrtes Minenfeld in der Evros-Region und konnte nur mit Mühe unverletzt geborgen werden. [...]

Sabine Küper-Büsch, Tochter der sonnigen Tage, in: Amnesty International Journal, Juni 2011

b) Verwahrung? Der Umgang mit Ankommenden

Die Menschenrechtsorganisation Human Rights Watch kritisiert – basierend auf 65 Interviews mit Asylsuchenden in griechischen Internierungslagern – den Umgang mit Flüchtlingen im griechisch-türkischen Grenzgebiet.

Im Dezember 2010, während des RABIT-Einsatzes (von Frontex-Schnelleingreiftruppen), besuchte Human Rights Watch Internierungslager in der Region Evros in Griechenland. Wir ermittelten, dass griechische Behörden Migranten, inklusive Mitglieder besonders schutzbedürftiger Gruppen wie unbegleiteter Kinder, für Wochen oder Monate unter Bedingungen hielten, die insgesamt als unmenschliche und entwürdigende Behandlung bezeichnet werden müssen.

[Auffanglager] Fylakio

[...] Die großen, überfüllten Zellen waren ausgestattet mit Reihen von Stockbetten. Anders als andernorts (wie den Lagern Tychero, Feres und Soufli) hatten die Behörden hier Männer von alleinstehenden Frauen getrennt. Aber in den meisten Zellen fanden sich unbegleitete Kinder und nicht miteinander verwandte Erwachsene. Familien mussten Zellen mit alleinstehenden Männern bewohnen. [...] Abwasser floss über die Böden, weil – nach Aussage der griechischen Aufseher – die Häftlinge die Toiletten zerstört hätten, um gegen die Haftbedingungen zu protestieren. Der Geruch war schwer auszuhalten, die griechischen Aufseher trugen Operationsmasken, wenn sie den Gang zwischen den großen verriegelten Zellen betraten. [...]

Zwei Jungen aus Eritrea baten, gemeinsam mit uns sprechen zu dürfen. Der 17-Jährige erzählte [...]: „Hier gibt es nicht genügend Wasser. Manchmal verbringen wir Stunden ohne Wasser. Vor fünf Tagen baten wir darum, einen Arzt sehen zu dürfen, aber bisher war uns das nicht möglich. [...] Sie brachten jeden nach draußen und durchsuchten alle. Die Durchsuchung war brutal und ich wurde dabei geschlagen. Ich habe keine Schuhe mehr, denn ich habe sie während der Durchsuchung verloren. Die Aufseher befahlen uns, die Schuhe auszuziehen, und nun sind die Schuhe weg."

Human Rights Watch, The EU's Dirty Hands, auf: www.hrw.org/node/101671/section/7 (Stand: 15.2.2012) Übersetzung: Kersten Ringe

Illegale Immigranten in einem Auffanglager in Kyprionos, der Evros-Region. Im Dezember 2011 hat der Europäische Gerichtshof sogar entschieden, dass Asylbewerber nicht nach Griechenland abgeschoben werden dürfen. Man könne nicht selbstverständlich davon ausgehen, dass dort deren Grundrechte beachtet würden.

Info

Asyl, Duldung, „illegaler" Aufenthalt in der EU

Der Aufenthaltsstatus von Flüchtlingen wird mit unterschiedlichen Begriffen ausgedrückt: Asylberechtigt ist jede/r in ihrem/seinem Heimatland politisch Verfolgte/r. Darunter wird nicht nur politische Verfolgung im engeren Sinne (aufgrund oppositioneller Betätigung) verstanden, sondern auch (massive) Verfolgung aufgrund der Zugehörigkeit zu einer bestimmten Ethnie, Religionsgemeinschaft oder einem Geschlecht. Asyl muss solange gewährt werden, bis der/die Asylsuchende in seinem/ihrem Heimatland wieder sicher ist. Einen Asylantrag darf jede Person stellen; jedes Land, das den Vereinten Nationen angehört, ist verpflichtet, diesen Antrag gewissenhaft zu prüfen und ggf. Asyl zu gewähren.

Herkunft der Asylbewerber/innen in der EU (2010)

Gesamt		257.815
1.	Afghanistan	20.580
2.	Russland	18.500
3.	Serbien	17.715
4.	Irak	15.800
5.	Somalia	14.350
11.	Nigeria	6.745
19.	Guinea	4.830
20.	Eritrea	4.520
25.	Sudan	2.290

Zahlen: Anthony Albertinelli, Asylum applicants and first instance decisions on asylum applications in 2010. o.O. 2011, S. 4. (= eurostat. Data in focus 5/2011)

Daneben gibt es Personen, die sich in einem fremden Land aufhalten, deren Bleiben aber „geduldet" wird. Die Duldung ist kein „Aufenthaltstitel", sondern nur eine vorübergehende Aussetzung der Abschiebung. Sie kann sehr schnell entzogen werden und wird von der Verwaltung meist nur für kurze Zeiträume gewährt (z.B. bei Kriegszuständen im Herkunftsland). Geduldeten wird i.d.R. keine Arbeitserlaubnis ausgestellt und sie sind nicht sozialversichert. In Deutschland leben zurzeit etwa 200.000 geduldete Personen, denen nach 6-jährigem Aufenthalt und Nachweis einer Beschäftigungsstelle ein dauerhaftes Bleiberecht eingeräumt wird.

Alle anderen Flüchtenden gelten als „illegale" Migranten. Sie werden i.d.R. in ihr Herkunftsland oder einen sog. „sicheren Drittstaat" abgeschoben, den sie bei ihrer Herkunft passiert haben. Eine Ausnahme besteht: „Niemand darf in einen Staat abgeschoben oder ausgewiesen [...] werden, in dem für sie oder ihn das ernsthafte Risiko der Todesstrafe, der Folter oder einer anderen unmenschlichen oder erniedrigenden Strafe oder Behandlung besteht." (Art. 19 (2), Charta der Grundrechte der Europäischen Union).

Autorentext

M 8 ● Eingrenzung der Grenzschützer-Befugnisse?!

a) Die Reform von Frontex 2011

Die europäische Grenzschutzagentur Frontex erhält neue Befugnisse und mehr Ausrüstung, um einen besseren Beitrag zum Schutz der EU-Außengrenzen leisten zu können. Das Europaparlament und die Mitgliedstaaten einigten sich jetzt in Brüssel auf eine Reform der 2004 gegründeten Agentur, der damit unter anderem gestattet wird, eigene Schiffe, Fahrzeuge und Hubschrauber anzuschaffen. [...] Auch mehr Personal soll Frontex erhalten, und zwar über Jahrespläne, die einzelne Mitgliedstaaten mit der Agentur abschließen können. [...]

Darüber hinaus gibt es noch eine Reihe von Veränderungen, die darauf abzielen, die Beachtung der Menschenrechte bei Frontex-Einsätzen besser zu kontrollieren. Es sollen ein „Beratungsforum für Grundrechte" und ein „Grundrechtebeauftragter“ eingeführt werden, die darauf zu achten haben, dass die eingesetzten Beamten die Rechte von Migranten nicht verletzen. Darum kümmerten sich die Mitgliedstaaten derzeit selbst. Das Parlament wollte hier sogar einen unabhängigen Beauftragten, er soll jetzt allerdings doch Frontex-Mitarbeiter sein.

Nikolas Busse, EU stärkt Grenzschutzagentur Frontex, in: Frankfurter Allgemeine Zeitung, 23.6.2011

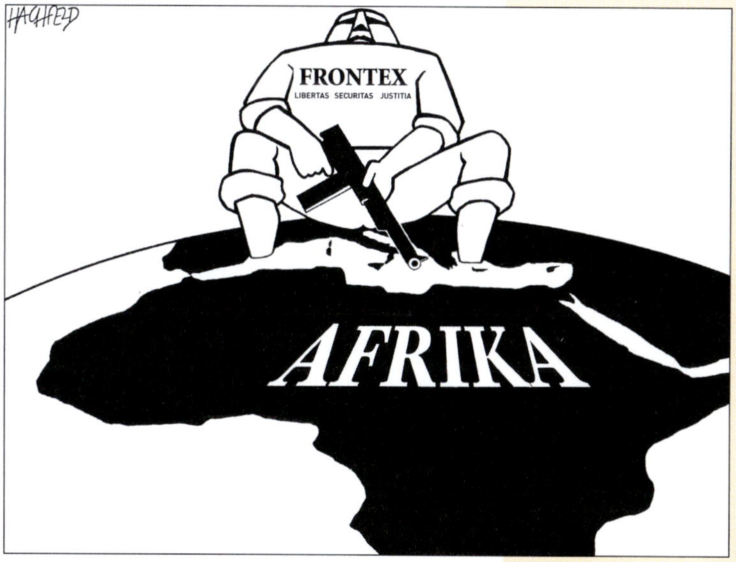

Karikatur: Rainer Hachfeld (16.2.2011)

b) „Zurückschiebeurteil“ 2012

[Im Jahr 2009 griffen italienische Grenzpolizisten 200 Bootsflüchtlinge aus den ostafrikanischen Staaten Somalia und Eritrea in internationalen Gewässern auf und brachten sie zurück ins damals noch diktatorisch regierte Libyen. Der Europäische Gerichtshof für Menschenrechte hatte] darüber zu entscheiden, was erlaubt ist und was nicht beim Umgang mit Migranten an der EU-Außengrenze. Dürfen Bootsflüchtlinge kurzerhand in das Herkunftsland zurückgeschickt werden? [...]
Die Straßburger Richter stellten fest, dass Italien [2009] gegen mehrere Artikel der Europäischen Menschenrechtskonvention verstoßen hat. So habe die Aktion das Verbot missachtet, dass niemand inhumaner Behandlung ausgesetzt werden darf – was bei Flüchtlingen in Libyen jedoch regelmäßig der Fall war. Sie wurden zumindest unter [dem Diktator] Gaddafi in Lager gesperrt [...], Menschenrechtsorganisationen haben Fälle von Folter dokumentiert. [...]
Hinzu kommt die Gefahr des sogenannten Refoulement: Die Flüchtlinge in Libyen seien nicht geschützt vor einer weiteren Abschiebung in ihre Heimatländer Somalia und Eritrea. In Eritrea inhaftieren und foltern die Machthaber Flüchtlinge bereits aus dem alleinigen Grund, dass sie ohne Erlaubnis das Land verlassen haben. Zudem bemängeln die Richter, dass die italienischen Grenzschützer nicht geprüft haben, ob Schutzbedürftige an Bord sind, und dass sie nicht darauf hinwiesen, dass jeder Asyl beantragen kann. [...] [D]ie hohe See sei „kein Bereich außerhalb der Gesetze“, schreiben die Richter. Die Flüchtlinge hätten also Rechtsschutz.

Roland Preuß, Das Ende einer Höllenfahrt, in: Süddeutsche Zeitung, 24.2.2012

Aufgaben

1. Erläutern Sie die Interessen der Europäischen Union bzw. deren Mitgliedstaaten an einer effizienten Arbeit von Frontex (M 2 - M 6). Beziehen Sie sich dabei auch auf die Bedeutung von Grenzen für einen Staat.
2. Nehmen Sie Stellung zur EU-Flüchtlingspolitik im Allgemeinen und im Besonderen zur Arbeit von Frontex (unter den Bedingungen nach der Reform 2011). Berücksichtigen Sie dabei mindestens die Effizienz (bzw. Effektivität) des Vorgehens, den Rechtsrahmen sowie die Werteordnung der Europäischen Union (M 1, M 3b, M 7, M 8; Kap. 2.1; eigene Recherche: Charta der Grundrechte der EU).

ORIENTIERUNGSWISSEN

Migrationsversuche in die EU – Ausmaße und Ursachen
M 2, M 3, M 4

Am Ende des vergangenen Jahrzehnts verliefen die Hauptrouten der aus Afrika in die EU Flüchtenden vor allem über das Mittelmeer. Die Migrierenden nehmen dabei große Gefahren auf sich: Seit 1988 starben beim Untergang der durch Schlepper oft überfüllten Boote mindestens 15.000 Menschen; und auch die Binnenwanderung durch den afrikanischen Kontinent ist häufig lebensbedrohend (Krankheiten, Hunger u.Ä.). Trotz der durch die Unruhen in Nordafrika 2011 erneut angestiegenen Zahl der Bootsflüchtlinge finden sich heutzutage die meisten (von der EU als „illegal" bezeichneten) Grenzübertritte an der griechisch-türkischen Grenze. Dort wandern viele Afrikaner, aber auch vermehrt Iraker und Afghanen ein.
Motive der zumeist jungen Migranten lassen sich unter dem Begriff der Perspektivlosigkeit bündeln: Sozial fehlt es in den Herkunftsländern oft an Bildungs- und Gesundheitschancen, politisch an Partizipationsmöglichkeiten (häufig autoritäre Regime), ökonomisch (trotz teilweise guter Ausbildung) an Arbeitsmarktchancen, ökologisch an intakter Umwelt (u.a. auch, um die Versorgung der Bevölkerung mit Nahrungsmitteln perspektivisch sicherstellen zu können). Zudem existieren lose oder engere Migrantennetzwerke, die ein teilweise sehr positives Bild vom Zielland (re)produzieren.

Kontrolle der EU-Außengrenzen durch Frontex
M 5, M 6, M 7

Die 2004 gegründete Agentur Frontex hat die Aufgaben, die Sicherung der EU-Außengrenzen zwischen den Mitgliedstaaten zu koordinieren, selbst Einsätze durchzuführen und statistisches Material zu Migration mit dem Ziel EU zusammenzustellen. Grenz- und Einwohnerkontrolle wird dabei (implizit) damit begründet, ein Staat bestehe u.a. überhaupt nur aufgrund seiner räumlichen Abgrenzung zu anderen und der Inklusion seines Staatsvolks (und damit des Ausschlusses anderer). Auch (eher schwach begründete) ökonomische Argumente (Versorgung der Flüchtlinge) und die Befürchtung, erfolgreiche Immigration könnte weitere Flüchtlingsströme „produzieren", sind Beweggründe für effektive Grenzkontrollen.
Frontex arbeitet dabei in Bezug auf die Reduktion der Flüchtlingsströme effektiv (so ist bspw. die Zahl der in Europa anlandenden Bootsflüchtlinge seit 2008 massiv gesunken). Kritisiert wird Frontex zum einen für ihr Vorgehen; Menschenrechtsorganisationen beklagen immer wieder entwürdigende Behandlungen von Migranten durch Frontex-Soldaten bis hin zur unterlassenen Hilfeleistung. Solche Umstände würden gegen die Charta der Grundrechte der EU und auch gegen die Verordnung zur Gründung von Frontex verstoßen.
Zum anderen wird das Mandat von Frontex kritisiert: Ziel sei es – so die Kritiker –, dass das Erreichen der EU-Außengrenze verhindert werde, um den Flüchtenden gar nicht die Möglichkeit zu geben, einen Asylantrag zu stellen oder gar in einem EU-Mitgliedstaat „unterzutauchen".

Rede anlässlich der Preisverleihung zur PRO ASYL-Hand 2010

[W]ir [brauchen] eine politische Lesart des Phänomens [Migration nach Europa]. [...] Zum Beispiel könnte man damit beginnen festzulegen, ob die Bewegungsfreiheit ein universelles Recht ist oder nicht.

Und ob die reiche Welt bereit ist, die Verluste zu akzeptieren, die eine Bewegungsfreiheit für alle mit sich bringt. Die Verluste, aber auch die Vorteile. Denn die aktuellen Unrechtregime, die derzeit die Welt regieren, stützen sich genau auf diese Kontrolle der Grenzen. Die Regierungen entscheiden, wie die Grenzen zu verwalten sind. Es geht nicht unbedingt darum, sie zu schließen! [Der damalige italienische Innenminister] Maroni hat in zwei Jahren für Italien 400.000 Menschen Einlass gewährt. Verwalten, kontrollieren, filtern, wer rein darf und wer nicht, alles im Sinne der Produktivität des Wirtschaftssystems. Dieses Jahr sind es die Tagelöhner, nächstes Jahr die Hochqualifizierten, dann die Pflegekräfte, die kommen dürfen. Alles, was aus diesem Filtersystem der Grenzsicherung herausfällt, ist nicht gern gesehen. [...] Habt ihr je darüber nachgedacht, was unter einem Regime mit Bewegungsfreiheit passieren würde? Habt ihr jemals darüber nachgedacht, dass unsere Soldaten genau dieselben sind, die Krieg in Afghanistan und im Irak führen und dann unter der Führung der Grenzagentur Frontex an der türkisch-griechischen Grenze patrouillieren, um Afghanen und Irakis, die vor den Bomben der NATO fliehen, zurückzuschieben? Wenn die zwei Millionen Iraker, die nach Syrien und Jordanien geflohen sind, die Möglichkeit gehabt hätten, in Europa Asyl zu beantragen, was wäre passiert? Hätten wir auch dann Bagdad in einem [...] Krieg – unter dem Vorwand, Massenvernichtungswaffen aufzuspüren, die nie existiert haben –, der Hunderttausende unschuldige Opfer gekostet hat, bombardiert? Ich möchte damit sagen, dass der politische Diskurs sehr viel weitreichender ist. Die Militarisierung der Grenze dient zur Erhaltung des Status quo. Wer ohne Papiere emigriert, schafft Chaos, Ungewissheit und destabilisiert die Justiz. Vielleicht sogar unbewusst greift er den Status quo in einer Welt an, die auf Ungerechtigkeit und Ungleichheit aufgebaut ist.

http://www.proasyl.de/fileadmin/fm-dam/b_Ueber_uns/Stiftung/Rede_von_Gabriele_del_Grande.pdf (Stand: 20.2.2012)

Gabriele del Grande ist italienischer Journalist und Menschenrechtler. Er veröffentlichte bislang zwei Bücher mit zahlreichen Fällen nach Europa Flüchtender.

Aufgaben

1. Geben Sie del Grandes Position zur Grenzkontrolle der EU wieder.
2. Erläutern Sie del Grandes Begriff von (transnationaler) Bewegungsfreiheit.
3. Nehmen Sie Stellung zu einer der folgenden Thesen del Grandes. Überprüfen Sie dazu auch sein Argumentationsmuster:
   - „Die Militarisierung der Grenze dient zur Erhaltung des Status quo."
   - „Bewegungsfreiheit sollte ein universelles Recht werden."

ORIENTIERUNGSWISSEN

Europäische Politik – globale Wirkung
M 2, M 3

Die EU hat sich zu einem starken Wirtschaftsraum entwickelt, dessen Handeln auch für andere Staaten der Erde Bedeutung hat. Dies zeigt sich insbesondere bei den ärmeren Entwicklungsländern.
Aufgrund ihres Selbstverständnisses als eine zum Beispiel an den Werten der Solidarität und Gerechtigkeit orientierte Gemeinschaft betreibt die EU Entwicklungspolitik, um globale Ungleichheiten auszugleichen. Als Wirtschaftsmacht ist sie zugleich bestrebt, Absatzmärkte für ihre Unternehmen zu erschließen und optimale Standortbedingungen zu gewähren. In der politischen Praxis ist fraglich, inwiefern beide Handlungssphären miteinander kompatibel sind und in Einklang gebracht werden können.

EU als Akteur der Welthandelspolitik
M 6

Prägend für das „innergemeinschaftliche" handelspolitische Agieren der EU ist der Binnenmarkt, der als besonders privilegierter Handelsvertrag verstanden werden kann. Innerhalb dessen können alle Mitglieder ihre Waren zollfrei exportieren und erhalten somit Vorteile gegenüber Nicht-Mitgliedern. Zugleich erhalten einzelne Unternehmen durch Subventionen Vorteile, was insbesondere für den Agrarbereich gilt. Die EU bewegt sich hier also im Spannungsfeld von Freihandel (innerhalb) und partiellem Protektionismus (nach außen).
Auf der internationalen politischen Ebene agiert die EU als Mitglied der Welthandelsorganisation WTO und gestaltet die Verträge zur Welthandelspolitik (mit einem gemeinsamen Sitz und damit konzentrierter Macht) maßgeblich mit. Deren Prinzipien sind jedoch strikt auf globalen Freihandel ausgerichtet und werden durch eigene Sanktionsmechanismen durchgesetzt.

Fall „Economic Partnership Agreement" (EPAs)
M 7, M 8

Aufgrund eben jener im Rahmen der WTO geschlossenen Verträge wurden Sonderabkommen mit den AKP-Staaten (z. B. Abkommen von Lomé), die durch Entwicklungshilfe und privilegierte Handelsbeziehungen einen Beitrag zur gesellschaftlichen Entwicklung leisten sollten, in den letzten Jahren obsolet. Sie sind – zumindest vordergründig – mit den Freihandelsprinzipien der WTO nicht kompatibel. An die Stelle der bisherigen Abkommen sollen „Wirtschaftspartnerschaftsabkommen" treten, die die Handelsbeziehungen zwischen der EU und afrikanischen Regionen regulieren.
Die Verhandlungsstrategie der EU folgt der Grundannahme, dass eine stärkere Einbindung in die globalisierte Wirtschaft sowie eine Intensivierung des regionalen Handels zu einer günstigeren gesellschaftlichen Entwicklung führe, als dies durch die „klassische", auf finanzielle Transfers ausgerichtete Entwicklungshilfe möglich sei.
Kritiker bemängeln demgegenüber den starken Liberalisierungsdruck, den die EU auf die afrikanischen Staaten ausübe, ohne deren spezifische wirtschaftliche und politische Bedingungen hinreichend zu berücksichtigen. Aus dieser Perspektive werden die EPAs als „(Neo-)Kolonialismus" der EU zur Erschließung neuer Märkte kritisiert.

KOMPETENZEN ANWENDEN

Afrikanische Volkswirtschaften unter Druck

Die Europäer verlangen [...] von der westafrikanischen Wirtschaftsgemeinschaft (Ecowas), ein sogenanntes Wirtschaftspartnerschaftsabkommen (EPA) zu unterzeichnen. [...] Sollte sich die EU [...] durchsetzen, würden einige der ärmsten Länder der Erde gezwungen, 80 Prozent ihrer Zölle auf Einfuhren aus der EU zu streichen und die Zölle für die übrigen 20 Prozent auf dem gegenwärtigen Niveau einzufrieren. Für Milchpulver beispielsweise dürfte Burkina Faso den aktuellen Zoll von 5 Prozent des Warenwerts im besten Fall beibehalten, womit das Land in Phasen niedriger Weltmarktpreise den Importen aus der EU schutzlos ausgeliefert wäre. Dass dieser Zollsatz nicht ausreicht, zeigte sich zuletzt 2009, als die EU vorübergehend Exportsubventionen wieder einführte und die Ausfuhren auch nach Burkina Faso um mehr als ein Fünftel steigerte.

Selbst wenn die EU direkte Exportsubventionen ganz abschaffen würde [...], wäre die Dumpingpolitik noch nicht beendet. Dazu müsste man auch die Subventionen für Agrargüter abschaffen, die in den Export gelangen – sprich große Teile der 50 Mrd. Euro Direktzahlungen, mit denen die [...] niedrigen Erzeugerpreise für die europäischen Landwirte aufgebessert werden sollen. [...]

In den westafrikanischen Nachbarländern Burkina Fasos entfalten die EPAs derweil schon ihre fatale Wirkung. Zum Beispiel in Ghana, wo jahrelange Billigimporte von minderwertigen Geflügelteilen [...] aus der EU inzwischen alle Schlachthäuser in den Ruin getrieben und auch viele Kleinbauern vom Markt verdrängt haben. Zu stoppen wären die Importe nur durch Einfuhrquoten oder deutlich höhere Zölle. Letztere wären im Rahmen der Welthandelsorganisation durchaus erlaubt, nicht jedoch in dem Interims-EPA, dem Ghana Ende 2007 unter großem Druck der EU zugestimmt hat. Obwohl das Abkommen noch nicht ratifiziert ist, hat die ghanaische Regierung die wiederholte Forderung des [heimischen] Geflügelverbands nach Zollanhebung mit Verweis auf das künftige EPA abgelehnt. [...]

Dass diese Politik mittelfristig ganze Volkswirtschaften schädigt, zeigte sich erneut Mitte [2011], als die Weltmarktpreise für einige Agrarrohstoffe [auch in Folge weltweiter Spekulationen im Agrarsektor] neue Rekordwerte erreichten. Schätzungen der Welternährungsorganisation FAO zufolge mussten Entwicklungsländer für Nahrungsmittelimporte 2011 insgesamt 486 Mrd. US-Dollar ausgeben: ein Viertel mehr als im Vorjahr. [...]

Laut Vertrag von Lissabon muss die EU sicherstellen, dass ihre Handelspolitik nicht den Millenniumszielen der Vereinten Nationen – zum Beispiel den Hunger zu reduzieren – und den Menschenrechten zuwiderläuft. Die Handelsstrategie der Kommission zeigt aber, dass es ihr fast ausschließlich um die Rechte der europäischen Unternehmen geht. [...]

Armin Paasch, Freihandel macht hungrig, in: Le Monde diplomatique 1/2012, S. 5
Der Autor ist Referent für Welthandel und Ernährung beim katholischen Hilfswerk Misereor.

Aufgaben

1. Stellen Sie die ökonomische Situation in AKP-Staaten wie Burkina Faso oder Ghana und die damit verbundenen entwicklungspolitischen Herausforderungen dar.
2. Erläutern Sie den Zusammenhang zwischen der (bisherigen und gegenwärtigen) Außenhandelspolitik der EU und den dargestellten Problemen und Entwicklungen.
3. Der Autor fordert von den EU-Parlamentariern, die Ratifizierung der EPAs zur verweigern. Erörtern Sie diese Forderung vor dem Hintergrund der Werteordnung und des ökonomischen Selbstverständnisses der EU.

Karikatur: Klaus Stuttmann, 18.11.2011

7

Quo vadis, Europa? Herausforderungen und Perspektiven des europäischen Projekts

Die über ein halbes Jahrhundert währende Geschichte europäischer Integration hat durch immer neue Runden von inhaltlicher Vertiefung und geografischer Erweiterung die Europäische Union zu einem Konstrukt sui generis (eigener Art) gemacht, das weder mit „Bundesstaat" noch mit „Staatenbund" passend beschrieben ist.
Die Motive der Beteiligten, bei den bisherigen Integrationsschritten dabei zu sein, waren und sind nur teilweise identisch, und auch die Vorstellungen davon, welchen Weg die EU in Zukunft gehen soll, sind überaus vielfältig.
Kann europäisches Regieren in der bisherigen Mehrebenenkonstruktion den Anforderungen an Politik in Bezug auf Demokratie, Transparenz und Effizienz dauerhaft genügen, oder muss Europa auf eine neue Basis gestellt werden?
Wie weit kann die EU geografisch wachsen, ohne politisch und kulturell „überdehnt" zu werden? Diese Fragen kulminieren in der Diskussion um den Beitritt der Türkei. Strittig ist, ob die Türkei die Beitrittskriterien erfüllen kann und ob die EU hinreichend erweiterungsfähig ist.

KOMPETENZEN

Am Ende dieses Kapitels sollten Sie Folgendes wissen und können:

... unterschiedliche Optionen der Weiterentwicklung der EU darstellen.

... anhand der Beitrittskriterien der EU die Perspektiven von Kandidatenländern untersuchen.

... die Frage, ob die Türkei der EU beitreten soll, anhand von Kategorien und Kriterien analysieren und multiperspektivisch beurteilen.

... sich politische Voreinstellungen und Wertmaßstäbe bewusst machen, die eigene politische Urteile beeinflussen.

... sich an der Debatte um die Entwicklungsperspektiven der EU beteiligen.

Aufgaben

1. Interpretieren Sie die Materialien und diskutieren Sie die darin angedeuteten Vorstellungen von der Zukunft der Europäischen Union.
2. Soll die Türkei der EU beitreten? Positionieren Sie sich ohne vorherige Diskussion auf einer Linie zwischen den Polen „keinesfalls" und „unbedingt". Geben Sie jeweils EIN Argument an, das für Sie ausschlaggebend ist.

7.1 Gehört die Türkei in die EU?

7.1.1 Beitrittsbedingungen: faire Chancen für die Türkei?

M 1 ● Bewegliches Ziel?

Karikatur: Hule Hanusic, toonpool

Info

Integrationsfähigkeit der EU

Bei der Integrationsfähigkeit geht es um die Frage, ob die EU neue Mitglieder aufnehmen kann, ohne ihre in den Verträgen begründeten politischen Ziele aufs Spiel zu setzen. Das Europäische Parlament formulierte dafür in einem Bericht zur EU-Erweiterungsstrategie 2008 folgende Kriterien:

- die Beitrittsländer sollten die Fähigkeit der Union, die zur Erfüllung ihrer politischen Ziele nötige Dynamik zu bewahren, „unterstützen und nicht behindern";
- der institutionelle Rahmen der Union sollte dazu angetan sein, eine „effiziente und effektive Verwaltung" zu ermöglichen;
- die finanziellen Mittel der Union sollten „ausreichend" sein, um den Herausforderungen des wirtschaftlichen und sozialen Zusammenhalts und der gemeinsamen Politikbereiche der Union gerecht zu werden;
- es sollte eine „umfassende Kommunikationsstrategie" entwickelt und angewendet werden, um die Öffentlichkeit über die Folgen der Erweiterung zu informieren.

Pressemitteilung des EP, 10.7.2008

M 2 ● Kopenhagener Kriterien – Anforderungen an Kandidaten

Der Europäische Rat Kopenhagen hat im Juni 1993 in den sogenannten „Kopenhagener Kriterien" die Anforderungen an die Beitrittsländer konkretisiert. Diese verlangen von den Beitrittsländern:

- „institutionelle Stabilität als Garantie für demokratische und rechtsstaatliche Ordnung, für die Wahrung der Menschenrechte sowie die Achtung und den Schutz von Minderheiten" (politisches Kriterium);
- „eine funktionsfähige Marktwirtschaft sowie die Fähigkeit, dem Wettbewerbsdruck und den Marktkräften innerhalb der EU standzuhalten" (wirtschaftliches Kriterium);
- die Fähigkeit, alle Pflichten der Mitgliedschaft – d. h. das gesamte Recht sowie die Politik der EU (den sogenannten „acquis communautaire") – zu übernehmen, sowie das Einverständnis mit den Zielen der Politischen Union und der Wirtschafts- und Währungsunion (acquis-Kriterium).

Der Europäische Rat Luxemburg legte dabei im Dezember 1997 fest, dass die Einhaltung der politischen Kriterien von Kopenhagen Voraussetzung bereits für die Aufnahme von Verhandlungen ist, während die wirtschaftlichen Kriterien sowie die Fähigkeit, die sich aus dem Beitritt ergebenden Verpflichtungen zu erfüllen („acquis-Kriterium") „aus einer zukunftsorientierten, dynamischen Sicht heraus" zu beurteilen sind.

Auswärtiges Amt, Grundsätze der EU-Erweiterungspolitik, auf: www.auswaertiges-amt.de vom 12.1.2012 (Stand: 13.3.2012)

M 3 ● Sonderbedingungen für die Türkei

Für die Türkei gelten eine Reihe spezieller Vorgaben. Neben den Kopenhagener Kriterien und der Fähigkeit, den Acquis zu erfüllen, gilt als Maßstab im Falle der Türkei zusätzlich, dass Fortschritte in den türkisch-griechischen Beziehungen, bei der Lösung des Zypern-Problems und bei der Erfüllung der Verpflichtungen aus dem Assoziierungsabkommen EWG-Türkei von 1963, dem dazugehörenden Anpassungsprotokoll und der Zollunion EG-Türkei von 1995 erreicht werden müssen. [...] Weiterhin wurde eine sog. „Einbeziehungsklausel“ aufgenommen. So muss gewährleistet werden, dass die Türkei, sollte sie nicht in der Lage sein, alle mit einer Mitgliedschaft verbundenen Verpflichtungen voll und ganz einzuhalten, durch eine möglichst starke Bindung vollständig in den europäischen Strukturen verankert wird. So soll auch der politische und kulturelle Dialog (parallel zu den Beitrittsverhandlungen) darauf abzielen, die Unterstützung der europäischen Bürger zum Erweiterungsprozess zu gewinnen.

Auswärtiges Amt, EU-Erweiterung: Türkei, auf: www.auswaertiges-amt.de (Stand: 3.7.2011)

M 4 ● Beitrittsgespräche – eine unendliche Geschichte?

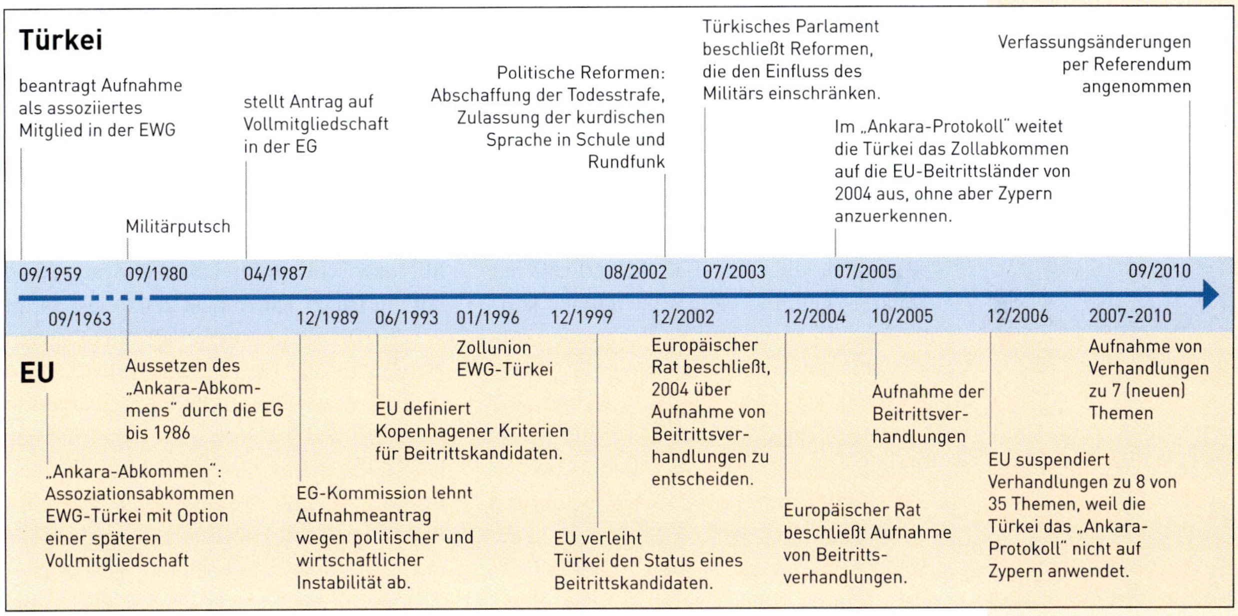

Aufgaben

1. Interpretieren Sie die Karikatur (M 1) mithilfe der Informationen aus M 2 - M 4.
2. Erläutern Sie unter Rückgriff auf die Informationen in Kapitel 2 die Funktion der Kopenhagener Kriterien (M 2). Berücksichtigen Sie dabei den Zeitpunkt des Beschlusses.
3. Diskutieren Sie die Auswirkungen der EU-Strategie, die Erweiterung auch an die eigene Integrationsfähigkeit zu knüpfen (Infobox).
4. Stellen Sie die Vorgeschichte der Beitrittsverhandlungen und den Verhandlungsfortschritt (M 3, M 4) in einer Fieberkurve grafisch dar (z. B. Koordinatensystem, Plusbereich = Fortschritt, Minusbereich = Verzögerung, Rückschritt).

7.1.2 Die Türkei – kompatibel mit den Kopenhagener Kriterien?

M 5 Das politische Kriterium: die türkische Verfassungsreform als Schritt Richtung Europa?

Die Türkei ist gemäß ihrer Verfassung von 1982 eine demokratische, laizistische, soziale und rechtsstaatliche Republik. Oberhaupt des Staates ist der Staatspräsident. Ministerpräsident und von ihm bestimmte Minister bzw. Staatsminister bilden gemeinsam den Ministerrat, der die Regierungsgeschäfte führt. Die türkische Verwaltung ist zentralistisch organisiert. [...]
Das türkische Parlament, die Große Türkische Nationalversammlung, wird für vier Jahre gewählt (Mehrheitswahlrecht). Die letzten Wahlen fanden am 12. Juni 2011 statt. Es gilt eine landesweite Zehn-Prozent-Hürde für den Einzug einer Partei ins Parlament. [...]
Die Türkei ist ein laizistischer Staat (Trennung von Staat und Religion) mit mehrheitlich muslimischer Bevölkerung. [...] Das Laizismusprinzip ist immer wieder Gegenstand innenpolitischer Auseinandersetzungen, die zum Teil mit erheblicher Schärfe geführt werden. Weitere kontroverse Themen sind die Rechte der kurdischstämmigen Bevölkerung, die Anerkennung der Aleviten als eigene Religionsgemeinschaft und die Stellung des Militärs. [Erläuterung: Die Verfassung ist 1982 unter Einfluss der Militärführung entstanden, die 1980 mit einem Putsch die Macht übernommen hatte. Das Militär sieht sich als Hüter des laizistischen Staates.]
[...] Am 12. September 2010 haben sich in einem Referendum rund 58 % der Türken für zuvor von der Regierung beschlossene Verfassungsänderungen ausgesprochen, die einige der in der Beitrittspartnerschaft der EU mit der Türkei genannten Prioritäten umsetzen. Die Ausarbeitung einer neuen Verfassung im Rahmen eines breiten, auf Konsens ausgerichteten Prozesses, der alle Teile der Gesellschaft einbeziehen und zur weiteren Demokratisierung und Modernisierung der Türkei beitragen soll, hat begonnen. [...]
Der im Sommer 2009 von Staatspräsident und Regierung initiierte Prozess der sog. „Demokratischen Öffnung“, der vor allem die dauerhafte Überwindung des Kurdenkonflikts ermöglichen, aber auch die generelle Demokratisierung der türkischen Gesellschaft befördern soll, hat bisher wenig konkrete Ergebnisse hervorgebracht. Mit den wieder aufgeflammten bewaffneten Auseinandersetzungen zwischen der von der EU als Terrororganisation gelisteten PKK und den türkischen Streitkräften im Juli 2011 steht der Sicherheitsaspekt wieder verstärkt im Vordergrund der türkischen Politik. Die Regierung hält jedoch offiziell an der „Demokratischen Öffnung“ fest. [...]
Mit inzwischen zahlreichen Reformpaketen hat die Türkei seit August 2002 viele der in der EU-Beitrittspartnerschaft aufgelisteten Prioritäten im Menschenrechtsbereich in Angriff genommen: Abschaffung der Todesstrafe, Maßnahmen zur Verhütung sowie zur erleichterten Strafverfolgung und Bestrafung von Folter („Null-Toleranz-Politik“) [...], Stärkung der zivilen Kontrolle über das Militär, Beendigung gesetzlicher Diskriminierungen von Frauen sowie eine grundlegende Reform des Straf- und Strafprozessrechts haben viele Verbesserungen gebracht. Weitere Reformen, vor allem im Bereich Religionsfreiheit sowie hinsichtlich der Durchsetzung von Gewerkschaftsrechten, müssen von der türkischen Regierung noch durchgeführt werden. [...]

Auswärtiges Amt, Türkei, Staatsaufbau/Innenpolitik, auf: www.auswaertiges-amt.de (Stand: Oktober 2011)

M 6 ● Verfassungsreferendum = Demokratisierung? Europäische Pressestimmen

a) Belgien: „De Tijd“

Mit der Zustimmung zu einer Verfassungsänderung ist die Türkei näher an Europa herangerückt, doch sind damit auch Gefahren verbunden, meint die Wirtschaftszeitung De Tijd:

„Dass die Türkei Schritt für Schritt die europäischen Grundwerte von Demokratie und Rechtsstaatlichkeit übernimmt, kann man nur begrüßen. Aber: Dieses türkische Referendum stellt Europa vor ein Paradox. Die ‚Europäisierung‘ zwingt die Türkei, den Einfluss der Armee einzuschränken. Die Armee ist seit [dem Begründer der Türkei] Atatürk die Garantie für die Trennung von Staat und Kirche. [...] In der Praxis können die von Europa geforderten Anpassungen also zu einer Islamisierung des türkischen Staates führen. Die Angst von Frankreich und Deutschland vor der Türkei wird dadurch nur zunehmen. Angst vor dem Islam ist eine schlechte Grundlage für Politik. [...] Europa tut gut daran, das türkische Boot nicht aus den falschen Gründen aufzuhalten.“

Kris van Haver, auf: www.tijd.be vom 13.9.2010

b) Spanien: „ABC“

Mit der Umsetzung der Verfassungsreform wird der türkische Ministerpräsident Erdoğan alle Gewalten im Staat kontrollieren, mahnt die konservative Tageszeitung ABC:

„Mit der Verfassungsreform [...] hat es der islamistische Ministerpräsident Erdoğan geschafft, wichtige demokratische Elemente in das militaristische und autoritäre System einzubauen, das die Streitkräfte nach dem Staatsstreich 1980 durchgesetzt hatten. Aber es eliminiert auch die letzten Überreste des laizistischen Erbes des Republikgründers Atatürk. Gestärkt durch den Sieg im Referendum kontrolliert Erdoğan nun alle drei Gewalten im Staat: die Exekutive (die Präsidentschaft der Republik), das Parlament (mit absoluter Mehrheit) und - dank der Mechanismen, die in der Reform umgesetzt werden - kann er auch nach Belieben in der Justiz intervenieren, die unter der alten Verfassung die einzige Gewalt war, die außerhalb seiner Reichweite lag.“

Auf: www.abc.es vom 13.9.2010, nach: www.cafebabel.de

M 7 ● Parteienlandschaft der Türkei

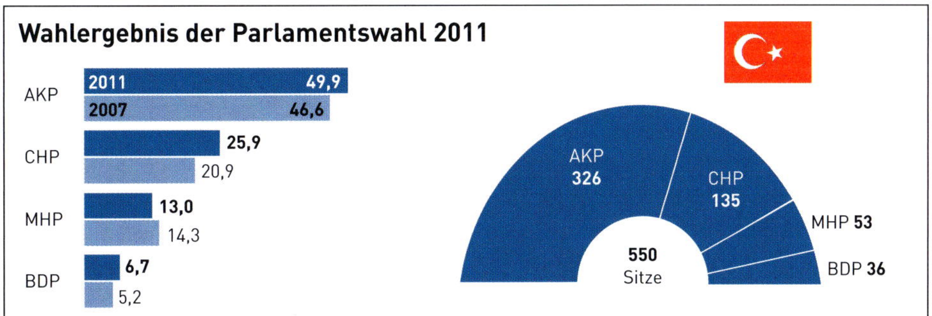

AKP (Partei für Gerechtigkeit und Aufschwung) konservativ-muslimisch, befürwortet EU-Beitritt
CHP (Republikanische Volkspartei) laizistisch/kemalistisch, befürwortet EU-Beitritt
MHP (Partei der Nationalistischen Bewegung) rechtsnationalistisch, lehnt EU-Beitritt ab
BDP (Partei des Friedens und der Demokratie) vertritt Interessen der kurdischen Minderheit, befürwortet EU-Beitritt

(Hinweis: Die Vertreter der BDP sind formell als „unabhängige Kandidaten“ angetreten, um die 10 %-Hürde für Parteien zu umgehen.)

M 8 Das ökonomische Kriterium: Wirtschaft von Türkei und EU im Vergleich

	Bevölkerung 2011	Bev.-Wachstum (p. a.)	Lebenserwartung (EU 2008, Türkei 2009)	Beschäftigungsquote Männer 15–64 J.	Beschäftigungsquote Frauen 15–54 J.
EU 27	520.503.966	0,27 %	♂ 76,4 J., ♀ 82,4 J.	70,1 %	58,2 %
Türkei	73.722.988	1,59 %	♂ 73,3 J., ♀ 78,8 J.	66,7 %	26,2 %

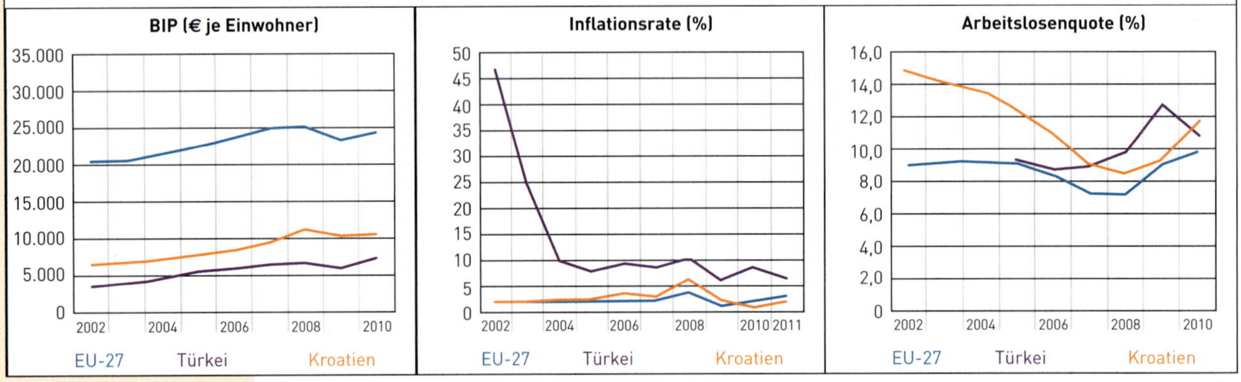

M 9 Türkischer Wirtschaftsboom – ausreichend zur Erfüllung der Kriterien?

Die Türkei boomt. [...] Das Pro-Kopf-Einkommen der Türken hat sich seit 2002 nominal vervierfacht, auf heute 10.000 Dollar im Jahr. Keine Wirtschaft in Europa wuchs im letzten Jahrzehnt so rasant. Im zweiten Quartal dieses Jahres waren es gar 10,3 Prozent Wachstum – so viel wie in China. Die Zahlen werden so hoch nicht bleiben, sie sind auch dem tiefen Niveau der Krisenzeit zuvor geschuldet, erstaunlich sind sie allemal. „Die Türkei ist aus der Krise gestärkt hervorgegangen, nicht geschwächt", sagt Marc Landau, Geschäftsführer der deutsch-türkischen Industrie- und Handelskammer in Istanbul. „Der Wandel in der Türkei ist so umfassend", staunte die New York Times, „dass die Türkei heute eher die Kriterien für die Einführung des Euro erfüllen würde als die meisten der gebeutelten Volkswirtschaften, die drin sind in der Euro-Zone." Die alten Warnungen vor der Aufnahme einer armen, rückständigen Türkei in die EU, sie klingen von Jahr zu Jahr hohler. „Ehrlich gesagt", meint ein Istanbuler Geschäftsmann bei einem Glas Tee am Bosporus, „muss man sich im Moment doch mehr Sorgen um die EU machen als um die Türkei."

Der wirtschaftliche Erfolg hat viele Gründe. Zum einen hatte die Türkei den Absturz ihres Bankensektors schon 2001 zu verkraften - und zog mithilfe des Internationalen Währungsfonds IWF die richtigen Lehren daraus, sodass die frisch sanierten Banken die jüngste Krise erstaunlich gut überstanden. Dass die AKP nun schon acht Jahre lang allein regiert, half auch. [...] Die Regierung ging daran, Staatsfirmen zu privatisieren, was Auslandsinvestoren anzog. Und sie entdeckte die Nachbarregionen im Osten als Märkte. [...] Auf der Liste der Hauptlieferländer sind Russland und China an Deutschland vorbeigezogen. [...] Genau diese Diversifizierung hat es der Türkei erlaubt, die Krisenjahre besser zu überstehen.

Kai Strittmatter, Das anatolische Wunder, auf: www.sueddeutsche.de vom 19.10.2010

M 10 ● Der acquis communautaire: Streit um den Freihandel

Der letzte Fortschrittsbericht der Kommission zur Türkei verdeutlichte, dass die Türkei noch nicht alle Hindernisse für den freien Warenverkehr beseitigt hat, wie es im Zusatzprotokoll des Assoziierungsabkommens vereinbart war.

Konflikte gibt es vor allem um den Direkthandel zwischen Nordzypern und der Gemeinschaft, was sich auch auf die Beitrittsverhandlungen mit der Türkei als Schutzmacht Nordzyperns auswirkt. Die Türkei und Nordzypern streben den Direkthandel Nordzyperns mit der Gemeinschaft an. Durch das Beitrittsprotokoll lassen die Verträge Direkthandel aber nur zu, wenn darüber Einstimmigkeit zwischen den EU-Mitgliedstaaten herrscht. Dagegen sperrt sich jedoch die Republik Zypern. Auf der anderen Seite will Zypern, das eine der größten Handelsflotten der Welt hat, auch Häfen in der Türkei anlaufen. Die Türkei blockiert aber ihre Häfen wegen der internationalen Isolation Nordzyperns, für die sie direkt die Regierung der Republik Zypern verantwortlich macht.

unizeit No 40 vom 27.1.2007, auf: www.uni-kiel.de

M 11 ● Direkthandel zwischen Nordzypern und der EU?

[Im Mai 2010] hat die EU-Kommission dem Europäischen Parlament die – seit 2004 von der Republik Zypern blockierte – Verordnung über den Direkthandel Nordzyperns mit den EU-Staaten zugeleitet. Ein positives Votum der Abgeordneten [...] soll den Rat ermuntern, die Verordnung auch gegen Nikosias Opposition zu billigen. Die Türkei vertritt seit mehreren Jahren die Position, dass sie ihre Schiffs- und Flughäfen nur dann für Verkehrsmittel der Republik Zypern öffnet, wenn der Direkthandel erlaubt wird. Ein solcher Beschluss wäre ein Durchbruch und könnte eine positive Entwicklung in Gang setzen, an deren Ende sich womöglich eine neue Chance zur Einigung auf der Insel auftut.

Günter Seufert, Geringer Wille zur Einigung auf Zypern, in: SWP-aktuell 42 (Mai 2010)

Info

Hintergrund: die Teilung Zyperns

Im Jahr 1960 entließ Großbritannien Zypern in die Unabhängigkeit. Drei Jahre später kam es zu Gewaltausbrüchen zwischen den griechischstämmigen und den türkischstämmigen Bevölkerungsgruppen [...]. 1974 besetzte die türkische Armee nach einem von der griechischen Militärjunta unterstützten Putschversuch den nördlichen Inselteil [...]. Seither ist Zypern zweigeteilt. Im griechisch-zyprischen Südteil der Insel übt die Regierung der von den UN als Vertretung für ganz Zypern anerkannten Republik Zypern die effektive Hoheitsgewalt aus. Die 1983 im Nordteil der Insel ausgerufene „Türkische Republik Nordzypern" wird – außer von der Türkei – international nicht anerkannt. [...]
2002 beschloss der Europäische Rat die Aufnahme der Republik Zypern in die EU. Der UN-Generalsekretär legte ein Referendum über eine Wiedervereinigung vor. Dieses wurde jedoch von rund 75 % der griechischen Zyprer 2004 in einer Volksbefragung abgelehnt, während knapp 65 % der türkischen Zyprer dafür stimmten. Im Mai 2004 wurde die gesamte Insel Mitglied der EU, wobei die Geltung des europäischen Rechts im nördlichen Teil der Insel bis zu einer Lösung des Zypernkonfliktes ausgesetzt ist.

unizeit No 40 vom 27.1.2007, auf: www.uni-kiel.de

Aufgaben

Die EU verfolgt die Entwicklung in der Türkei in sogenannten Fortschrittsberichten, die sich an den Kopenhagener Kriterien (M 2) orientieren. Stellen Sie für einen solchen Bericht die relevanten Entwicklungen in der Türkei seit Beginn der Beitrittsverhandlungen in den Bereichen, politische Entwicklung (M 5 - M 7), wirtschaftliche Entwicklung (M 8, M 9), Übernahme des „acquis communautaire" (M 10, M 11) zusammen.

Beurteilen Sie, welche Kriterien in welchem Maße als erfüllt betrachtet werden können. Gehen Sie arbeitsteilig vor.

7.1.3 Kontrovers diskutiert: Gehört die Türkei in die EU?

M 12 Warum so viel Argwohn?

Seit bald fünfzig Jahren sind erst die Europäische Gemeinschaft, dann die Europäische Union mit Ankara über einen Beitritt im Gespräch. [...] Auf etlichen Gebieten ist die Türkei schon heute de facto in die EU integriert. [...] Jetzt, nach so intensiven und langen Bemühungen, plötzlich einem diffusen Fremdheitsgefühl nachzugeben, würde die EU in den Ruf einer wankelmütigen Staatengruppe bringen, deren Wort nicht zu trauen ist – gleichgültig bei welchem Thema. [...] Gründe, die einen Rückzieher rechtfertigen würden, sind nicht erkennbar.

Karikatur: Gerhard Mester, Baaske Cartoon

Die türkischen Politiker aller Parteien haben mit Blick auf den EU-Beitritt den türkischen Staat reformiert. Das Militär wurde zurückgedrängt, der Rechtsstaat gestärkt, die Wirtschaft liberalisiert, der Minderheitenschutz Schritt für Schritt ausgebaut. Mit Blick auf die Kurden gibt es noch große Defizite. Aber ohne Aussicht auf den EU-Beitritt wäre gar nichts passiert. Mit ihr gibt es eine große Chance, dass eine Lösung gefunden wird, die auch für die Kurden in Syrien und im Irak beispielhaft sein kann.

Die EU ist ein Rechtsstaats- und Wirtschaftsbund, kein christliches Bollwerk. Ginge es darum, eine christliche Union zu sein, wären Island, Südkorea oder Brasilien bessere Kandidaten. Es geht aber nicht um die Wiederherstellung des Reiches Karls des Großen. Es geht um die Schaffung einer Gemeinschaft, die über Zollfreiheit und gemeinsame Standards Wohlstand schafft, und über ein gemeinsames Rechtssystem Freiheit – gleichgültig ob für Christen, Moslems, Hindus oder Atheisten.

Die Türkei ist in diesem Sinn freiheitsfähig. „Ehrenmorde" sind nicht türkische Staatspolitik. Sie gehören zu einer privaten Weltsicht, die in der Türkei genauso strafbar ist wie hierzulande. [...] Die Türkei ist nicht die Speerspitze des radikalen Islam in Europa, sondern der Leuchtturm eines demokratischen Europas in der islamischen Welt. Ein EU-Vollmitglied Türkei, als Staat neutral und als Gesellschaft von einem moderaten Islam geprägt, wird zeigen, dass Maß und Mitte, Christentum und Islam, Orient und Westbindung zusammengehen. Marokko und Algerien werden dem türkischen Beispiel folgen wollen. Islamische Extremisten auch in europäischen Moscheen werden es schwer haben, so wie heute gegen die EU zu hetzen.

Wenn die EU hingegen die Türkei nach fünfzig Jahren Versprechungen plötzlich für EU-unwürdig erklärt – dann allerdings passiert das Gegenteil. Die Moslems in ganz Europa würden sich zu Parias [Ausgestoßenen] gestempelt fühlen. [...] Entlang der bulgarisch-griechisch-zyprischen Außengrenze hätte die EU ein enttäuschtes, radikalisiertes, rachsüchtiges Land zum Nachbarn. [...]

Deutschland war bei Gründung der EG 1957 in den Augen der Westeuropäer ein viel größeres Risiko als in manchen Augen heute die Türkei. [...] Trotzdem haben die anderen Europäer 1957 die eigene Zukunft mit der Bundesrepublik auf Gedeih und Verderb verbunden. Welchen Grund haben wir, nun der Türkei mit demonstrativem Argwohn zu begegnen?

Torsten Krauel, auf: Welt online, 30.3.2010

M 13 Mit Leidenschaft verhindern

Wer die EU zerstören will, der soll die Aufnahme der Türkei nur weiter betreiben. Sechs Gründe, warum wir dies mit Leidenschaft verhindern sollten:

Wäre die Türkei schon heute EU-Mitglied, wäre sie bereits jetzt mit rund 76 Millionen Einwohnern einer der bevölkerungsreichsten Staaten der Gemeinschaft. Zwischen 2000 und 2007 wuchs die Bevölkerung der EU um kümmerliche 2,6, die der Türkei dagegen um gut neun Prozent. Geht es so weiter, wird die Türkei in der Mitte des Jahrhunderts mehr Einwohner als Frankreich und Deutschland zusammen haben. Damit wäre das EU-Mitglied Türkei auch das politisch einflussreichste Land innerhalb der Europäischen Union. [...]

Experten haben errechnet, dass der Beitritt der Türkei weitaus teurer wäre als die Aufnahme aller zehn Staaten zusammen, die 2004 in den Klub eintraten. Nimmt man an, dass Ankara genauso behandelt werden würde wie jene zehn, hätte es Anspruch auf über 45 Milliarden Euro! [...]

Experten fürchten, dass bis zu drei Millionen Türken gen Nordwesten zögen. Bereits jetzt leben etwa 15 Millionen Moslems in der EU, allein in Deutschland 2,5 Millionen Türken. Von einigen Ausnahmen abgesehen, ist ihre Integration gescheitert. Eine türkische Masseneinwanderung würde diesen Misstand nur noch vertiefen. Am Ende würden die Europäer nicht die Türken assimilieren, sondern die Türken die Europäer. [...]

Will man den Unionscharakter bewahren, die Union gar vertiefen, ist ein europäisches Wir-Gefühl vonnöten. Ein EU-Beitritt der Türkei brächte das Gegenteil des Gewünschten. Deshalb sind übrigens auch die Briten für den Beitritt Ankaras. Sie hoffen, die Europäische Union mithilfe der Türkei in eine Freihandelszone zu verwandeln.

Bleibt das häufig gehörte strategische Argument. Die Befürworter eines EU-Beitritts Ankaras betonen: Ein EU-Mitglied Türkei würde als Modell eines verwestlichten, wohlhabenden islamischen Staat auf die muslimische Welt ausstrahlen. Dieses Argument ist jedoch nicht schlüssig. In der arabisch-muslimischen Welt war Ankara etwa so beliebt wie die Japaner in Korea. Bis heute haben die Araber den türkischen Kolonialherren nicht vergessen. Die Türkei ist keine Brücke zwischen Orient und Okzident.

Sie würde uns sogar zahlreiche strategische Probleme bringen, für die es aufgrund ihrer Geografie gar nichts kann. Will die Europäische Union tatsächliche eine gemeinsame Grenze mit Syrien, Irak und Iran? [...]

Themenfelder, die zeigen, was wir uns mit einem türkischen EU-Mitglied aufhalsen würden. Und keiner frage, was Ankara täte, wenn es abgelehnt werden würde. Schon jetzt bastelt die Regierung eifrig an außenpolitischen Alternativen.

Jacques Schuster, auf: Welt online, 30.3.2010

Aufgaben

1. Stellen Sie aus M 12 und M 13 die Argumente gegenüber, mit denen sich die Zustimmung bzw. Ablehnung eines EU-Beitritts der Türkei begründen lassen. Gliedern Sie dabei Pro- und Kontra-Argumente nach Betrachtungsebenen:
   - Politik
   - Wirtschaft
   - Kultur ...
2. Untersuchen Sie die Texte unter ideologiekritischen Aspekten (M 12, M 13).
3. Diskutieren Sie, welchen Argumenten und Betrachtungsebenen größeres Gewicht beigemessen werden sollte.

7.2 Welche EU wollen wir?

M 1 ● Zukunftsperspektiven zwischen Superstaat und Desintegration

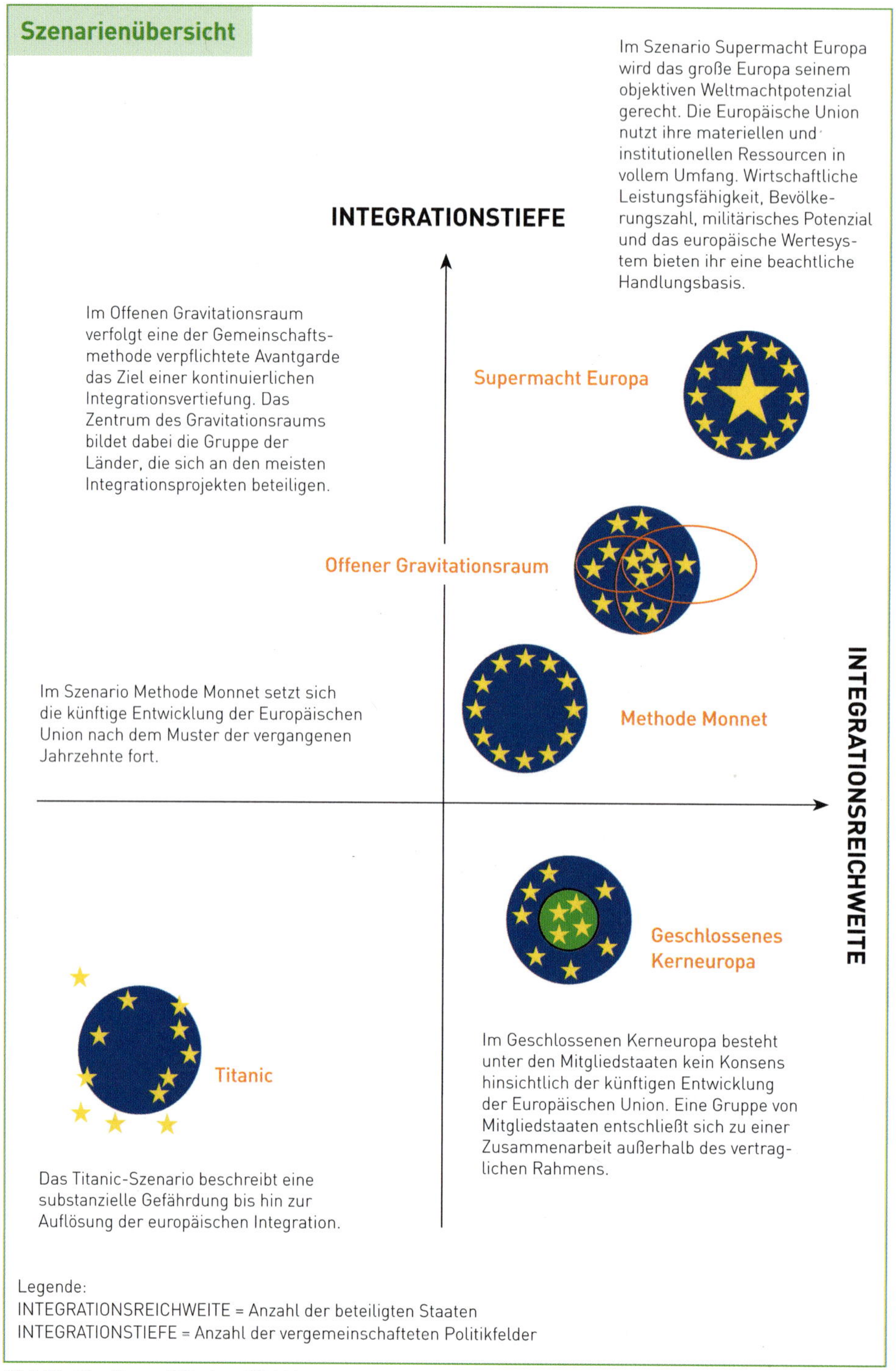

CAP Working Paper, München 5/2003

M 2 ● Integrationskonzepte – Wege zum Ziel?

Unterschiedliche Entwicklungsstrategien			
Ziele: Wohin?	„Vereinigte Staaten von Europa" *Bundesstaat*	„Europa der Vaterländer" „Europa der Nationen" *Staatenbund*	Politische Union („form follows function", Zielbestimmung ist abhängig von der Entwicklung) *Staatenverbund*
Motive: Warum?	Sicherung von Frieden und Demokratie in Europa erfordert Einschränkungen des nationalstaatlichen Machtanspruchs; Leitbild: die amerikanischen „Federalist Papers"	Sicherung von Frieden und Demokratie in Europa durch Machterhalt und Souveränität der Nationalstaaten; Leitbild: „Balance of Power"	Sicherung von Frieden, Demokratie und Wohlstand in Europa durch fortschreitende Vergemeinschaftung von Politikbereichen
Prozess: Wie?	Schrittweise Föderalisierung durch zunehmenden Verzicht der Staaten auf Souveränität und Unterordnung unter gemeinsame europäische Verfassung. Supranationale politische Organe entscheiden in zentralen Politikbereichen nach dem Mehrheitsprinzip. Aufrechterhaltung der Vielfalt (Subsidiarprinzip) bei gleichzeitiger Sicherung der europäischen Einheit.	Nationalstaaten handeln für den Integrationsprozess relevante Entscheidungen aus, nachdem nationale Entscheidungsprozesse und Interessenbildung erfolgt sind. Es handelt sich also um zwischenstaatliche Kooperation ohne direkte Übertragung von Hoheitsrechten auf supranationale Institutionen.	Zusammenarbeit von Staaten in spezifischen Politikbereichen. Dadurch entsteht ein kompliziertes Netzwerk institutioneller Kooperation. Supranationale Institutionen gewinnen durch von (bürokratischen) Eliten bewusst zugewiesenen Aufgaben immer mehr an Bedeutung, d. h. der einmal angestoßene Integrationsprozess zieht immer weitere Integrationsmaßnahmen nach sich; durch sogenannte „Spill-over"-Effekte (Mitnahmeeffekte) und zunehmende Interdependenzen müssen immer mehr Politikbereiche supranational entschieden werden (Sachzwänge). Ein Beispiel dafür ist die wirtschaftliche Integration von der Freihandelszone zur gemeinsamen Währung.
Konzepte	Föderalismus	Intergouvernementalismus	Funktionalismus

Hartwig Riedel, in: Europa im 21. Jahrhundert, Bamberg 2003, S. 172

M 3 ● Gemeinsame Krisenbewältigung als Gründungsmythos?

Das Projekt Europa ist zum Schreckgespenst geworden. Aber die Krise bietet die Chance für einen neuen Gründungsmythos

Ach, Europa!, möchte man wieder seufzen. Staatsverschuldung, Euro-Krise, nationalistische Populismen – die Union befindet sich in schweren Zeiten. Im Wochentakt poppen neue Schlagworte hoch, um den Kontinent zusammenzuhalten: Eurobonds, Wirtschaftsregierung, Fiskalunion. [...] Längst geht es um etwas Größeres: die Idee Europas.

Aber was ist das eigentlich – die Idee eines geeinten Europas? Sie speiste sich anfangs vor allem aus einer Anti-Kriegs-Vision. Die Römischen Verträge von 1957 institutionalisierten eine Gemeinschaft, die der Gewalt abschwor und sich zu dauerhaftem

Gemälde von Jörg Frank, 1995

Frieden verpflichtete. Doch was die Gründungsväter unter dem Eindruck der Erfahrungen im Zweiten Weltkrieg vereinbarten, ist zur Selbstverständlichkeit geworden. Auch der Binnenmarkt, der zweite Kerngehalt der Union, ist in Zeiten der Globalisierung zu einer Grundvoraussetzung geworden, die keinerlei Pathos oder Empathie erweckt. Europa begeistert nicht. [...]
Trotz des Einflusses ist die Europäische Union nicht hinreichend legitimiert. Sie hat sich in einem Exekutivföderalismus verheddert, der von nationalen Regierungen dominiert wird. Das Europäische Parlament, das als Korrektiv in Frage käme, wurde zwar im Rahmen des Lissabon-Vertrags aufgewertet. Doch es ist noch immer kein Vollparlament. Seine Mitspracherechte sind, verglichen mit denen nationaler Abgeordnetenhäuser, gering. Viel schwerer wiegt jedoch, dass das EU-Parlament in seiner Arbeit von den Bürgern kaum wahrgenommen wird.

Wenn die Institutionen so blass und fern scheinen, wenn sich die EU als ein abstraktes Gebilde darstellt – gibt es [...] eine kulturelle Klammer, die die Völker von Griechenland bis Großbritannien zusammenhält?

Wir haben schon fast vergessen, dass die EU den Bürgern viele Freiheiten eröffnet hat. Niederlassungsfreiheit, Kapitalverkehrsfreiheit, Dienstleistungsfreiheit, Arbeitnehmerfreizügigkeit, Reisefreiheit – die Schlagbäume sind für immer gefallen. Und doch: Grenzöffnung geht einher mit Entgrenzung. Wer auf Wanderschaft geht, muss auch verlassen. Das fällt vielen schwer. Die Entterritorialisierung der EU entwurzelt – und macht viele heimatlos. In den Köpfen der Menschen verfestigt sich die Vorstellung eines diffusen Raums, der viel Kälte erzeugt. Man fühlt sich beklommen – und bedroht. Der Binnenmarkt hat sich zum Schreckgespenst der Bürger gewandelt. Sie setzen ihn gleich mit Lohndruck, Konkurrenzkampf, Arbeitslosigkeit, sozialem Abstieg.

Das Projekt Europa steht vor einer Wegscheide. Entweder es verharrt in seinem derzeitigen Zustand und bleibt ein Klub von Nationalstaaten. Oder es entwickelt sich zu einer bundesstaatlich verfassten Union, auf die weitere Hoheitsrechte übertragen werden. Dafür braucht es aber eine Legitimation. Die kann nicht allein auf Verträgen beruhen. Je mehr Verträge verabschiedet werden, desto windschiefer wird das europäische Haus.

Ein Narrativ muss her, fordern die Beobachter, eine Erzählform wie der „American Dream". Europa fehlt ein solcher Gründungsmythos – es ist ein Projekt der Eliten. Auch wenn der Kontinent auf eine lange Geschichte zurückblicken kann – die Historie ist immerzu nationalstaatlich gefiltert. Seien es die napoleonischen Kriege oder die Türkenbelagerung Wiens – jede Nation blickt auf die Ereignisse mit anderen Augen. Diese unterschiedlichen Perspektiven vertragen sich nicht mit der Vision der Vereinigten Staaten von Europa.

Was ist dann das verbindende Element? „Europas Seele ist die Toleranz", sagte Angela Merkel bei einer Rede 2007 vor dem Europäischen Parlament anlässlich der deutschen Ratspräsidentschaft. Doch der Versuch, eine geistige Grundlage der Gemeinschaft zu generieren, bleibt konturarm. Das Respektieren der Andersartigkeit ist ein zu schwaches Motiv. Toleranz heißt oft Indifferenz. Der Mehrheit der Deutschen scheint das Schicksal der Griechen herzlich egal zu sein. Und man denke nur an die Flüchtlingsproblematik oder die gegenseitigen Schuldzuweisungen bei Exportüberschüssen, um zu erkennen, was Toleranz gilt. Die Losung „In Vielfalt geeint" ist realitätsfremd – es setzt die Einigung gewissermaßen schon voraus.

Vielleicht ist es die Kompromissfähigkeit und das Krisenmanagement, aus denen ein tragfähiges Europa konstruiert werden kann. Nicolas Sarkozy hat zu Recht darauf hingewiesen, dass die EU mit ihren 27 Staaten handlungsfähiger sei als die USA mit einer Zentralregierung. Wo sich Republikaner und Demokraten in zähen Sitzungen beharken und blockieren, demonstriert Europa in der Schuldenkrise Einigkeit. Das darf man getrost als Erfolg werten. Zumal sich die einzelnen Nationalstaaten aus vielen Akteuren und Veto-Spielern zusammensetzen. Als Konsens- und Konkordanzsystem hat sich die EU bewährt.

Nur: Wie soll daraus eine Kultur erwachsen? Kann man einen Politikmodus zu einem kulturellen Paradigma erheben? Europa wachse nicht durch „Schaffung von Institutionen und gesetzlichen Regelungen" zusammen, sagt der Soziologe Oskar Negt, sondern durch „kulturelle Lernprozesse". Solch ein Lernprozess könnte in der Überwindung der Krise liegen. Die Erfahrung mit dem Scheitern könnte sich zu einer gemeinsamen Geschichte verdichten. Ein Narrativ von Erinnerungen und Gedächtnistrümmern, die anekdotisch und emotional erfahrbar werden. Die Krise als Momentum der Solidarität. In Zeiten wirtschaftlicher Not kann sich eine kollektive Identität herausbilden. Womöglich sagen wir in 20 Jahren: „Seht her, damals, als der Euro vor dem Aus stand, haben wir die Krise gemeinsam bewältigt."

Adrian Lobe, in: Der Freitag, 8.12.2011

Aufgaben

1. Untersuchen Sie, welche Chancen und Risiken sich für die Mitgliedstaaten der EU und ihre Bürger mit den Zukunftsszenarien (M 1) verbinden.
2. Ordnen Sie
   - die in M 3 vertretenen Zielvorstellungen in die Zukunftsszenarien (M 1) ein.
   - die in M 3 angeregten Maßnahmen in die Integrationskonzepte (M 2) ein.
3. Entwerfen Sie eine „Europa 2040"-Strategie, in der Sie Zielvorstellung und Maßnahmen zur Verfolgung dieser Ziele beschreiben.

ORIENTIERUNGSWISSEN

Erweiterung und Vertiefung

Die geografische Erweiterung der EU und die inhaltliche Vertiefung der Zusammenarbeit stehen in einem Spannungsverhältnis, weil zunehmende wirtschaftliche und politische Heterogenität weitere Integration erschwert, die Entwicklung ist offen.

Kriterien für einen EU-Beitritt
Kap. 7.1
M 2

Die „Kopenhagener Kriterien" wurden 1993 in Vorbereitung der Osterweiterung formuliert. Sie stellen klare Anforderungen an Beitrittskandidaten und sollen eine Gefährdung der EU durch den Beitritt labiler Staaten verhindern:

- politisches Kriterium (Demokratie, Rechtsstaatlichkeit, Menschenrechte)
- wirtschaftliches Kriterium (Marktwirtschaft, Konkurrenzfähigkeit)
- acquis-Kriterium (Übernahme des gesamten EU-Rechts)

Für Verhandlungen mit der Türkei wurden das Beitrittsverfahren modifiziert und weitere Bedingungen formuliert.

Diskussion um die Türkei
Kap. 7.1
M 5, M 8

Nach vielen Jahren des Austausches wurden 2005 Beitrittsverhandlungen mit der Türkei aufgenommen. In Bezug auf das politische Kriterium stehen weitestgehend freie und faire Parlamentswahlen 2011 und Fortschritte bei der Umsetzung der Verfassungsreform von 2010 auf der einen Seite. Die Sicherung der Meinungsfreiheit, der Rechtssicherheit und des Minderheitenschutzes weisen dagegen weiterhin Defizite auf. Hinsichtlich des ökonomischen Kriteriums wird der Türkei eine weitgehend funktionierende Marktwirtschaft bescheinigt. Ein wesentliches Hindernis für den Fortschritt der Beitrittsverhandlungen ist das Zypern-Problem.

Identitätsdiskussion
Kap. 7.2
M 6

Die Diskussion um einen Beitritt der Türkei betrifft auch das Selbstverständnis der EU. Die Funktionsfähigkeit der bisherigen Institutionen und Regelungen scheint bei einer weiteren Ausdehnung von der steigenden Zahl der Akteure und der zunehmenden Heterogenität der Lebensverhältnisse gefährdet. Als mögliche konstituierende Bestandteile einer europäischen Identität wird u. a. auf das Christentum und prägende Etappen der Kulturgeschichte (römisches Recht, Reformation, Aufklärung) verwiesen. Im Beitritt eines überwiegend islamischen Landes, das diese Traditionen nicht teile, sehen Kritiker eine Gefährdung der „Europäischen Identität".

Zielvorstellungen und Integrationsmethoden
Kap. 7.2
M 4, M 5

Bezogen auf die Integrationstiefe werden verschiedene Ansätze diskutiert; sowohl das Ziel einer Föderation – mit einer Abgabe von Souveränität an Gemeinschaftsorgane – als auch das Festhalten des gegenwärtigen Integrationsstands oder gar die Rückführung auf eine lediglich wirtschaftlich verbundene Freihandelszone scheinen denkbar. Für die Vertiefung stehen verschiedene Konzepte zur Diskussion:

- Föderalismus: Schaffung eines institutionellen Rahmens (Verfassung, supranationale Körperschaften), der in einem zweiten Schritt mit politischen Inhalten und Funktionen gefüllt wird.
- Funktionalismus: Zusammenarbeit in einzelnen Bereichen (Verkehr, Kohle etc.), allmähliche Ausdehnung auf weitere Bereiche und weitere Integrationsschritte.
- Intergouvernementalismus: Kooperation souveräner Mitgliedstaaten ohne Verzicht auf Hoheitsrechte.

Das CDU/CSU-Konzept: „Privilegierte Partnerschaft" für die Türkei

Beschluss der Präsidien der Christlich Demokratischen Union und der Christlich-Sozialen Union am 7.3.2004

1. Die Türkei ist ein mit Deutschland befreundetes Land. Sie ist ein verlässlicher NATO-Bündnispartner, der auch unter den veränderten Sicherheitsbedingungen eine herausgehobene strategische Bedeutung hat. Die Türkei kann ein wichtiger Vermittler zur islamischen Welt sein. Unterstützung verdient auch der Versuch eines großen Landes mit überwiegend muslimischer Bevölkerung, sich zu einer rechtsstaatlichen Demokratie fortzuentwickeln. Wir wollen die europäische Orientierung der Türkei nachdrücklich fördern.
2. [...] Als Voraussetzung für die Aufnahme von Beitrittsverhandlungen muss die Türkei die 1993 von der EU verbindlich festgelegten politischen Kopenhagener Kriterien erfüllen, d.h. insbesondere ein demokratisches und rechtsstaatliches Handeln sicherstellen und die Menschen- und Minderheitenrechte voll verwirklicht haben. Formale Übernahme von Vorschriften und reale Praxis müssen dabei übereinstimmen. Dagegen wird auch nach der Einschätzung deutscher Gerichte weiter verstoßen. [Stand: 2004]
3. Unser Konzept der „Privilegierten Partnerschaft" statt eines Beitritts trägt der europäischen Perspektive der Türkei Rechnung. Die „Privilegierte Partnerschaft" geht weit über die zwischen der EU und der Türkei eingegangene Zollunion hinaus: So könnte eine alle Gütergruppen umfassende Freihandelszone geschaffen werden. Weiterhin könnte die Zusammenarbeit vertieft werden – insbesondere zur Stärkung der Zivilgesellschaft, des Umweltschutzes, zur Förderung von kleinen und mittleren Unternehmen, im Gesundheits- sowie im Bildungsbereich. Zudem könnte die Türkei verstärkt in die Gemeinsame Außen- und Sicherheitspolitik und in die Europäische Sicherheits- und Verteidigungspolitik einbezogen werden. Schließlich könnte zur Bekämpfung von Terrorismus, Extremismus und Organisiertem Verbrechen die Zusammenarbeit der Behörden und Institutionen im Innen- und Justizbereich sowie der Geheimdienste deutlich intensiviert werden.
4. [...] Erweiterung und Vertiefung der Europäischen Union müssen in der Balance gehalten werden. Wir treten dafür ein, dass im Dezember 2004 nicht über die Aufnahme von Verhandlungen über die Mitgliedschaft der Türkei in der EU entschieden wird. Falls die EU trotz unserer anderen Position allerdings die Aufnahme von Verhandlungen mit der Türkei beschließt, müssen diese auf die Perspektive einer „Privilegierten Partnerschaft" gerichtet sein, weil eine Aufnahme der Türkei die EU überfordern und die Gefahr einer Rückentwicklung zu einer Freihandelszone in sich bergen würde.

Beschluss der Präsidien der Christlich Demokratischen Union und der Christlich-Sozialen Union am 7.3.2004, auf: www.cdu.de

Die CDU-Vorsitzende und deutsche Bundeskanzlerin Merkel und der türkische Premierminister Erdoğan.

Aufgaben

1. Arbeiten Sie die Position der CDU/CSU zur Frage des Türkei-Beitritts sowie die Funktion des Beschlusses im Kontext des bisherigen Verhandlungsprozesses heraus.
2. Bewerten Sie den Vorschlag der „Privilegierten Partnerschaft" und erläutern Sie dabei Ihre Wertmaßstäbe.
3. Formulieren Sie in Kenntnis der Entwicklung seit 2004 für einen CDU-Parteitag einen Entschließungsantrag zur zukünftigen „europäische[n] Perspektive für die Türkei".

*Die zentrale Fundstelle eines Begriffes ist **fett** gedruckt.*

Reinhard Alff, Dortmund – S. 108; Archiv für Christlich-Demokratische Politik der Konrad-Adenauer-Stiftung, St. Augustin – S. 22; Archiv für Christlich-Soziale Politik (ACSP) der Hanns-Seidel-Stiftung, Plslg.Nr. 6641, München – S. 93

Baaske Cartoons / Gerhard Mester, Müllheim – S. 172; Baaske Cartoons / Thomas Plaßmann, Müllheim – S. 18; Baaske Cartoons / Jan Tomaschoff, Müllheim – S. 106; Bergmoser + Höller Verlag, Aachen – S. 12, 41, 63, 76, 113; Christine Betz, Zapfendorf – S. 6 (4); Bildagentur Mauritius / Edmund Nägele, Mittenwald – S. 6; Bundeszentrale für politische Bildung, Bonn – S. 9, 57, 64

Das Fotoarchiv, Essen – Einband; ddp-images / AP, Musa Sadulayev, Hamburg – S. 130; Der Spiegel, Hamburg – S. 96; dpa Info-Grafik, Frankfurt – S. 103, 105, 154; dpa Picture-Alliance / akg-images, Berlin – S. 22; dpa Picture-Alliance / akg-images, John Hios, Frankfurt – S. 72; dpa Picture-Alliance / ANP XTRA, Lex van Lieshout, Frankfurt – S. 43; dpa Picture-Alliance / Artcolor, Wolfgang Korall, Frankfurt – S. 64; dpa Picture-Alliance / Oliver Berg, Frankfurt – S. 160; dpa Picture-Alliance / Arne Dedert, Frankfurt – S. 46; dpa Picture-Alliance / EFE, Alberto Martin – S. 74; dpa Picture-Alliance / EPA, Dmitry Astakhov, Frankfurt – S. 131; dpa Picture-Alliance / EPA, Olivier Hoslet, Frankfurt – S. 69; dpa Picture-Alliance / EPA, Stephen Morrison, Frankfurt – S. 158; dpa Picture-Alliance / Liesa Johannssen, Frankfurt – S. 179; dpa Picture-Alliance / Wolfgang Kumm, Frankfurt – S. 145; dpa Picture-Alliance / PA Wire, Gareth Fuller, Frankfurt – S. 11; dpa Picture-Alliance / Armin Weigel, Frankfurt – S. 48; dpa Picture-Alliance / Xinhua, Landov 4107891, Frankfurt – S. 6; dpa Picture-Alliance / Zentralbild, Matthias Tödt, Frankfurt – S. 6

Erl / Toonpool.com – S. 112

Pit Flick – S. 104; Fotolia / fredredhat – S. 12; Fotolia / Kzenon – S. 8; Fotolia / Inga Nielsen – S. 52; Fotolia / vieraugen – S. 96; Jörg Frank, Köln – S. 176

Getty images / Sean Gallup, München – S. 47

Rainer Hachfeld, Berlin – S. 149; Horst Haitzinger, München – S. 18, 27, 135; Hulu / Toonpool.com – S. 166

iStockphoto / Bosca78 – S. 55; iStockphoto / Leonsbox – S. 6

Le monde diplomatique (Hg.), Atlas der Globalisierung, Berlin 2009, S. 85 –S. 140

NEL, Erfurt – S. 117

Klaus Pielert, Haus der Geschichte, Bonn – S. 26; Preußischer Kulturbesitz / Lutz Braun, Berlin – S. 6

SPD-Parteivorstand, Abt. Kommunikation, Berlin – S. 92; Klaus Stuttmann, Köln – S. 68, 116, 144, 164

Ullstein-Bild / JOKER, Alexander Stein, Berlin – S. 147; Ullstein-Bild / Nowosti, Berlin – S. 20; Ullstein-Bild / Roger Viollet, Berlin – S. 21; Umbruch Bildarchiv e.V., Berlin – S. 153

Jan Weber, Göttingen – S. 6, 8; Götz Wiedenroth, Flensburg – S. 124; Wildner + Designer, Fürth – S. 6 (2).